U0145250

法官說了算！缺席的證據與邏輯

第二版

田蒙潔｜著

五南圖書出版公司 印行

推薦序

獨立而非獨裁

范立達 資深新聞評論人

所謂的司法審判，其實就是一個「認定犯罪事實、適用法律判決」的過程，這個過程，簡稱為「認事、用法」。職司審判工作的法官，在具備高坐審判席的資格之前，通常都已經接受過嚴格的法學教育及訓練，並通過難度相當高的國家考試。所以，在「用法」的能力上，每位法官的水準大致相當，除非有特殊重大意外或蓄意為之，否則很少看到在法律的適用上，程度遠遜於同儕的法官。

但在「認事」上，不同的法官因為年資、社會閱歷、人生經驗等差異，彼此間對同一件事實的認定，會有極大的出入。可以說，近幾年來在國內出現的重大爭議案件，發生的原因多半都集中在法官的「認事」和社會認知產生嚴重的脫節現象，「烏龍法官」的名號也因此不逕而走。

但按理來說，法官來自社會，並非獨居於象牙塔內，不該是個不食人間煙火的化外之民，就犯罪過程所認定的事實，也應該與你、我等常人無異，爲何判決書出爐時，卻常常走樣，讓聞者瞠目結舌？究其原因，還是要從法學教育中找答案。

一個最重要的因素是，我國各大學的法學教育課程，雖有開設「證據法」，但卻沒有教授「邏輯」這門課，也因此，法律系學生在死讀死背之後，或許懂得證據要取捨、排除，但卻不知如何及爲何要取捨、排除。

乍聽之下或許有些匪夷所思。的確，講求論證過程嚴謹的法學教育，怎麼會沒有開設「邏輯」課程？有個笑話是這麼說的。早年，大學法律系原本是有邏輯課的，但是，上過邏輯課的學生們，再去上國內的民、刑法或訴訟法時，卻發現法條規定多處不通。於是，學生們紛紛在課堂上挑戰老師：「這樣不合邏輯啦！」老師們在無法自圓其說的窘境下，不能關掉法學課程，最後就把邏輯課給廢了。

這種說法有多少可信度？不得而知，但令人憂心的是，沒有受過邏輯訓練的法律人，要以什麼工具作爲思考或判斷的依據？

所以，法官在斷案時，既然沒有邏輯訓練作爲基礎，就只好仰賴生活經驗作爲判斷的依據。但不同出身、不同背景的法官，人生經驗也大不相同。甲法官的「衡諸常情」在乙法官眼裡，是不是也一樣「與經驗無違」呢？如果在一件事情的判斷上，不同法官間的出入可以大到南轅北轍；那麼，民眾上法庭打官司，和買大樂透碰運氣有什麼不同？

所以，即使刑事訴訟法明文規定「犯罪事實應依證據認定之，無證據不得認定其犯罪事實」（第一百五十四條第二項），但囿於法官沒有接受過完整的邏輯訓練，每個人的人生經驗又不相同，在證據的取捨及犯罪事實的認定上，自然就會出現極大的落差。一旦當他們的認事標準被外界質疑時，法官最常祭出的護身符，即是刑事訴訟法第一五五條第一項的「自由心證主義」（證據之證明力，由法院本於確信自由判斷。但不得違背經驗法則及論理法則。）至此，民眾除了徒呼負負，又能如何？

爲了解決這樣的問題，於是有人倡議司法審判應該引入陪審制度。他們認爲，引進陪審制度，可以監督法官，避免法官獨裁濫權，判決結果也較不至於背離人民情感，並且可以實現公民參與等民主理念。

但其實，一個不懂邏輯的人，就算加上了一群不懂邏輯的人，結果並不會變得比較高明。律師鼓起如簧之舌後，對陪審團動之以情而撼動或扭轉判決的例子，絕非罕見。約翰·葛里遜（John Grisham）的法庭小說《失控的陪審團》（Runaway Jury）所描寫的，就是這一幕。所以，與其討論訴訟制度該如何改變，倒還不如先想想該如何對審判者加上更強力的監督，讓審判者不敢濫權、獨裁。的確，造成烏龍判決屢見不鮮的一個重要原因，就是外部監督力量不足。但監督力量不足，非不爲也，實不能也。司法案件難以監督，一方面是因爲專業性太高，沒有受過基礎法學訓練的一般民眾，即使有心，也難以監督。另一方面，司法訴訟程序太過冗長，縱然是法界圈內人，要長期把一件案子從頭盯到尾，也有實際上的困難。在此情形下，法官在知道自己的案件不會受到嚴密監督，而且常想著「就算判錯了，還有上訴審可以救濟。」裁判品質想要提升，自然難上加難。

但其實不是沒有切入點的。田蒙潔老師的這本書要教讀者的，不是邏輯的訓練方式，而是簡易的事理分辨能力。她把焦點集中在近幾年來非常受到矚目的陸正案、蘇建和案和江國慶案等數起重大刑案上，並且將法官製作的判決書調出來，逐一分析檢索，告訴讀者們，法官錯在哪裡。

在本書中，田老師反覆告訴讀者們，事實的判斷必須依賴證據，不能臆測，不能想當然爾，更不能以全知全能的觀點，像寫小說般的加油添醋。她的作法，像把判決書放到洗衣機的脫水槽中用力攪動，在瀝掉所有的主觀意見後，留下來的，才是最純粹的事實。經過這種訓練方式後，就算是一般人，也能夠很清楚的看出現存的判決書中有多少不及格的地方。

其實，最該學習這套去蕪存菁技術的，應該是平亭曲直的法官。但據說司法院不打算命所有的法官效法，那麼，不妨就從你我開始學起吧。有南威之容，乃可以論其淑媛；有龍泉之利，乃可以議其斷割。待民眾一一習得檢驗判決書的技巧後，外部的監督力量自然強大。

司法應該獨立，但不能獨裁。在民眾都懂得如何一窺堂奧，並能直指其弊後，人民就可以在後頭推著司法改革的腳步前進。就算它不願意，即使它牛步化，也是慢慢的向前走。

推薦序

顛覆法律界長久以來的集體迷失

鄭文龍 律師、法律扶助基金會發起人

我不知是幫了她，還是害了她。我認識田蒙潔約在二〇〇一年，機緣是為了台北市東星大樓。那時我幫東星大樓的災民對台北市政府提起國家賠償的集體訴訟，為了證明台北市政府有國賠義務，攪盡腦汁在找資料。後來在《建築師》雜誌看到田蒙潔的一篇文章，裡面談到美國建築法規，表示政府對於建造及勘驗，有一定的注意義務及責任，這剛好支持我們原告的看法，因此就引用為佐證。後來東星大樓勝訴，取得台北市政府的國家賠償，對此，田蒙潔律師也可算是有所貢獻。

在訴訟當中，我與田蒙潔有聯絡，後來也看了她幾篇文章，引起我對她的好奇。她不是建築師，當時是消防技術士，竟然有辦法在《建築師》長期發表文章。而且，文章頗有內涵。尤其是她談到我國建築法的一些問題，是連我國的建築師及律師、學者，都不見得了解的觀念。例如，我印象最深的是，她談到美國的建築法，規範政府的權利，同時也必定規範政府的義務。但是，我國的建築法，只規定政府有無限的權利。例如，我國的建築法規定：市政府可以隨時去建築現場勘驗，業主不得拒絕。給了政府隨時、無限制之權利，卻沒有相對應的限制規定，也沒有責任之規定。田文認為這種規定是權責不相符的立法，是對人民權利不保護的立法，這種立法有問題。讀了這樣的文章後，我才理解我國的建築法有很大的問題，也發現台灣立法例普遍存在這種錯誤。但是，連我們這群法律專家，竟然也不懂。還要從一位「非法律人」的消防士，得到正確的立法觀念。我覺得她的法律觀念其實比一般的法律人強太多了。因此，我有次跟她提了一下，鼓勵她去學法。但我也不敢認真，因為她那時都出社會好久了，客觀上很困難。沒想到數年後，田從美國打了電話給我，說她在美國讀法學院，學到好多東西。這讓我開始擔心起來，不禁自問，我會不會害了她？不過，現在我看到她出了這本書，我覺得是台灣社會之幸。她的風格還是一樣，又要顛覆法界長久集體的迷失。只是，她的方法更精準，且有完整的理論基礎。她能精準地把美國法系進步的、文明的司法審判制度帶回台灣，像是她所介紹的：審判應依據邏輯、證據，法官不能自己編故事；鑑定有其專業應遵守的基本原則，否則就會產生偽科學證據的荒謬現象，如江國慶的冤案等等。

透過田文一步步的分析介紹，再次讓我們學習及了解台灣司法的集體落伍而不自知的問題所在。田文也同時介紹美國長久所發展，較臻成熟進步文明的司法審判制度。

相信本書對於台灣現階段落伍、野蠻的司法制度，以及法界人士還處於集體迷失中，必定會產生啓發及催化改革的作用。

我國的司法落伍而野蠻，但是法律人集體不自覺

台灣的司法，落伍而野蠻，但是法律人集體不自覺，非常可怕。我舉下列現象來印證。

- 司法貪瀆問題仍嚴重：二〇一〇年，有五名高院法官及二名檢察官涉貪，遭收押判刑。
- 司法涉入政治鬥爭：二〇〇八政權輪替後，一連串辦綠不辦藍的現象，至爲明顯。
- 恐龍法官問題嚴重：二〇一〇年，發生六歲幼童遭性侵，法院判決竟然認爲不違反其意願的離譜現象。引發人民不滿，發起白玫瑰運動，有二十幾萬網民響應。
- 媒體審判，無任何處理機制。法界也集體不知如何處理。
- 法官仍不是中立法官。引發民怨及不信任，猶不自知。
- 檢察官是全世界權力最大的檢察官：起訴沒有大陪審團的外部審查，也沒限制其上訴權，更沒有要求其負完全充分的舉證責任，濫訴也無責。這造成檢察官濫行起訴、濫行上訴、濫訴無責的怪現象。而法律界，也是集體視而不見。
- 審判法庭的活動，法官、證人都在看電腦打字，不注重言詞陳述與辯論。這與審判原理違背。
- 對於外國人，或不懂北京語者，法院的審理，多數也沒有請翻譯。違背審判基本原理。但是台灣的法院也是照審照判，法官比神還厲害。沒有翻譯，也能通曉各國語言？

- 法官罵人是常態。人人在法庭不受尊重。這與文明的法院，人人受尊重，講證據，講道理的情形，完全不同。
- 台灣只有職業法官，而不知有素人法官、陪審團等歐美主流審判制度。
- 江國慶冤死案、蘇建和等冤案，台灣的司法界仍無反省的改革方案。法界也集體不知如何避免冤案再次發生。
- 法官迴避制度，仍被架空。不知其具有維護法官中立的重要立法目的。
- 人民不信任法官，司法公信力幾乎破產：人民對法官的信任度只有百分之三十七。不信任度高達百分之五十五。
- 鑑識制度，專家證人制度，現階段仍混淆不清。
- 證據法則、起訴狀一本主義、律師調查權，等審判公正的配套制度，猶糢糊不清楚。
- 我國整個審判體系荒謬混亂無章法：我國除最高法院外，其上還有司法院，還有大法官會議及憲法法庭。最高法院外還另有一個最高行政法院。最高法院竟然有刑庭十三庭，民庭六庭，共十九庭之多。最高法院法官竟有八十多人。可說是全世界絕無僅有的荒謬設計。難道這也可以稱爲「具台灣特色」的荒謬制度？只因爲我們是大陸法系就要如此荒謬？
- 到了二十一世紀，我國最高法院還在搞神祕，還搞高高在上不開庭，不行言詞辯論。

我從陪審團切入改革

我在二〇〇六年參訪英國的治安法庭，看到了英國這種老牌的民主國家，九成以上的刑案，都是由「外行人法官」（Magistrate）所審判。在二〇〇八年接任扁案辯護律師工作，研究了陪審團制度，深刻的了解到台灣司法制度的野蠻，也了解到陪審團制度的重要。二〇一〇年去參觀英國最高法院的審判，英國的最高法院法官九人，是要開庭審理案件的，也沒有高高在上，法官的桌子只是一般的辦公桌高度，與律師的桌面一樣高。既不穿法袍也不戴假髮，只穿上西裝打領帶。所有人都可以去旁聽，也不需登記。我甚至帶小孩去英國最高法院地下室喝咖啡，買了最高法院的玩具熊及紀念杯。二〇一二年八月也組團去香港考察陪審團，深受其繼受英國文明審判制度的感動，也覺悟台灣司法審判制度的野蠻不文明；同時也對於台灣法界人士集體繼續使用這種不文明的野蠻審判制度感到憂慮。

但香港的參訪也讓我了解，文明司法的建立，其實不困難。香港可以，台灣更有理由可以。也深覺引進陪審團制度，會是重要的改革火車頭。

田從邏輯訓練等切入改革

我從二〇〇九年開始，與一群友人開始推動陪審團，希望帶動台灣整個司法制度的大改革。沒想到，田蒙潔也在做同樣的事。只是，我們各自從不同的角度切入，卻得到相類似的答案。在二〇一二年，我看到田蒙潔與文山社大的學生在研究台灣的判決書，發現台灣法官所寫下的判決書，竟然大多數都是不依證據而爲判決，其事實之認定，甚至是自己揣測編故事。其判決邏輯也很有問題。而田蒙潔這本大作，更進一步將美國法學院扎實的訓練方法，拿來運用在我國審判個案的檢討上面。田的分析非常精彩，讓我們見識到美國審判制度進步的一面；同時也讓我們了解到，台灣的法院所採用的鑑識證據，一點也不科學。我國的鑑定水準尙待改善，鑑識人員的專業水平也不符合國際標準，而檢察官、法官，甚至是律師（也包括我自己），竟然也沒什麼正確的概念。導致司法審判錯誤連連，終至有江國慶等冤案發生。透過本書的介紹，至少，讓我們開始有較正確的方法，來了解如何看待科學證據，如何用證據、邏輯來認定事實，而不是放任法官主觀地虛構事實。這是改革最重要的開始。

台灣司法要徹底改革，法律人要謙虛傾聽

一個社會的改革，本屬不易；而司法圈的改革更難。田蒙潔在台灣法界的淵源、人脈不深。以台灣法界重視師承、出身背景的現況下，想必她會面臨法界人士的質疑。但是，眞金不怕火煉。眞理越辯越明。我相信歐美文明的審判制度，尤其是英美的審判制度，歷經數百年甚至上千年的進化，已然是一個成熟且文明的審判制度，必定是我國最好、最快的學習對象。這當然包括他們的配套制度，包括法官選取制度、法學教育制度、證據法則、陪審團等等，都是未來我國要走的路。

我國臨近的香港，在一八四五年引進陪審團等審判制度，就是一個成功的例子。而最近的韓國也在二〇〇八年起引進美式的陪審團及法學教育制度，都收到良好的成效。

田蒙潔這本書的出版，也是天意。我在二〇一一年出版《陪審團：人民當家做主的審判制度》，冀圖從陪審團來推動整體的司改。田蒙潔出版這本書，從另一面向推動大改革，殊途同歸，百慮一致；可見，台灣整體司法制度大改造的契機已不遠矣。

我相信，台灣的法律人對台灣的司法亂象，早有見聞而心有戚戚焉，只是苦無整體解決方案。其實，方法不難。本書已經指出具體的改革方向。只要能放下既有的成見，放開心胸傾聽。不要受所謂的大陸法系或英美法系所綁，必能豁然開朗，大家一起努力將台灣野蠻的司法，改造爲一個公平、公正，人人受尊重，司法受人民所信賴的文明司法。

目次

第二篇　請拿真實的證據說服我　115

第三篇　當鑑識科學都不科學了　255

Part 1 缺席的邏輯課

1

第三人稱全知敘事
——寫判決書就像在寫《紅樓夢》，你不怕嗎？

我在美國念法學院二年級時，第一次接觸到台灣刑事案件的判決書，讀後頗感驚訝，因為撰寫的方式與內容和我的所學所知相距甚遠。台灣刑事案件的判決書大致分為「主文」、「事實」和「理由」三大部分，當時讓我印象特別深刻的，是「事實」的部分。

對於司法審判而言，判決書內的事實非常的重要，這可從台灣高等法院台中分院古金男法官二〇〇八年一月十一日的一篇文章，一窺究竟。該篇文章發表於《大紀元時報》，標題為〈自由心證其實並不自由〉，部分內文如下：

> 法院審理案件，首先要釐清案情，認定事實，然後據以適用法律，進而作成裁判。所以事實認定的正確性，是司法裁判最重要的基礎。而要能正確的認定事實，則

必須依憑證據，沒有證據，法官就無法形成心證，判斷是非對錯。

古法官的說明，根據的法律是《刑事訴訟法》第一五四條：「犯罪事實應依證據認定之，無證據不得認定犯罪事實。」什麼是「證據」？所謂證據，必須受到證據法的嚴格規範；什麼是「事實」？所謂事實，是證據法的基礎知識。台灣並非法律先進的國家，許多法律都是繼受自西方的法律先進國家，但是直到今日，台灣並沒有繼受獨立的證據法，對於證據法的基礎知識非常的茫然。

台灣判決書內事實的撰寫方式與內容，和美國的大不相同，原因就出在**美國判決書內的事實，是嚴謹的證據法下的產物，台灣的法官對於證據法及其基礎知識茫然無知，用從小學會的寫作文或說故事的方式，甚至像曹雪芹寫虛構的《紅樓夢》一樣，撰寫判決書內的事實**。法官用這樣的方式寫判決書內的事實，會產生什麼樣的司法問題？可從邱和順案、蘇建和案和江國慶案一窺究竟。

被害人都死了，居然還會說話？

邱和順案是台灣司法史上全程羈押期間最長的刑事案件，歷審判決將刑求所取得的自白切割拼湊作爲唯一證據，促使國際特赦組織發布聲援書，最高法院撤銷二審有罪判決高達十一次，認爲判決未能完全釋疑而發回更審，廣受社會矚目。二〇一一年五月十二日，高院作出更十一審判決，邱和順再度被判處死刑，共同被告林坤明和吳淑貞分別被判有期徒刑十七年和十年。二〇一一年七月二十八日，最高法院駁回上訴而三審定讞，使邱和順成爲待決的死囚，是所有死刑犯中唯一持續喊冤、堅持清白者。

邱和順所涉的刑案之一，是一九八七年十一月二十四日的柯洪玉蘭案。柯洪玉蘭爲國泰保險公司的保險業務員，保險工作之餘兼營大家樂。於一九八七年十一月二十四日失蹤，此後沒有人再見過她的身影，直至同年十二月十二日，民衆在苗栗縣竹南鎮海口里十九鄰保安林內射流溝中，發現一個屍袋，屍袋內僅有軀幹連兩大腿的屍塊，屍塊所著之女用連褲束腹內衣，與柯洪玉蘭生前所自製之連褲束腹內衣相符；解剖後發現膀胱與子宮連合，也與柯洪玉蘭右腹部有十餘年前開刀結紮的痕跡相符，認定不全的屍塊應是柯洪玉蘭。

邱和順和林坤明等人被指控涉及柯洪玉蘭案，二〇一一年五月十二日，台灣高等法院作出九八年度矚上重更（十一）字第七號判決，認定該案的部分事實如下：

林坤明於七十六年十一月間，獲悉任職於國泰保險公司竹南營業處之柯洪玉蘭因經營大家樂賭博而獲利，竟與邱和順起意強盜，於七十六年十一月二十四日，與另外八名共犯共同謀議，計畫以簽賭大家樂爲餌誘出柯洪玉蘭，再強盜其財物，彼等十人即基於意圖爲自己不法之所有，結夥三人以上攜帶兇器共同強盜之犯意聯絡，分乘兩車，於同年月二十四日傍晚，自苗栗縣竹南鎮龍鳳里十四號邱和順住處出發，由邱和

> 順、林坤明、曾朝祥、朱福坤、林信純共乘租得之雷諾小客車，餘五人另乘一小客車出發，於途中由林坤明下車以公用電話聯絡柯洪玉蘭，佯稱擬簽注，柯洪玉蘭接聽電話後不疑有他，即騎乘其所有○○○-○○○○號機車外出與林坤明見面……

判決書的事實能不能用這種方式來寫，只要問一個問題：**柯洪玉蘭接聽電話後是否「不疑有他」？這是只有柯洪玉蘭自己才知道，別人只能臆測她的「主觀心思意念」**。高院法官在**二○一一年審理該案時，柯洪玉蘭身亡已近二十四年，連頭顱都還找不到，怎麼可能會知道她「接聽電話後不疑有他」呢？**法官根本是在臆測柯洪玉蘭的心思意念，讓已故的被害人表達自己的想法。

再者，被告林坤明和邱和順始終堅稱不認識柯洪玉蘭，林坤明有沒有在一九八七年十一月間「獲悉……柯洪玉蘭因經營大家樂賭博而獲利」，這是林坤明的「腦內活動」，除了林坤明本人外，也只有上帝知道。

高院法官認定的犯罪事實，要符合《刑事訴訟法》第一五四條的規定，不只是讓林坤明和邱和順心服口服，也讓法官和一般人都不至於產生合理的懷疑，必須要有證據支持其所認定的事實。**所謂的事實指的是確實發生的事或確實存在的事，是客觀情況，而不是主觀判斷**。

舉例來說，柯洪玉蘭的堂弟○○○和鄰居○○○均證稱：一九八七年十一月某日，他們與一群人在土地公廟前聊天，當時林坤明也在場，曾經聊到柯洪玉蘭因經營大家樂賺了很多錢……（此段證詞係說明用，純屬虛構）。柯洪玉蘭的堂弟和鄰居是「目擊證人」，他們的上述證詞就是客觀情況，也就是人、事、時、地、物、手段、方法等人類的「感官知覺」可以觀察得到的事，才能據此推論或判斷出林坤明主觀的「獲悉……」，在邏輯學和證據法上，這種推論是一種事實的推論（inference），而不是事實。事實只有一個，但事實的推論則因證據的品質和判斷者的主觀意念，未必完全相同。

法官在認定事實時，只能根據「目擊」證人的證詞認定「客觀的事實」，也就是人、事、時、地、物、手段、方法等，因為人的能力有限，只能透過視覺、聽覺、嗅覺、觸覺等感觀知覺觀察到這些，無法觀察到林坤明的「腦內活動」，因此只能從客觀的事實去推論別人的腦內活動。如果不提供客觀的事實，直接認定林坤明「獲悉……」，這是一種臆測，不是事實，甚至不是事實的推論。

法官寫「事實」，就像曹雪芹在寫《紅樓夢》

高院法官誤把臆測當作事實，在「柯洪玉蘭案」爆發二十四年後，認定的事實涵蓋已故之柯洪玉蘭的心思意念，以及被告林坤明的腦內活動，超越人類感知能力所及的範圍，很像曹雪芹在寫《紅樓夢》，違反科學，也是美國證據法所嚴格禁止的。

《紅樓夢》被譽為中國最具文學成就的古典小說和章回小說，在第十二回〈王熙鳳毒設相思局　賈天祥正照風月鑑〉的開頭，曹雪芹以洞察王熙鳳和賈瑞之心思意念的「小說創造者」

觀點，鮮活地描繪出王熙鳳和賈瑞的內心世界：

> 話說鳳姐正與平兒說話，只見有人回說：「瑞大爺來了。」鳳姐急命「快請進來。」賈瑞見往裡讓，心中喜出望外，急忙進來，見了鳳姐，滿面陪笑，連連問好。鳳姐兒也假意殷勤，讓茶讓坐。賈瑞見鳳姐如此打扮，亦發酥倒……

曹雪芹的這種敘事方法，在文學的領域裡稱爲**「第三人稱全知敘事」（third person omniscient narrative）**，**是以全知的上帝觀點敘述故事情節，因爲曹雪芹是《紅樓夢》的創造者，因此能夠像上帝一樣洞悉小說世界裡所有的人、事、時、地、物，以及每一個角色的內心世界和感受**，可以告知讀者小說內所有角色都不知道的事情，甚至是人類都不可能得知的「心思意念」。例如：「賈瑞見往裡讓，心中喜出望外」、「鳳姐兒也假意殷勤」、「賈瑞見鳳姐如此打扮，亦發酥倒」等。

「敘事觀點」（point of view或viewpoint）是小說寫作的重要技巧之一，曹雪芹撰寫《紅樓夢》時洞悉一切的敘事觀點，稱爲「全知觀點」或「上帝觀點」，所以，在行文上也多以第三人稱的方式撰寫。這種手法運用在小說中，固然十分具戲劇效果，能夠吸引讀者進入小說人物的內心世界而欲罷不能，然而，運用在必須建立在客觀事實的刑事判決書上，卻非常的不妥。

重故事的完整和案情的銜接，而不重視事證

法官用曹雪芹寫虛構之《紅樓夢》的上帝觀點，撰寫刑事判決書的事實，導致法官在認定事實時，將焦點放在故事的完整和劇情的銜接上，用一些與審判所需之事實無關聯的細節，填補劇情之間的縫隙，並且運用成語、形容詞、副詞誇大案情和醜化被告，使案情能夠銜接、使故事能夠完整，合理化被告有罪的判決結果。

在柯洪玉蘭案中，「柯洪玉蘭接聽電話後不疑有他」，其眞僞只有上帝知道，也不是法官判案所需要的事實，是證據法禁止的臆測，且與案情無關聯性（irrelevant）。高院法官將只有上帝才知道的心思意念納入事實，銜接案情使故事完整，讓人覺得柯洪玉蘭被騙得很可憐，邱和順等人很邪惡，是一種訴諸情緒（appeal to emotion, *argumentum ad passiones*）的邏輯謬誤（fallacy），使司法判決成爲訴諸情緒、而不是訴諸證據與事實的結果。

縱容法官以上帝的全知觀點撰寫判決書內的事實，嚴重的後果是法官在認定事實時，把重點放在案情的銜接和故事的完整，**眞正能夠證明被告是否爲元兇的關鍵證據，反而沒有出現在法官認定的事實之內**。

柯洪玉蘭於一九八七年十一月二十四日失蹤後，苗栗縣警察局竹南分局著手展開調查，根據竹南分局的偵查報告，柯洪玉蘭的同事林秀蘭和彭寶鳳均證稱：「柯洪玉蘭於七十六年十一月二十四日上午十時會畢外出，一直未返回任職公司」。柯洪玉蘭的內姪林松鵬在柯洪玉

蘭失蹤後四十天證稱：七十六年十一月二十四日案發當天下午四時五分許，騎乘機車途經竹南開元里迎薰路時，遇到柯洪玉蘭騎乘八十西西紅色機車，附載一個女孩，當時其叔父林吉正亦在柯洪玉蘭後約一百五十公尺處。翌日柯洪玉蘭之夫以電話告知其母，林松鵬始知柯洪玉蘭失蹤。」林吉正的證詞與林松鵬的證詞吻合。

上述目擊證人都是被害人柯洪玉蘭的同事和親戚，在柯洪玉蘭失蹤後很快便接受竹南分局的警詢，照理說都希望提供他們的所見所聞，協助警方早日尋回柯洪玉蘭。當時不但他們不認識邱和順等人，連警方都沒有鎖定邱和順等人犯案，不可能爲了掩護邱和順等人而不據實作證。可是，這些有利於邱和順等人的事證，並未出現在法官認定的事實之內。

讓上帝也傻眼的事實：柯洪玉蘭會分身

高院法官於二〇一一年審理「柯洪玉蘭案」時，認定「林坤明於七十六年十一月間，獲悉……柯洪玉蘭因經營大家樂賭博而獲利」，此點是臆測，而非事實，攸關被告邱和順和林坤明的動機或意圖能否成立，對他們非常的不利。根據《刑事訴訟法》第三一〇條的規定，**法官必須在判決書內，交代認定犯罪事實所根據的證據和理由，但高院法官並沒有提供任何的證詞、書證等證據，也沒有交代任何理由，反而把臆測認定爲事實，根本是無中生有。**

至於法官認定「林坤明於案發傍晚打電話至柯洪玉蘭任職公司約柯外出，柯洪玉蘭接到電話後……即騎乘其所有〇〇〇-〇〇〇〇號機車外出與林坤明見面……」，與柯洪玉蘭之同事、內姪和堂兄等人之證詞互相矛盾，不可能同時爲眞，是邱和順和林坤明有罪或無罪最重要的關鍵之一，高院法官不採有利於被告的證詞，根據《刑事訴訟法》第三一〇條的規定，也要交代理由，其理由如下：

> 惟該報告除無客觀筆錄及簽到退紀錄可供憑採，是否確實，已值深究。且依一般保險業務員爲招攬業務，多可自由進出上班處所之上班模式，柯洪玉蘭亦非不可能曾於是日返回任職公司，嗣因接聽被告林坤明之電話後應林坤明之約外出，並遭被告邱和順等人之毒手。

在欠缺邏輯和證據法的約束下，法官習慣性的以上帝的全知觀點認定事實，久而久之，思緒不再受人類推理規則的限制。從上述的理由來看，**法官只要能臆測出一種「可能」，不需要證據證明該可能爲眞，就可以用法官自己的臆測推翻證人的證詞，使司法判決不是訴諸證據，而是法官說了算！**

更可怕的還在後面。高院法官在案發二十四年後，推翻案發後四十天柯洪玉蘭內姪林松鵬和堂兄林吉正的證詞，其理由是：

> 然其等所證之時間，距案發已久……以被告及辯護人均不爭執柯洪玉蘭兼營大

家樂或六合彩之情形以觀，柯洪玉蘭亦無可能於七十六年十一月二十四日六合彩即將開獎之日，騎車至外，是林松鵬上述證言，或因時間太久而有錯記，而不可遽採。至林吉正亦證稱係經林松鵬提醒方憶及曾與林松鵬同日遇見柯洪玉蘭……林吉正上述證言，亦不足憑信……柯洪玉蘭失蹤日七十六年十一月二十四日為星期二，是六合彩的開獎日，柯洪玉蘭兼營六合彩當留於可連絡之處所，與簽賭中獎者聯繫，「斷無」騎車在外之可能。

法官的理由大概連上帝都要傻眼。柯洪玉蘭兼具保險業務員和大家樂組頭的雙重身分，就因為要推翻目擊證人的證詞，**法官認定柯洪玉蘭會分身。當柯洪玉蘭是保險業務員的身分時，為了招攬業務，可自由進出上班處所，即使有兩名目擊證人能證明柯洪玉蘭在失蹤當天的上午十時離開辦公室，但還是有可能在傍晚時分回到任職的上班處所，接到林坤明的電話後，應林坤明之約騎車外出，以致慘遭被告邱和順等人之「毒手」。但是當柯洪玉蘭是大家樂組頭的身分時，「斷無」可能在一九八七年十一月二十四日六合彩開獎日騎車外出，讓目擊證人林松鵬和林吉正在路上遇個正著。**

全知觀點在「蘇建和案」中繼續發威

蘇建和案是台灣近三十年來另一件倍受矚目的司法案件，因為爭議極大，檢察總長曾三次提起非常上訴。二〇一〇年十一月十二日，台灣高等法院再更二審撤銷原判決，宣判三人無罪，但檢察官再度提起上訴，最高法院於二〇一一年四月二十一日再度發回高院更審。二〇一二年八月三十一日，高等法院的再更三審判決無罪，依《刑事妥速審判法》的規定，檢察官不得上訴，最後才得以無罪定讞。

該案的被告蘇建和、莊林勳和劉秉郎三人，涉及的是一九九一年三月二十四日的汐止吳銘漢、葉盈蘭夫婦命案。該案案發後，警方在吳銘漢的薪水袋上發現王文孝的血指印，逮捕具現役軍人身分的王文孝。

王文孝到案後坦承犯案，並於一九九二年遭軍法槍決。然而由於吳銘漢夫婦身上合計有刀傷七十九處之多，檢警不相信爲王文孝一人所爲，因此供出王文孝的弟弟王文忠和蘇建和、莊林勳、劉秉郎等人涉案，除王文忠外，其餘三人數次被判處死刑，原因之一是他們輪姦被害人葉盈蘭，認定的事實如下：

王文孝等人刼財得逞後，王文孝見葉盈蘭略具姿色，竟起淫念，與劉、莊、蘇三人合謀輪姦，王文孝乃強脫葉女睡衣、內褲，吳銘漢見狀欲反抗，王文孝即持菜刀猛砍其頭部一刀，劉、莊、蘇三人亦繼以棍、刀毆砍吳某致不支倒地。王、劉兩人先後遂行強姦，於莊林勳施行強姦之際，葉女出聲哀求，王文孝等人亦持刀輪砍其頭部制止，未於蘇建和甫著手強姦時，因葉女啼哭不止而作罷。王文孝恐事後被認出致犯行

> 敗露，竟提議殺人滅口，四人乃共同基於概括殺人之犯意，分別持刀砍殺吳、葉兩人頭、胸、四肢等部位，致吳、葉兩人均斷氣始罷手。

如果用科學方法來檢視法官認定的上述事實，即便當時有監視錄影機，也拍不出王文孝的「見葉盈蘭略具姿色，竟起淫念」、「恐事後被認出致犯行敗露」，或吳銘漢的「見狀欲反抗」，這些都是監視錄影機和人類感官知覺觀察不到的主觀心思意念，而不是觀察得到的客觀外在行爲，即使被害人吳銘漢證稱自己「見狀欲反抗」，也只是表達他自己當時的想法，沒有辦法驗證是眞或是假，充其量只能根據事實推論，所以只是個人的意見。至於王文孝，直到臨死前都只承認強盜殺人，否認強姦。

美國聯邦證據規則第六〇二條和第七〇一條禁止臆測（speculation），證人不能以個人的意見作爲證詞，除非是建立在感知基礎上，有助法院理解證人的證詞以發現眞相。立法院於一九六七年制定的《刑事訴訟法》第一六〇條的規定幾乎完全相同：「證人之個人意見或推測之詞，不得作爲證據。」二〇〇三年增訂的第一六六條之七則禁止檢察官和律師詰問證人時，要求證人陳述個人意見、推測或涉及判斷的評論。

台灣沒有獨立的證據法，法官看不懂《刑事訴訟法》的上述規定，不會分辨事實、意見、推測和評論的差異。也因爲沒有邏輯訓練，認定的事實還包括「強姦」，強姦絕非客觀的事實，而是符合法律特別規定的性交，法官應該提供能夠證明強姦的外在行爲和客觀事實，而不是直接把強姦當作事實認定。

法官用寫《紅樓夢》的方式撰寫判決書的事實，無異於根據想像力編故事，除了把人類不可能知道的「心思意念」和「腦內活動」當作事實外，連實體的刀、棍都能無中生有，編出案情銜接但誇大不實的完整故事。

在蘇建和案中，眞正能夠根據證據認定的事實究竟爲何？除了王文孝使用的菜刀外，檢警從未扣到法官所認定的刀和棍，犯案現場找不到被告三人的指紋、毛髮或任何其他跡證。在負責驗屍之法醫師劉象縉製作之驗斷書內，被害人葉盈蘭「泌尿生殖部」欄載記的是：「無故」。國際知名鑑識專家李昌鈺博士的鑑驗報告和證詞也指出：葉盈蘭的內褲未被撕破，內褲的陰道口和臀部附近，都乾淨沒有染血，也未發現精液及織物，內褲雖然有血跡，但係遭暈染所致。李昌鈺博士和另一名鑑試人員辛〇〇均證稱：葉盈蘭衣物上無擦拭或接觸轉移型血跡，沒有脫下又換穿衣服的情形。

人人都可能成為法官認定的被告

我在社區大學教課時，學生看過上面兩個案例後，一個學生忍不住問：「老師，如果用這種方式撰寫判決書的事實，每個人都可能成爲被告，那不是人人自危嗎？」

沒錯！**法官是人，不是神，在撰寫判決書的事實時，本來應該是非常「科學」的根據客觀的證據，拼湊出「不變」的「事實」，才能找出唯一的眞兇。一旦改爲上帝的全知敘事觀點撰**

寫判決書的事實時，司法審判就從實證的科學變爲虛構的小說了，人人都可能成爲小說中的主角。社會上曾引起極大爭議的江國慶案和許榮洲案，就是明證。

江國慶所涉及的案件，是一九九六年九月十二日台北市大安區空軍作戰司令部五歲謝姓女童遭性侵的案件，當時在該營區內服義務役的江國慶，因測謊未過被鎖定犯案。一九九七年七月二十一日，國防部八十六年覆高則劍字第〇六號判決核准軍事法院的死刑判決，根據江國慶的自白認定的部分事實如下：

> 被告行兇後再將被害人自釘有木條之廁所上方窗戶中間隙縫塞出，棄置廁所後方水溝邊地上，復以被害人衣物擦拭地上及牆壁血跡後，將衣物棄藏在廁所內垃圾桶底部，再以垃圾袋覆蓋，以防他人發現；並至廁所洗手台將手及刀子洗淨，再將刀放回交誼廳吧台上，隨即從熱食部門口，繞至廁所後方屍體放置處，踩破水管（毀損部分未據告訴）清洗謝童身上血漬，再以附近就地取得之木板二片及樹葉，覆蓋於被害人屍體上以爲掩飾，迨當日下午三時二十分許，營區水電班派員修理水管時發現謝童屍體……

二〇一一年九月十日，軍事法院再審謝姓女童命案，確認江國慶遭刑求逼供導致自白不實，洗清江國慶的罪名。二〇一一年，台北地方法院重新審理謝姓女童命案（北院一〇〇年度重訴第一七號判決），被告變成許榮洲，認定的部分事實如下：

許榮洲見謝姓女童死亡後，爲掩飾其犯行，先將謝姓女童之屍體自該廁所北面牆上釘有兩根橫隔木條之窗户中，自上下方兩根木條中間之間隙塞出，並因此留下右手手掌指底區及拇指球區之掌紋一枚於下方之橫隔木條上。而謝姓女童屍體掉落時，頭部撞擊廁所後方空地通往理髮部之水管，造成水管出現約零點三公分之裂縫，而噴出霧狀水花……以附近就地取得之木板兩片及樹葉，覆蓋在謝姓女童屍體上以爲掩飾。同日下午十二時三十分後，理髮部員工吳秀枝、江松嬌因爲官兵洗頭時水壓變小，遂屢次通知營區水電班值班一兵朱如星前往修理，朱如星因時值午休時間，遂至下午三時二十分始協同上士班長陳忠豫前往廁所後方水管處查看，始發現謝姓女童陳屍於該處……

水管破裂的原因只有一個，如果許榮洲的自白爲眞，當年國軍法醫中心的驗屍和解剖報告內，爲什麼只含糊的記載女童頭部受傷，在一九九七年江國慶的判決書內和二〇一一年許榮洲的判決書內，都沒有提到女童頭上有傷痕，也從未解釋過造成傷痕的可能原因？

自十九世紀工業革命以來，水管的管徑、管壁厚度、操作壓力和抗壓值等物理特性，早已有國際認證的標準，因此軍事法院的法官在認定水管破裂的原因時，若依法要求以客觀的有形證據補強江國慶的自白，一定會把水管和江國慶的皮鞋扣案進行鑑定，才能根據水管本身的物理狀況，檢視江國慶踩破水管的可能性，例如水管的管徑、管壁厚度、年齡、抗壓值、是否直接曝曬在陽光下、江國慶的體重、水管上有無異樣或跡證、水管破裂的情狀、江國慶皮鞋上的跡證等，甚至進行模擬實驗，以便客觀的認定事實，找出眞正的兇手。

軍事法院不根據證據認定事實，枉送江國慶一條寶貴的性命。之後，台北地方法院審理許榮洲版的謝姓女童命案時，還是沒有學到教訓；在認定水管破裂的原因時，仍不以客觀的有形證據補強許榮洲的自白，不根據驗屍和解剖報告確認謝童的頭部是否有因撞擊而留下的傷痕，也不考慮水管的物理狀況、五歲謝童之體重、屍體墜落的高度，研判謝童的屍體以自由落體的方式墜落後，撞裂水管的可能性。

美國第二任總統約翰．亞當斯（John Adams）曾經說過：「事實是頑強的東西，無論是願望、意志或熱情，都無法改變事實。」這是科學的鐵律，但卻不適用於台灣法官在判決書內認定的事實。在江國慶案中，根據江國慶的自白，水管是江國慶踩破的，目的是清洗女童身上的血漬。而當被告變成許榮洲後，根據其自白，水管是因爲謝童屍體掉落時，頭部把水管撞擊出零點三公分的裂縫，從破裂處噴出霧狀的水花。原本應該是「不變」的事實，變成可以因主角的改變而任意調整的小說情節。

二〇一四年，最高法院確認謝童命案並非許榮洲幹的，兇手另有其人。未來謝童命案第三破時，法官用第三人稱全知敘事觀點撰寫判決書的事實，已經認定的兩個不同水管破裂原因，完全不會讓故事編不下去，因爲**認定判決書內的事實，就像調整小說情節一樣，完全不需要證據，只要根據新的自白修改水管破裂的原因，絲毫不會影響故事的完整和劇情的銜接，即使無法鎖定獨一無二的眞兇，使任何人都可能成爲被告，還是絕對能夠通過裁判書類的審查。**

故事完整但內容荒謬

當法官用上帝的觀點寫事實，但又沒有上帝的超能力時，終究會出現故事編不下去的時候。

軍事法院在審理江國慶案時，檢察官會同法醫相驗後的謝童死亡時間是一九九六年九月十二日下午二時許，於解剖複驗時將死亡時間變更爲一九九六年九月十二日上午十二時許，與理髮部水壓變小的證詞吻合。

新科被告許榮洲浮出檯面後，二〇一一年九月十九日軍事法院再審江國慶案（國法審判字第一〇〇〇〇二八七八號），法官認定謝童遇害的時間是一九九六年九月十二日中午十二時三十分以前，但江國慶自白的犯罪時間是同日中午十二時四十分以後，這是得以翻案非常重要的關鍵之一，還江國慶的清白。

不到三個月，二〇一一年十二月十二日，台北地院審理謝童命案，許榮洲自白的犯罪時間是十二時二十分，只比江國慶自白的犯案時間早二十分鐘，法官同樣認定理髮部約在十二時三十分許，出現水壓過小的情形，是爲謝童死亡的時間，但卻認定智商只有六十五至六十九分的許榮洲，能夠在十分鐘的犯案時間內，像○○七一樣完成法院認定的下述不可能任務（Mission: Impossible）：

〔許榮洲〕以雙手環抱之方式將謝姓女童（自交誼廳）強行抱進福利餐廳西側廁所內，隨即將門反鎖，脱下謝姓女童身上所著之黃色背心上衣、深藍色七分褲、粉紅色內褲及紅色涼鞋後，以左手食指或中指多次用力插入謝姓女童陰道深部予以猥褻……謝姓女童因疼痛而喊叫，許榮洲持續以右手摀住謝姓女童之口鼻，避免謝姓女童掙扎叫喊且致使不能抗拒，謝姓女童終因口、鼻遭悶塞窒息死亡，許榮洲並於謝姓女童死亡後，又以手指多次插入謝姓女童陰道。因此造成謝姓女童肛門口與陰道內面相通，陰道裂口六×五公分、腹部右側之升結腸距迴盲瓣三公分處撕斷裂並向上移位二十五公分至橫結腸處，右側降結腸與乙狀結腸距肛門口約七公分處撕裂傷，乙狀結腸呈斷續狀之撕裂傷，左側之乙狀結腸及降結腸亦向上移位二十公分至橫結腸及降結腸交接處之重大傷害。許榮洲見謝姓女童死亡後，爲掩飾其犯行，先將謝姓女童之屍體自該廁所北面牆上釘有兩根橫隔木條之窗户中，自上下方兩根木條中間之間隙塞出，再將裝有衛生紙之垃圾袋拿起，將謝姓女童之上衣、七分褲、內褲、涼鞋均藏置於垃圾桶底部，再將垃圾袋放回垃圾桶內以覆蓋衣物，並至廁所洗手台將雙手清洗乾淨，再以洗手台下方之臉盆（或水瓢類之盛水器具）提水，清洗廁所地板及釘有木條

> 之廁所窗戶、牆面，再從廁所沿南側門、交誼廳、東側門出餐廳大門，由東側連集合場方向繞至廁所後方屍體棄置處，以附近就地取得之木板兩片及樹葉，覆蓋在謝姓女童屍體上以爲掩飾。

法官撰寫判決書的事實和曹雪芹撰寫《紅樓夢》一樣，都是用第三人稱全知敘事的觀點，但法官和曹雪芹的身分畢竟不同。曹雪芹是作家，不論合理與否，他在文字的領域中主宰書中人物的生死，即使「滿紙荒唐言」，也不會對任何人造成實質的傷害。

法官則不同，他們認定的事實決定別人的生命、自由和財產，理應讓證據說話，以最嚴謹和客觀的態度檢視證據、認定事實。然而實際的情況並非如此，判決書撰寫的方式和《紅樓夢》一樣，違反科學方法、邏輯和證據法則，讓**斷無騎車在外之可能的柯洪玉蘭，在接聽被告林坤明之電話後，不疑有他的騎車外出赴約；讓蘇建和等四人輪姦被害人後，卻未在被害人的內褲和陰道口留下任何的精液；讓智商只有六十五至六十九分的許榮洲，在十分鐘內完成〇〇七也不可能完成的任務，卻能通過裁判書類審查**，不必付出任何的代價，完全由邱和順、林坤明、蘇建和、莊林勳、劉秉郎、江國慶、許榮洲等人，爲法官虛構的文學創作買單。

台灣的法官是人，不具備上帝的全知超能力，卻用上帝的全知觀點認定事實，以至於人人都可能成爲刑案的被告。除非你有絕對的把握，不會在錯誤的時間，不小心走到不該去的地方，或認識不該認識的人，否則，面對這樣的判決書寫法，你不怕嗎？

2

分辨事實和意見
——學校必須提供的基礎教育

台灣的法官撰寫判決書內的事實，就像曹雪芹在寫虛構的《紅樓夢》。爲什麼？因爲不認識《刑事訴訟法》第一五五條的經驗法則，看不懂《刑事訴訟法》第一五四、第一六〇和第一六六條之七等與證據相關、源自於經驗法則的規定。

什麼是「經驗法則」？**經驗法則是證據法的基礎知識，源自於哲學，是科學方法的根源，區別可驗證眞僞的事實和無法驗證眞僞的意見，追求眞理和眞相。但是經過台灣司法界的詮釋後，發展出「本土化」的經驗法則，以日常生活經驗代替科學方法，導致台灣的法官在撰寫判決書的事實時，不分辨事實與意見，無法發掘眞相**。

台灣的司法問題非常的奇特，法官在所有的刑事案件中，不分辨事實與意見，但是在民事妨害名譽的案件中，卻又以事實和意見的差異作爲裁判的基礎，這到底是怎麼一回事？顯示出來的又是什麼樣的司法問題？讓我們先從前省長宋楚瑜控告前總統李登輝的妨害名譽案談起。

妨害名譽案的判決基礎：經驗法則

二〇〇四年四月二十四日，李登輝在台北市國際會議中心發表演說，講題是「從二〇〇四年總統大選看台灣民主法治的發展」，於演說中影射二〇〇四年總統大選時以些微票數落選的候選人連戰和宋楚瑜，質疑選舉不公而發起群眾運動，但是在群眾聚集時，竟然棄群眾於不顧，離去與友人一起打麻將。

宋楚瑜針對李登輝的上述言論，提起妨害名譽的民事損害賠償告訴，一路上訴到最高法院，最高法院於二〇〇七年四月十九日作出九十六年台上字第七九三號民事判決，判決的基礎就是經驗法則：「**意見爲主觀之價值判斷，無所謂眞實與否**」，但「**事實陳述本身涉及眞實與否**」。由於爭議是妨害名譽，最高法院指出：**任何人在陳述事實前，因有眞實與否的問題，一定要先查證**，否則會有妨害名譽的問題。

最高法院的九十九年度台上字第一七五號民事判決，也是妨害名譽的案件，法院重申：

「言論可分爲『事實陳述』及『意見表達』，前者有眞實與否的問題，具可證明性，行爲人應先爲合理查證……意見表達及行爲人表示自己之見解或立場，屬主觀價價值判斷的範疇，無真實與否可言。」

最高法院所指的事實陳述，英文是「statement of facts」，美國的法律備忘錄、各種書狀和上訴狀，都一定要提供「statement of facts」，相當於《刑事訴訟法》第三〇八條規定在判決書內必須記載的犯罪事實。何謂犯罪事實？根據最高法院一〇〇年度台上字第二四四九號刑事判決：

> 所謂犯罪事實，係指符合犯罪構成要件之具體社會事實，諸如犯罪之時間、地點、手段以及其他該當於犯罪構成要件而足資認定既判力範圍之具體社會事實，均應爲明確之記載，始足爲適用法律之依據。

最高法院所指的犯罪時間、地點、手段等，都是能驗證眞僞的客觀事實。可見得刑事案件的「事實」和民事妨害名譽案的「事實」，是同樣的「事實」，只是台灣的法官有看沒有懂，沒有能力連結《刑事訴訟法》第一五四條規定和民事妨害名譽案的判決基礎，在根據證據認定事實時荒腔走板。

學習科學方法的第一步：分辨「事實」與「意見」

經驗法則是科學方法的根源，分辨事實與意見是科學方法的第一步，不但不是妨害名譽案的特殊法律理論，也不是僅限於司法領域的特殊法律概念，而是科學時代人人必須具備的基本知能。

如果你在網路上用「statement of facts」搜尋，便會找到一份英語系國家訓練小孩子分辨事實和意見的練習，該練習對於事實和意見的詮釋和最高法院完全一樣。根據我家兒子的就學經驗，若是在美國，這份教材的適用對象是小學二、三年級的學生，課程是語文課，目的則是認識「科學方法」，我將原文做了翻譯（見下頁）。

事實與意見

你怎麼知道你所讀的是眞的？還是作者的意見？事實（statements of fact）能驗證其眞僞，你可以透過閱讀、觀察或請教專家求證。意見（opinion）表達一個人的感受、信仰或想法，無法驗證其陳述的眞僞。知道事實與意見之間的差異是很重要的，尤其是當你在蒐集資訊時。意見因人而異，但事實不會改變。現在來讀有關澳洲作家羅利（Morris Lurie）的介紹，請找出事實和意見。

小祕訣：找出陳述意見時使用的特殊字，包括比較用的字，例如比較好、最棒或最甜，或是形容的字，例如漂亮、蠢、可愛。記住，意見是無法驗證其眞僞的。

請閱讀下面的短文：

羅利是知名的澳洲兒童讀物作家。他的書《第二十七屆非洲河馬比賽》（The Twenty-Seventh Annual African Hippopotamus Race）是一本古典兒童讀物。該書寫於四十年前，但直到今天還是受到許多人的歡迎。任何年齡層的小孩都喜歡愛德華，那個為準備河馬比賽而接受嚴格訓練的非洲小河馬。羅利的其他作品還有《虛榮的獅子—奧爾羅》（Arlo, the Dandy Lion）和《都比的財富》（Toby's Millions）。羅利也寫成年人看的故事。不論是寫給小孩或成年人看，他都希望他的書充滿樂趣，綻放人生的多麗多彩。《第二十七屆非洲河馬比賽》是所有看過的比賽中，最精彩的比賽。

請圈選正確的答案：

1.《虛榮的獅子—奧爾羅》的作者是羅利　事實　意見
2.任何年齡層的小孩都喜歡河馬愛德華　事實　意見
3.《第二十七屆非洲河馬比賽》是非常精彩的比賽　事實　意見
4.羅利寫成人讀物，也寫兒童讀物　事實　意見做過這個練習後，任何具有小學三年級以上程度的人，應該都可以判斷什麼是事實，什麼是意見。

亞里斯多德的經驗法則

分辨事實與意見是古希臘哲學家亞里斯多德（Aristotle，希臘文：Αριστοτέλης）倡議之經驗主義的核心，現在讓我們來認識經驗主義和經驗法則。經驗主義的英文是「empiricism」，字根「empiric」源自希臘文「ἐμπειρία」或「empeiria」，相當於拉丁文「experientia」。英文字「experience」和「experiment」就是從拉丁文「experientia」衍生出來的。根據韋氏大詞典，經驗主義（empiricism）是指所有的知識均源自於經驗的一種理論；經驗數據（empirical data）是指透過觀察或經驗獲得的知識或資訊；**經驗法則（empirical law）則是指藉觀察或實驗驗證事實眞僞的原則**。

亞里斯多德出生於公元前三八四年，拜師於柏拉圖門下，柏拉圖是蘇格拉底的高足，所以亞里斯多德是蘇格拉底的徒孫。但是，亞里斯多德並未繼承師祖和師父的衣缽。蘇格拉底和柏拉圖是思辯哲學派（speculative philosophy）的掌門人，亞里斯多德不吃師傅和師祖的那一套，自立門派，成爲分析哲學派（analytic philosophy）的祖師爺。他的名言是：吾愛吾師，吾更愛眞理！

柏拉圖是詩人和夢想家，所屬的思辯哲學派運用詩詞語言，探討形而上、無法用觀察驗證的大問題，例如生命的意義爲何。思辯哲學派提倡理性主義（rationalism），認爲知識是與生俱來（innate）和直覺（intuited）的產物，稱之爲先驗知識（priori knowledge），遠超過透過經驗所獲得的知識。

亞里斯多德不一樣。他是工程師和務實主義者，對世界充滿了好奇和興趣，他喜歡根據經驗解釋事理，熱中於解決實際的問題。亞里斯多德所創的分析哲學派又稱爲批判哲學派，對詩詞語言存疑，反對摻雜無法驗證的空泛想法，倡議經驗主義，強調一**切知識來自於感知經驗（sensory experience），也就是所謂的後驗知識（posteriori knowledge），重視事物的可驗證性（provability），根據經驗和證據形成概念，而不是根據與生俱有的直覺**。他的思想，促使後世的科學發展得以脫離神學的束縛，成爲西方科學文明的重要推手之一。**源自於經驗主義的科學方法，最強調的就是經由實驗發現證據，主張任何假說和理論，都必須透過對自然世界的觀察加以測試，而不能完全建立在推理、直覺或啓示上**。

十八世紀的蘇格蘭哲學家休謨（David Hume）是經驗主義的大師，將人類的理性追求分爲兩類，「概念與概念彼此之間的關係」（relations of ideas）和「事實」（matters of fact）。幾何、代數和數學屬於前者，例如3×5=½（30），表達的只是這些數字彼此之間的關係而非知識，只要透過思考（理性和演繹）便能發現，本身具確定性（certainty），不需要確認是否確實存在於天地之間。反之，事實是無法用這種方法獲得的知識，必須透過觀察和感知經驗才能驗證其眞僞。

爾後的德國哲學家康德（Immanuel Kant），是歐洲啓蒙運動最後一位知名的哲學大師，對現代歐洲思想極具影響力。康德在某種程度上結合了理性主義和經驗主義，認爲人類的知識來自於感官經驗和理性，支持經驗主義者「知識源自於感官經驗」的主張，但認爲「經驗」不是唯一的要素，因爲把經驗轉換成知識的過程需要理性，而理性是天賦的。

美國大法官湯馬士在經驗法則下認定的事實

經驗法則就是科學方法，也是證據法的基本知識，美國法官在撰寫判決書內的事實時，受到經驗法則和證據法的嚴格規範。二〇一二年一月十日，美國聯邦最高法院作出*Smith v. Cain*案的判決，大法官湯馬士（Clarence Thomas）提出的不同意見書中，記載了該案的事實，是根據證據認定的證據事實（evidentiary facts），在此摘錄、翻譯如下：

> 本案審理時的證據呈現下列事實。一九九五年三月一日，柏特耐和幾位朋友聚在瑞比位於紐奧良的家中。柏特耐在廚房和朋友喝酒聊天時，聽到外面一輛沒有消音器之汽車的噪音。柏特耐打開廚房通往外面的門查看時，持武器的人用推的方式進入，要求交出毒品和錢（Tr. 153-154 (Dec. 5, 1995)）[1]。第一個進門的人拿槍抵著柏特耐的臉，把柏特耐往後推（證據出處）。這個人剛開始時是命令柏特耐和他的朋友趴在地上，但後來又命柏特耐站起來。這時候，第一個進門的人把槍抵在柏特耐的下巴下面

（證據出處）。當柏特耐問他們到底要柏特耐做什麼時，第一個進門的人用槍打柏特耐頭的後面，柏特耐便倒在地上（證據出處）。

當這些人進入瑞比家時，瑞比正在後面的臥房中，聽到外面混亂的聲音，瑞比從後面的臥房走出來。當瑞比打開通往廚房的門時，一個嘴巴罩著東西的男子用槍指著瑞比的人，命令她趴在地上（證據出處）。瑞比沒理這名男子的命令，跑向臥房，這時侵入者便開火（證據出處）。

射擊停止時，四個人死在地上。十七歲的西莉塔受到致命的槍傷，死在醫院裡。所有在瑞比家聚集的客人，柏特耐是唯一的存活者，第一名進入的男子用槍打他的頭後，柏特耐的頭部留下嚴重的撕裂傷，但未受到其他的傷害；逃離廚房的瑞比也沒受傷；槍擊事件發生時一直留在後面臥房中的瑞金諾也沒有受傷。

但警察在案發現場還找到一位名叫菲利浦的男子，菲利浦活著，但頭上有槍傷。由於柏特耐、瑞比和瑞金諾從未見過菲利浦，警察懷疑菲利浦與侵入者是一夥的。

紐奧良市警察局警員A，是第一個據報趕至槍擊現場的員警。審理時警員A證稱：在瑞比家中的臥房遇到柏特耐，當時柏特耐正在處理頭上的撕裂傷。根據警員A，「柏特耐是讓侵入者進入屋內的人，當時親眼看到犯案者」（證據出處）。警員

[1] Tr. 153-154（Dec. 5, 1995）是指大法官湯馬士引用的證據出處，以下以「證據出處」代替。

A進一步解釋說柏特耐曾「描述」親眼看到的那個人，但細節警員A已經不記得了（證據出處）。負責指揮槍擊案調查工作的警員B證稱：柏特耐描述第一個自廚房門進入屋內的人是「短髮」、「牙齒上有很多的金飾」以及「棕色的皮膚」（證據出處）。警員B進一步證稱：柏特耐無法描述其他的侵入者，但看見過第一個侵入者兩次，一次是當這個人用推的方式進入時，第二次是當柏特耐被命令站起來，這個人用槍抵住他的下巴（證據出處）。

警員B還證稱：槍擊案發生後的四個月期間，柏特耐看過十四組、每組有六張可能但不同嫌犯的照片，其中只有一組裡面有一張被告史密斯的照片（證據出處）。案發之後三個星期，警員B拿沒有史密斯照片的一組照片給柏特耐看，柏特耐注意到其中有一個人，和與〈柏特耐〉「面對面、一開始進入屋內的人」有「類似的髮型」和「類似的臉部表情」，但是柏特耐「肯定這個人不是第一個進入屋內的人」（證據出處）。幾個月後，警員B又拿出一張有史密斯照片的一組照片給柏特耐指認（證據出處）。警員B證稱柏特耐「立即」指認出史密斯，並且說：「就是這個人，我永遠也不會忘記他的臉。」在八十四張柏特耐看過的照片中，史密斯的照片是柏特耐唯一指認出來的照片。在法院審理史密斯所涉的案件時，柏特耐作證時又指認史密斯。柏特耐證稱：史密斯的「臉」和「滿嘴金飾」的「嘴」，與案發當天從廚房門進入之史密斯的臉和嘴一樣。柏特耐又證稱：史密斯在法院審理時的頭髮和犯案時一樣，「兩邊

> 都有剃過，但犯案時「頭頂部分稍微短一點」（證據出處）。柏特耐解釋：案發時，他的焦點在於第一個進入的人，這個人沒有戴面罩，但「沒有注意」任何其他攻擊者的臉，或其他的攻擊者是否有戴面罩（證據出處）。交相詰問時，柏特耐證稱：他曾向警察描述第一個人的身材、髮型和牙齒上的金飾（證據出處）。

大法官湯馬士認定的上述事實，和曹雪芹虛構的《紅樓夢》非常不同，不是用第三人稱全知敘事的觀點撰寫，因此沒有針對被告或被害人之心思意念所作的臆測或推論；也沒有任何價值或道德的判斷，幾乎沒有反映個人意見的成語、形容詞或副詞，沒有多餘的鋪陳，像數學應用題的題目或一篇簡短的科學報告一樣，是紀實的寫作（non-fiction），而非杜撰的小說（fiction）。在描述歹徒如何進入時，大法官湯馬士用的字是"push"，而不是"force"，刻意避免個人的價值判斷。

大法官湯馬士撰寫的事實，焦點不在於故事的完整和情節的銜接，而是提供足以證明被告是獨一無二之犯案者的證據。根據該等證據拼湊出來的事實，有其特定性和不變性，只能套用在一個特定人的身上，不會隨著被告的不同、自白的不同，發展出不同的事實。在該案中，能夠證明史密斯犯案的關鍵，是目擊證人柏特耐對史密斯的描述，以及柏特耐如何從八十四張照片中指認出被告史密斯，而大法官湯馬士撰寫的事實，也正是以這些證據作爲認定之事實的核心基礎。

邏輯謬誤的本土化經驗法則

台灣最高法院妨害名譽的判決意旨很明確，將言論分爲可驗證眞僞的「事實陳述」和無法驗證眞僞的「意見表達」，完全符合經驗法則，各級法院也經常引用作爲判決的依據，但是司法界卻將事實與意見的區別，侷限在妨害名譽的範疇內，未能擴及訴訟法。

《刑事訴訟法》第一五四條規定：「犯罪事實應依證據認定之，無證據不得認定犯罪事實」，是經驗法則最根本的規定，也是非常科學的規定。然而台灣司法界對於訴訟法內源自於經驗法則的規定，有看沒有懂，相見不相識，也沒有能力將這些規定與最高法院妨害名譽之判決意旨串聯在一起，反而發展出「本土化」的經驗法則。根據司法院制定的《辦理民事訴訟事件應行注意事項》第八十八點，本土化的經驗法則定義如下：

> 人類本於經驗累積歸納所得之法則；所謂經驗，包括通常經驗及特別知識經驗。法院判斷事實眞僞時，不得違反邏輯上推論之論理法則，亦不得違背日常生活經驗所得而爲一般人知悉之普通法則或各種專門職業、科學上或技術上之特殊法則。

這個定義看起來似是而非，因爲人類的知識確實是根據長久的觀察後歸納推理而來，是一種後驗知識。而專門職業、科學上或技術上之特殊法則，也確實是經過不斷的實驗反覆驗證而來。所以從這個似是而非的定義，看不出本土化經驗法則眞正的問題。但是從台灣一位司法界知名人士對經驗法則所作的舉例說明，可以看出問題之所在，其原文如下：

> 銀行在沒有鑑價擔保品的情況下，超額貸款給客户，當然就會造成銀行的損失，也表示職員沒有盡責；證人清楚記得案發時的情況，卻對案發後、甚至最近的事都記不起來，記舊忘新，如果不是患了失憶症，實在不可能如此；道路都還沒開通，只會造成人、車不方便，並沒有爲居民帶來任何利益，怎能開徵工程收益費？都違反經驗法則。

上述的舉例說明是台灣司法界的普遍認知，違反「否定式」的基本邏輯概念。**何謂否定式？「太陽存在」是一個可驗證眞僞的事實，在邏輯學稱爲命題（proposition或statement），其否定式是「太陽不存在」，必須符合三個條件：**一、**命題及其否定式不可能同時爲眞，兩者不相容；**二、**命題及其否定式之間只有一個爲眞；**三、**命題及其否定式必須窮盡所有的可能性**。太陽存在和太陽不存在不可能二者同時爲眞，二者之間只有一個爲眞，太陽存在或太陽不存在，只能二選一，沒有其他的可能，因爲太陽不可能既「存在」又「不存在」。

然而在我們的日常生活中，許多事情並不像太陽存在與否那麼的絕對。例如「我應該離開」不是「我不應該離開」的否定式，因爲還有「離開或不離開都無所謂」的可能，未窮盡所有的可能。「張三高興」不是「張三沮喪」的否定式，因爲還有「張三既不高興也不沮喪」、「張三介於沮喪和不沮喪之間」等的可能性，未窮盡所有的可能性。

「銀行在沒有鑑價擔保品的情況下，超額貸款給客戶，當然就會造成銀行的損失，也表示職員沒有盡責」，違反否定式的邏輯基本概念，因爲銀行在沒有鑑價擔保品的情況下，超額貸款給客戶，只要客戶一直根據合約還款，未必會造成銀行的損失，或許還會讓銀行獲利；如果確實造成銀行的損失，職員沒有盡責也只是可能的原因之一，還有其他原因的可能，例如客戶是老闆的親戚，對職員施壓卻不留下證據，出事卻讓職員背黑鍋。

本土化經驗法則違反否定式之邏輯基本概念，是一種邏輯謬誤，稱爲錯誤的二分法（false dichotomy），認爲不是「有」就是「無」，排除其他的可能。但這並非本「土化經驗法則」的唯一邏輯謬誤。

除了經驗法則外，亞里斯多德還在二千三百多年前發明三段論（syllogism），三段論是演繹推理（deductive reasoning），也是形式邏輯（formal logic），有嚴格的形式規則，透過形式規則確保推理的正確性，可以從已知的理由和證據推出未知但必然爲眞的結論。歸納推理（inductive reasoning）和演繹推理不同，不是形式邏輯，和演繹推理最大的不同，就是無法推出必然爲眞的結論，只能推出可能爲眞的結論。

你、我、他看到的烏鴉是黑的，我們在書本和網路上看到的烏鴉也都是黑的，於是我們做出「世界上的烏鴉都是黑的」的結論。但是有一天，有個人在非洲看到一隻白色的鳥，經過科學方法證明是隻烏鴉，「世界上的烏鴉都是黑的」的歸納推理結論便無法成立。科學家的工作，就是每天透過觀察推出學說、定律，不論是在大自然的環境裡觀察，或是在控制條件的實驗室裡觀察……其結果都是歸納推理的結論，不是必然爲眞，只要有新的發現，就可能被推翻。科學家的工作就是昨是今非，透過不斷的觀察，推翻昨天的結論，找出更接近事實的眞相，才能促進人類的文明與進步。

「證人清楚記得案發時的情況，卻對案發後，甚至最近的事都記不起來，記舊忘新，如果不是患了失憶症，實在不可能如此」，是透過歸納推理獲得的日常生活經驗，有可能爲眞，但不是必然爲眞，只要能舉出其他可能的實例，例如證人故意說謊，或是有難言之隱，或是基於其他的心理因素故意裝作忘記，「證人患了失憶症」的結論便無法成立。

本土化經驗法則誤把歸納推理可能爲眞的結論，當作演繹推理必然爲眞的結論，是本土化經驗法則的另一個邏輯謬誤—輕率概括（hasty generalization），有一些銀行超額貸款的案子是因爲職員未盡責，但卻概括爲所有銀行超額貸款的案子都是因爲職員未盡責：有些證人記舊忘新是因爲失憶症，概括爲每個記舊忘新的證人都患了失憶症。**呈現的問題是對證據的認識不足，把不值得參採、建立在個人的狹窄經驗或是道聽塗說的軼事證據（anecdotal evidence），當作值得參採的科學證據（scientific evidence），進而根據軼事證據做一般性的推論或結論，犯下軼事謬誤（anecdotal fallacy）**。

由此可見，台灣司法界發展出來的本土化經驗法則，完全悖離亞里斯多德的經驗法則，不是建立在分辨事實與意見以追求眞理與眞相的科學方法上，而是台灣司法界陷入多重邏輯謬誤而不自知的本土化產物，與國際脫軌，只能在台灣作怪。這種本土化的經驗法則，是台灣司法界一致的共識，前輩是這樣教的，後輩是這樣學的，幾乎沒有人有能力發現錯誤，即使被指出錯誤，也不會有人願意面對這項錯誤，包括法界改革派的清流份子，當非法界人士指出錯誤時，會遭到法界人士一致的反駁：非法律人不懂！

法官在本土化「經驗法則」下認定的事實

台灣司法界發展出來的本土化「經驗法則」，不是建立在分辨事實和意見的科學方法上，導致法官不分辨事實與意見，在認定和撰寫犯罪事實時，普遍運用撰寫虛構小說的第三人稱全知敘事觀點撰寫犯罪事實，以至於認定的「犯罪事實」中夾雜許多的「非事實」。以台北地方法院九十九年度重訴第十七號判決爲例，記載的犯罪事實如下：

林敬棠（綽號「小胖」，通緝中）因與卓士傑宿有仇怨，於查悉卓士傑於民國九十九年二月二十二日晚間，正帶同友人在臺北市……「KHAKI咖啡店」內用餐，吳佳龍、潘盈諺竟與林敬棠及眞實姓名年籍均不詳、綽號「浩呆」之成年男子等四人，共同基於殺人及傷害之犯意聯絡，於同日晚間九時許，分持刀械、棍棒，趁卓士傑仍

> 在上址用餐且不及防備之際，一擁而上，由林敬棠以刀械砍、刺殺卓士傑，吳佳龍、潘盈諺與「浩呆」則在旁以棍棒打傷卓士傑之友人柯逸威，致柯逸威受有頭皮裂傷之傷害，並使柯逸威無法協助卓士傑，過程中吳佳龍另出言指揮林敬棠將卓士傑殺死。嗣卓士傑受傷倒地不起後，吳佳龍等人始一同逃逸離去。卓士傑經送醫急救後，於同日晚間十一時二十七分許，因左胸穿刺傷引起左側血氣胸、出血性休克、呼吸衰竭而死亡。

其中，「殺人」、「傷害」、「犯意聯絡」是法律，不是具體社會事實；「趁卓士傑仍在上址用餐且不及防備之際」是法官的臆測；「竟與林敬棠……共同基於……」是主觀的道德判斷；「逃逸離去」也是主觀的價值判斷；「一擁而上」是反映個人意見或判斷的成語，欠缺科學的精準度。

相較於美國大法官湯馬士在經驗法則和證據法嚴格規範下認定的事實，**台北地院法官認定的事實，雖然故事完整且情節前後銜接，但卻沒有提供證明被告是獨一無二之犯案者的任何證據，反而像虛構的小說，把案中的「林敬棠」、「潘盈諺」、「吳佳龍」、「浩呆」、「卓士傑」、「柯逸威」，換成你、我、他，犯罪事實還是照樣成立，人人都有可能成爲被告。**

韓國的司法至少比台灣先進十七年

台灣的司法界發展出來的本土化經驗法則，有別於舉世遵從的科學方法，導致法官、檢察官和律師都看不懂一九六七年制定之《刑事訴訟法》第一六〇條禁止無法驗證眞僞之個人意見、推測或評論的規定，讓台灣的司法不僅落在美國之後，甚至落後韓國至少十七年，可證之於韓國一九九五年拍攝的電視劇《沙漏情人》。

沙漏情人描述「光州事件」，相當於台灣的二二八事件，揭露韓國政界和商界養黑道以鞏固和擴大勢力的醜陋社會現象，轟動全韓國，播放時萬人空巷，是韓國電視史上收視率排名第三的電視劇，遠超過《大長今》。下面是該部電視劇裡一場法庭戲的對話：

證　人：我發誓誠實的把所看到、聽到的說出來，若說假話願承受作僞證的懲罰。

檢察官：（出示一疊文件給證人看）知道這是什麼？

證　人：知道，是我交給檢察廳的。

檢察官：一九八〇年十月在京畿道賓館內跟已故的尹在用會長（證人的父親）和被告吃過飯嗎？

證　人：是。

檢察官：在那裡親眼目睹尹在用會長把錢交給被告嗎？

證　人：看過傳了一個公事包。
檢察官：知道公事包裡面是什麼東西嗎？
證　人：聽說裡面裝的是二億元現金。
檢察官：知道是什麼用途的錢嗎？
證　人：因爲當時五〇二辦公室剛剛成立，我父親有必要跟那裡的人疏通關係，被告在中間介紹，那些錢可能是回扣。
被告辯護律師：反對，證人是在臆測，比如說公事包裡面可能會有錢，可能會有回扣之類，請刪除這些紀錄。
法　官：同意，請刪除。請證人確實說清楚。

除非韓國的電視編劇脫離現實，上述的法庭對話，證明韓國的法律和台灣一樣，禁止證人做無法驗證眞僞的臆測之詞，韓國的法官、檢察官和律師，在十七年前就已經能夠分辨事實與意見的不同，嚴格執行法律規定。反觀台灣的司法界，四十五年來，空有法律規定，法官不但不禁止證人做沒有根據的臆測，連事實和意見都分不清楚，韓國的司法至少比台灣先進十七年。

分辨事實與意見是學校必須提供的基礎教育

經驗法則就是科學方法，唯有分辨可驗證眞僞的事實和不能驗證眞僞的意見，才能追求眞理和發掘眞相，沒有眞相就不會有正義。發掘眞相是司法的命脈，實現正義是司法的目的，因此證據法規定只有唯一的事實可作爲證據，因人而異的意見，原則上不能作爲證據。

西方人受過啓蒙運動的洗禮，科學方法融入日常生活中，成爲文化的一部分，根據證據追求眞理和眞相，對事而不對人。東方人未受過啓蒙運動的洗禮，被迫接受西方船堅礮利的科學，中學爲體，西學爲用，科學方法並未融入日常生活中，也不是文化的一部分，對於根據證據追究事情的眞相沒有太大的興趣，反而習慣以臆測別人之心思意念的動機論，進行道德審判。

台灣的司法界爲什麼會發展出本土化的經驗法則？因爲習慣於傳統的臆測別人心思意念以進行道德審判，以致於對追求眞理和眞相沒什麼概念，也提不起太大的興趣。

分辨事實與意見並非難事，是小學一、二年級的學生做過練習就能具備的知能。所以台灣的法官分不清事實與意見，非不能也，而是不爲也。爲什麼不爲？因爲必須改變根深柢固的習慣和思想模式，需要文化上的覺醒與徹底改變的決心，就像要不穿鞋子的非洲人穿鞋子，南丁格爾要大家洗手才能確保衛生一樣。正確的觀念從小訓練比較容易，分辨事實與意見是小學一、二年級必須提供的國民基礎教育。

3

理性抉擇的庶民文化

——再不開始就太晚了！

我在上課時曾問學生一個問題：「法官的功能是什麼？」得到各種不同的答案：「公平審判」、「懲處不法之徒」、「實現正義」……當我說法官非常重要的功能是「解決社會問題」時，學生都很驚訝。兩位非常投入的學生甚至在課後告訴我，他們很關心司法，但從未想過法官肩負了解決社會問題的責任。

我們每天做很多的選擇和決定，是一個根據已知的事實推論出未知的結論，是一個選擇和決定的過程，解決的是個人或家庭的問題。**法官審理案件作出判決，也是從已知的證據推論出未知的判決結果，也是一個選擇和決定的過程，但他們所解決的，不是法官的個人或家庭問題，而是別人的問題和社會的問題，所以法官肩負「解決社會問題」的責任。**

我的偶像—亞里斯多德，約在兩千三百多年前發明演繹推理的「三段論」（syllogism），可以幫助我們根據已知的事實，推論出「未知」但「必然」的結論，是一個「理性抉擇」的（rational decision-making）過程，也是解決問題最好的工具，因此被德國的數學家兼哲學家萊布尼茲（Gottfried Liebniz），讚譽爲人類最美麗和最重要的發明之一。

人人需要學邏輯，因爲可以幫助我們摒除情感、擺脫權威的束縛，根據已知的事證，做出理性的抉擇，解決日常生活中和工作上的問題。法官更需要學邏輯，因爲在法治社會裡，司法是社會爭議的最後仲裁者，是否能夠適切的化解爭議，解決社會問題，影響的層面既深且廣，有賴法官訴諸證據作出理性的判決。

但是，台灣的基礎教育和法學教育，都不提供邏輯思考訓練，不以解決問題爲導向。現在讓我們來看看西方的美國和東方的韓國，培養理性抉擇和解決問題能力的情形。

解決問題的分析性推理能力

法官需要依賴邏輯作出判決，檢察官和律師的工作會影響法官的判決，當然也需要邏輯訓練。培養法官、檢察官和律師的美國法學院，爲了適才適所，篩選出邏輯推理能力較佳的學生入學，聯合舉辦法學院入學考試（LSAT; Law School Admission Test），題型之一是分析推理（analytical reasoning），測驗的就是學生解決問題（problem-solving）的能力，下頁是選自二〇〇七年六月LSAT的一個例題。

這些題目看上去像數學題，但事實上和法律題一樣，提供規則（rules）和事實（facts），要求考生將規則適用在事實上，然後求出必然的答案。認識分析推理題後，就能明白法律雖然常被歸納爲社會科學，但是和數學一樣，是一種演繹推理。

像下頁的分析推理題，慢慢寫任何人應該都能找出正確的答案，但是LSAT要求考生在三十分鐘內回答二十三至二十六題，每題只有一分多鐘的時間，所以一定要有方法。

在下頁的例題中，第一題用規則去檢驗答案，很快就能用消去法得到正確答案(2)。第二題的解題關鍵，是從第一題的正確答案(2)中，知道回收中心三可以回收塑膠，再根據規則二和規則三將回收中心二排除，只要檢驗回收中心一即可，正確答案是(4)。第三題只要根據規則二和規則三就能選出正確答案(3)。

在R城有三間回收中心，中心一、中心二和中心三。這三間回收中心回收五種不同的物品：玻璃、報紙、塑膠、錫罐和木頭。每一間回收中心至少回收兩種、至多回收三種上述物品，而且必須符合下列規則：

規則一：回收木頭的回收中心一定也要回收報紙。規則二：只要回收中心二回收的物品，回收中心一一定也要回收。規則三：只有一個回收中心回收塑膠，而且該回收中心不能回收玻璃。

1. 下述哪一個答案是R城正確的回收情形？
   (1) 回收中心一：報紙、塑膠和木頭；回收中心二：報紙和木頭；回收中心三：玻璃、錫罐和木頭。
   (2) 回收中心一：玻璃、報紙和錫罐；回收中心二：玻璃、報紙和錫罐；回收中心三：報紙、塑膠和木頭。
   (3) 回收中心一：玻璃、報紙和木頭；回收中心二：玻璃、報紙和錫罐；回收中心三：塑膠和錫罐。
   (4) 回收中心一：玻璃、塑膠和錫罐；回收中心二：玻璃和錫罐；回收中心三：報紙和木頭。
   (5) 回收中心一：報紙、塑膠和木頭；回收中心二：報紙、塑膠和木頭；回收中心三：玻璃、報紙和錫罐。

2. 下述哪一個是R城可以回收塑膠之回收中心的完整答案？
   (1) 只有回收中心一。
   (2) 只有回收中心三。
   (3) 回收中心一和回收中心二。
   (4) 回收中心一和回收中心三。
   (5) 回收中心一、回收中心二和回收中心三。

3. 如果回收中心二回收三種物品，回收中心三必須回收下列哪一種物品？
   (1) 玻璃；(2) 報紙；(3) 塑膠；(4) 錫罐；(5) 木頭。

LSAT爲什麼要考分析推理題？而且要在這麼短的時間內作答？如果我們在解數學題時，不專注在數學公式和已知的條件，不可能推算出正確的答案。法律和數學一樣是演繹推理，但卻很容易受到非法律因素的影響，而無法作出正確的判決。測驗學生短時間內完成分析推理題的能力，能夠篩選出專注於法律和事證的人，不受情感、權威或任何其他非法律因素的影響，心無旁鶩的將已知的事證代入適用的法律，推出必然的結論，以最快速、精準、有效的方法解決問題，勝任司法的工作。

人人需要推理和解決問題的能力

人人需要具備分析推理和解決問題的能力，可以從好萊塢知名女演員蜜雪兒．菲佛（Michelle Pfeiffer）在電影「危險遊戲」（Dangerous Minds）中的談話，一窺究竟。

菲佛在片中，飾演一位甫自美國海軍陸戰隊退伍、在貧民區教書的高中老師，對於處於社會邊緣、競爭弱勢的學生，她用「詩」爲媒介，誘發學生的學習興趣，目的是訓練學生如何思考，培養他們分析推理的能力，幫助他們面對殘酷的社會競爭。以下是她和學生的對話：

學生：學這些詩有什麼用？

菲佛：學習如何思考。

學生：我現在就知道如何思考。

菲佛：對，你現在也知道如何跑，但無法像訓練過的人一樣跑。我們的思考就像肌肉，如果你希望思慮縝密，一定要多練習。每一個新的事實，讓你們多一項選擇，每一個新的想法，讓你們多一塊肌肉，這些肌肉使你強壯。社會奸險，思考是你們最有用的武器。

菲佛說：「**每一個新的事實，讓你們多一項選擇**」，比對前面的LSAT分析推理例題，第三題**給了一個新的事實，考生必須重新分析思考，透過演繹推理推出新的答案。運用於現實生活中，解決問題時，一定要積極的掌握新資訊，一旦發現新資訊，必須重新思考，才能正確的解決問題或做出不會後悔的抉擇。**

為什麼美國教育重視邏輯推理訓練

十七至十八世紀，歐洲進入理性世代和啓蒙世代，破除迷信、打倒權威、訴諸理性（reason，可譯爲理性、理由或理智）的思想興起，覆蓋各個知識領域，自然科學、哲學、倫理、政治、經濟、歷史、文學和教育等領域，都有革命性的變革，打破君權神授的迷思，引發法國大革命和美國獨立戰爭，引領世界進入民主和科學的世代，亞里斯多德訴諸理由和證據的邏輯成爲跨領域的學問，受到德國哲學家康德的高度推崇。

歐洲的理性世代和啓蒙世代對人類最偉大的貢獻之一，根據耶魯大學法學教授艾克曼

（Bruce Ackerman）所著的《We the People》，是美國的建國先賢們深信當代政治學所描繪的烏托邦，建立了全世界第一個民主共和國，人民能夠當家作主，監督和控管政府的所作所為。

美國的建國先賢雖然唾棄君權和獨裁，建立了由人民當家作主的共和國，他們對人性卻充滿了不信任，認為人民容易被「私利」和「情感」所蒙蔽。因此，力倡訴諸理由與科學證據的理性思考，希望建立的是一個由理性公民組成的民主共和國。

有美國憲法之父美稱的美國第四任總統麥迪遜（James Madison），在《聯邦黨人文集》第四十九號中明白的指出：**「只有人民的『理性』可以控管和監督政府，人民的熱情則要受到政府的控管和規範」。因此，美國教育重視邏輯推理的思考訓練，目的就是要培育能夠摒除情感、不輕信權威、訴諸證據、追求真理與真相、能理性參與和影響公共議題的人民，共同解決民主國家的社會問題。**

從小學一年級開始正式訓練

美國的學校基礎教育重視邏輯推理訓練，從小學一年級開始，以「邏輯論證」為核心，訓練學生正確的推理（reasoning）。邏輯論證的英文是「argument」，拉丁文是「argumentum」，意思是證據或證明（proof），動詞「arguitur」意指證明或揭露。因此，「argument」不是指情緒上的意見不同，而是試圖根據證據和理由揭露真相。

三段論是利用演繹推理的論證，稱為演繹論證，是一種形式邏輯，最基本的形式如下：

大前提：人都會死。
小前提：蘇格拉底是人。
結　論：蘇格拉底會死。

三段論由大前提（major premise）、小前提（minor premise）和結論構成，應用於日常生活中，無法像數學一樣推論出必然爲眞的結論，但能推出極具說服力（persuasive）的結論，足以作爲抉擇或解決問題的基礎。

我們天天都在做三段論的演繹論證，只是我們不知道，因爲在日常生活中，我們很少用三段論的形式進行，而是用「省略三段論」（enthymeme）的方式進行。例如，蘇格拉底會死，因爲蘇格拉底是人，把大家熟知的「人都會死」省略掉。李宏基被判處死刑，因爲他把妻女殺死了，把大家熟知的法律規定：「殺人者死」省略掉。

簡單的說，**簡略三段論就是用「因爲」造句。但是用因爲造句有兩種，一種是因果關係或解釋，一種是推理，只有涉及從已知的事實推論出未知之結論的造句，才是涉及推理的省略三段論或邏輯論證**。

爲了從小培養小孩子解決問題、理性抉擇和說服他人的能力，美國自小學一年級開始，訓練小朋友用「因爲」造句。例如，小英跟媽媽說：「我想要一個芭比娃娃，因爲我很乖」。想要一個芭比娃娃的結論若要具說服力，必須要有具關聯性（relevant）、必要（essential）且充分（sufficient）的「證據」，證明「我很乖」的理由是正確的。例如：「我每天自己穿鞋」、「我幫媽媽照顧弟弟」、「我參加芭蕾舞比賽得第一名」，都與「我很乖」具關聯性，都能證明「我很乖」是正確的，且支持「我想要一個芭比娃娃」的結論。每天自己穿鞋、幫媽媽照顧弟弟，是能驗證眞僞的客觀事實，芭蕾舞比賽第一名則是能驗證眞僞的統計數據。

小英的證據是否充分，要由媽媽決定，因爲小英的論證是省略三段論，省略了一個前提，就是「只要我很乖，媽媽就會給我買芭比娃娃」。如果這確實是媽媽給小英買芭比娃娃的條件，相信絕大多數的人都會認爲小英的論證非常具說服力，獲得芭比娃娃的可能性很大。但是，如果媽媽想要小英養成存錢的習慣，小英必須自己存夠買芭比娃娃一半的錢，才會幫她買，小英便陷入假設的謬誤，她的論證無法成立，要想得到她想要的芭比娃娃，可能會有點困難。

中學生寫論說文訓練論證的能力

美國小學生升到五年級後，開始接觸不同的文體，論說文的分量逐年加重。到了大學，最重要的寫作經驗便是針對特定的議題，提出自己之主張或立場的說服性論說文（persuasive essays）。**說服性論說文其實就是用「因爲」造句的延伸，寫的是邏輯論證，也可說是「學術論文」的雛型。**

美國初高中生寫的論說文，稱爲「說服性五段論說文」（persuasive five-paragraph

essay），第一段是前言，中間三段是論說文的主體（body），最後一段是結論。**前言最重要的元素是「論點聲明」（thesis statement），相當於科學研究報告的「假說」（hypothesis），用一到兩個句子揭示作者的「主張」（claim）或「論點」（thesis），提出自己對所論述之議題的立場（stand），相當於文章的要旨（main idea）**。

寫出論點聲明是形成自己之立場的過程，並不是一件容易的事，學生必須蒐集資料並做研究，根據蒐集到的證據和研究的結果，反覆修改論點聲明，確定有足夠的證據支持自己的立場。例如，「中子帶正電，電子帶負電」，證據就是「實驗時發現中子和電子以……的方式運行」；或是「南非種族隔離制度注定會結束」，使用的推理和證據是「現代的革命會成功都是因爲政府先小幅讓步，然後又反悔」。

「法蘭克．洛伊．賴特是一位偉大的建築師」和「法蘭克．洛伊．賴特的建築融合了歐洲的現代風、亞洲的美和地方特色的建材，創造出獨特的建築風格」，以後者作爲論點，更能呈現深入研究和學習後的心領神會。

一旦確定「論點聲明」或立場後，要像學術論文一樣，努力證明自己的假說爲眞，因此在論說文的主體部分，需要以事實、細節或實例（examples），提供充分的理由和證據，支持自己的立場，反證不利於自己的立場，爲自己的立場辯護，說服讀者接受自己的立場。

因此，**論說文的主體部分，仰賴的是理由和證據，如果只有理由而沒有證據，就會淪爲空口說白話或呼口號，這樣的論說文就像沒有證據支持的學術報告一樣，毫無參考的價值，徒然**

浪費紙張而已。更重要的是，**論證不是跟特定的人辯論，更不是逞口舌之快，硬把黑的說成白的，強辭奪理，而是充分的考慮所有的正、反意見，讓自己對自己的立場有信心，進而說服讀者**。由此可見，書寫論說文的過程，是一個訓練分析性、邏輯性思考和說服力的過程，能夠培養學生解決問題和理性抉擇的能力。

大學寫作訓練分析性和批判性思考的能力

自一九七〇年代起，美國的教育界和哲學界將正確推理的能力，定位爲分析性思考（analytical thinking）和批判性思考（critical thinking）的能力，是爲學校教育的核心重點。

哈佛大學的寫作學程（Harvard College Writing Program）稱爲「Exposition」或簡稱「Expos」，建立於一八七二年，是每一位哈佛學生的必修課，也是哈佛最悠久的傳統。「Expos」的哲學觀是「思考與寫作密不可分」，「好的思想來自於好的寫作」。**寫作課程的重點在於訓練邏輯論證的能力，透過不斷的修改和重寫，才能發現和鋪陳具說服力的想法（idea）和證據（evidence）**。

同爲常春藤盟校的達特茅斯學院（Dartmouth College），設有寫作與修辭中心（The Institute for Writing and Rhetoric），認爲**寫作是學生找出自己的想法、反覆琢磨使自己的想法更臻成熟、再將自己的想法傳達出去的一個過程，是博雅教育的核心，可以培養學生寫作、演說和批判性思考的能力**。該校認爲博雅教育必須提供不同層級、跨學術領域的寫作教學，幫助學生學習如何利用寫作強化分析的能力。

北卡羅萊納州立大學在美國公立大學中排名第五，根據該校寫作中心的網站，大學的寫作是學術寫作，學生要學習針對議題寫出自己的觀點或立場的邏輯論證。根據北卡大學的網站，大學時代學習到的絕大多數知識，都是前人論證後的結果，即使是簡單的「事實」，也是某個人對特定資訊所做的詮釋。爲了訓練學生邏輯論證的能力，在課堂上，教授要求學生檢視或駁斥別人所做的詮釋，爲別人的詮釋辯護或提出自己不同的觀點。**教授要求的報告，絕對不是把上課的內容做個總整理，而是發展出自己的觀點或是做出自己的詮釋，並且提供證據支持，才能提升批判性思考、推理、抉擇、解決問題和評估證據的能力**。

美國大學認爲大學寫作呈現的是作者的觀點，**在寫作的過程中，最重要的是分析性思考和批判性思考，不能相信任何權威，不能被鉛字印刷出來的學術文獻所迷惑，不能照單全收文獻作者的觀點，不能只是背誦用紅筆畫下來的重點；而是要把文獻當作邏輯論證，找出作者到底在試圖證明什麼？作者認爲大家都會接受的「假設」爲何？自己是否同意作者的觀點？作者是否提出充分的辯解？使用的證據爲何？遺漏了什麼？若把遺漏的部分補進去，是否會損及作者之邏輯論證的說服力？透過批判性閱讀，漸漸提升邏輯論證的能力**。

不論是哪一個學術領域，大學寫作不再是單純的寫文章、陳述事實，而是兼具數學證明題的性質，品質的好壞在於證據力和說服力，也就是作者是否提供了充分的證據支持自己的論點，推理是否符合邏輯，關鍵就是分析性和批判性思考的能力。

台灣的教育欠缺分析性和批判性思考的訓練

台灣在一九一一年成爲亞洲的第一個民主國家，但欠缺民主國家所需的文化基礎，有識之士乃推動新文化運動、白話文運動以及追求「德先生」（民主）和「賽先生」（科學）的五四運動，但不幸於一九一九年失敗，直至今日仍無法逃脫傳統文化的束縛，固守情、理、法的社會價值，不以訴諸證據的理性論證作爲解決社會問題的基礎。

在科舉遺毒下，台灣的學校教育考試導向，重視知識的灌輸和累積，而不是獨立思考、判斷的能力，不強調科學方法於日常生活中的應用，不教導學生分辨「事實」與「意見」，不鼓勵學生追求眞理與眞相，不培養學生訴諸證據的邏輯論證、分析性和批判性思考的能力，不以理性抉擇和解決問題爲教育的目標。

學校制式課程之外，最能培育邏輯論證、分析性和批判性思考能力的活動，應屬辯論比賽。台灣的辯論比賽，原則上採用源自於英美法庭的「奧瑞岡式辯論」比賽規則，也就是訴諸「證據」的「邏輯論證」，在比賽之前必須投入大量的時間和心力，研究和蒐集資訊，並且附諸於文字，辯論時才能按照比賽規則，訴諸證據的提出自己的主張，駁斥對方的主張。

台灣的高階知識份子對於邏輯論證的無知，可從就讀於清華大學社會研究所博士班的一位學生，在某大學擔任助教時提出之期末報告，一窺究竟：

常說眞理愈辯愈明，但辯論賽的意義顯然不是爲了眞理，這是一種詭辯之術，只因爲你抽籤抽到某個立場，就必須盡全力的自圓其說，想出一些似是而非的道理，再用一些奇奇怪怪的邏輯爲自己辯護。年輕人學辯論到底可以學到什麼，辯論的設計又到底是爲了什麼？我相信同學進到社會之中都需要用到自己的口才，也需要一顆靈活的頭腦，與快速的反應。但辯論是訓練同學口才的好方式嗎？從我的角度來看倒不盡然，與其教他們辯論技巧，他們更需要的是和人的應對進退，以及面對大場面時說話的勇氣。辯論可以給他們的是一種顚倒是非的能力，硬要爲自己不相信的立場辯護，那只會流於強詞奪理，流於一種不知所云之感。所以我覺得從辯論中，他們更應該學到的是尊重對方的雅量，而不是硬要把對方駁倒的力量。這樣做無助於溝通，也無助於社會的進步。

這位清華大學博士班的高材生，如果有受過一點點的邏輯論證訓練，就會知道說話或評論必須訴諸證據，才有可能眞理愈辯愈明。果若如此，這位清大高材生至少會上網Google一下，蒐集足夠的證據後再發表高見，不難發現奧瑞岡式辯論賽是高層次的心智活動，而不是動口不動腦、不需要證據和推理的亂噴口水，也就不會寫出這樣一篇沒有任何證據支持的期末報告了。然而這並不是這位博士生的錯，而是台灣不以邏輯思考訓練爲教育重心的結構性問題，令人心酸的必然結果。

二〇一一年公共電視播出哈佛大學教授桑德爾（Michael Sandel）的「正義」課程，名爲「正義：一場思辯之旅」，同名書籍也很受歡迎。根據公共電視的官方網站資料介紹，這門課的目的是藉由討論日常生活中的道德難題，例如正義、平等、民主和公民權等，刺激批判性的思維。節目播出後，引起台灣社會的熱烈迴響，但因爲**台灣社會對邏輯學及其核心內容的邏輯論證，欠缺起碼的認識，受限於傳統的思維，討論的焦點從刺激未來社會精英之分析性和批判性思考，培養其解決社會問題的能力，轉爲對「道德」和「政治」的省思。台灣社會再一次錯失學習西方理性論證以解決社會問題的機會。**

韓國的司法改革和文化維新

當東方國家進入西方文明發展出來的民主法治社會時，由於欠缺相同的文化基礎，衍生出許多的社會問題。司法的命脈是根據證據認定事實，發掘眞相以實現正義，但是東方社會爲了情面和表面的和諧，可以掩蓋犧牲眞理和眞相，以至於司法不但無法發揮解決社會問題的功能，甚至成爲社會的大問題。

二十一世紀初，爲了解決司法問題，東方的日本和韓國分別引進美國的法學教育制度和陪審團制度，積極的進行司法改革。相較之下，韓國人的洞見和解決問題的能力，特別令人印象深刻。

我們在前一章中，已經看到韓國的司法至少比台灣先進十七年，但是韓國在二〇〇七年，仍然立法進行司法改革，於二〇〇九年完全改採美國的法學教育制度，全面停辦大學部的法律系，由法學院提供學士後的法學教育。爲了節省教育資源，改善偏低的律師考試錄取率，韓國的法學教育改革亦參考美國的精兵政策，但遠比美國緊縮。根據政治大學陳惠馨教授所著〈台灣近年來有關法學教育改革的討論與發展〉，二〇〇六年時，台灣法律系的大學和博碩士生高達五千三百多人。韓國人口是台灣人口的三倍，自二〇〇九年起，新制法學院的招生人數限制在兩千名左右，錄取的重要參考指標是法學院入學考試成績和大學學業成績，法學院入學考試則完全仿效美國的LSAT，測驗考生的閱讀和分析、推理能力。

二〇〇八年一月一日，韓國實施《公民參與刑事審判法》，類似我國司法院於二〇一二年一月提出的《人民觀審試行條例草案》，提供人民參與刑事審判的權利，希望能藉此促進司法審判的透明度和可信度。

韓國人實施公民參審制度有兩個重要的目標，在台灣從未被提到過，更遑論成爲討論的焦點或目標了。第一，**提供檢辯雙方更多的機會倡議和建立訴諸「證據」的「邏輯論證」**；其次，也是最令人驚豔的一點，韓國人希望《公民參與刑事審判法》除了帶動司法改革外，**藉由公民參與刑事審判的決策過程，建立起普及於一般民衆的「理性抉擇」文化，讓一般老百姓都能具備理性抉擇的能力，成爲現代民主法治國家所需的理性公民**。

韓國人決心建立理性抉擇的庶民文化，顯示他們在解決司法問題時訴諸證據，眞正認識到美國司法的內涵與精髓，也看到東方文化不足以支持民主法治國家的問題所在。他們的改革，已經超越司法改革的層次，進階到文化的維新，讓人想起日本的明治維新，也讓人不得不敬佩韓國人的洞見、氣魄和決心。

理性抉擇的庶民文化

在現代民主國家的體制下，政府分爲行政、立法和司法三個部門。立法是政治機關，人民可以靠選票加以監督。行政和司法是專業機關，唯有透過公民參與行政機關和司法機關的決策過程，才能發揮監督的力量，建立起現代民主法治國家所需的公民社會。要期待公民能夠用選票監督立法機關，參與行政和司法機關的決策過程，進而發揮監督的功能，現代公民必須具備分析性和批判性思考的能力，能夠摒除情感、不輕信權威、訴諸證據的做出理性的抉擇。

台灣要從民主走向法治，司法要能發揮解決社會問題的功能，禮失求諸野，我們要向韓國多多學習，從根本做起，建立理性抉擇的庶民文化！

4

是分析推理，不是背誦

——培養能避免邏輯謬誤的法匠

台灣把法律歸類爲社會科學，注重背誦。在美國的教育系統下，法學院自成一個體系，和醫學院一樣，是專業學校（professional school）。美國的法學院由於自成體系，很難歸類，感覺上也比較偏向社會科學，學生中念理工科的比例明顯偏低。然而即便如此，在美國學法律比較像學數學，背誦根本不是問題，眞正的問題是無法掌握法官分析和推理的脈絡，就像做數學題做到一半無以爲繼，必須從頭來過，反覆精讀。

在美國念法律像在念數學，重視邏輯分析和推理，這樣的法學教育有何實益？培養能夠避免邏輯謬誤的法匠，才能支撐起司法系統，讓之得以正常的運作，發現眞相，實現正義，將冤案的可能降至最低。許榮洲案的三個假設是最好的證據。

許榮洲的半枚血掌紋

一九九六年九月十二日，台北市大安區空軍作戰司令部發生五歲謝姓女童命案。軍方專案小組鎖定的被告，是營區內的上兵江國慶。江國慶因刑求逼供之不實自白，於一九九七年被判處死刑。二〇一一年一月二十八日，檢警重新鑑定當年軍方扣留的證物，發現遺留在案發現場窗戶的半枚掌紋與許榮洲的掌紋吻合，於是至新北市三重區許榮洲的住處逮人。二〇一一年九月十九日，軍事法院再審謝童命案，改判江國慶無罪，還給他清白。

江國慶案落幕後，許榮洲案登場。二〇一一年，台北地院審理許榮洲所涉之謝童命案，檢察官提出的證據除了被告許榮洲的自白外，唯一與許榮洲有關聯的有形證據，是遺留在廁所窗戶橫隔木條上的半枚掌紋。

台北地院最後判許榮洲十八年有期徒刑，認定的部分事實是：謝童遇害後，許榮洲將謝童自案發現場之廁所窗戶橫隔木條間隙中丟出去時，在橫隔木條上留下半枚掌紋。檢察官爲了證明許榮洲是眞兇，還費盡心思設計模擬實驗，想要證明掌紋上確實有肉眼看不見的血跡。對於這半枚掌紋，許榮洲辯稱是因爲廁所地面很滑，怕滑倒才會用手扶廁所窗子的橫隔木條，因此才留下這半枚掌紋的。

假設是非常容易犯的邏輯謬誤

如果鑑識人員確實在廁所窗戶橫隔木條上採得半枚掌紋，且該掌紋確實與許榮洲的掌紋相符，要因此認定許榮洲就是謝童命案的眞正兇手，至少要符合三個「假設」，任何一個假設不成立，都無法用這半枚掌紋證明許榮洲就是眞兇。哪三個假設呢？讓我們先賣個關子。

「假設」，是非常常見的邏輯謬誤。以邏輯爲基礎的理性思考，已經進入美國人的日常生活，所以在美國經常會聽到人家講「不要假設」（Never assume anything.或Don't assume anything.），更貼切的翻譯或許是「不要自以爲是」。在網路上用Google搜尋，還可以找到用假設的邏輯謬誤造句的名言，例如：「討論經濟問題時最常見的謬誤，就是『假設』餅的大小是固定的，一方有所得，另一方必定有所失。」對女人的忠告則是：「千萬不要『假設』對方跟妳一樣當眞。」

經濟學家解決經濟問題時，如果建立在錯誤的假設上，就無法解決經濟問題。女人一廂情願地假設對方對兩人的關係是當眞的，很難有圓滿的結果。檢察官辦案或法官判案若建立在無法成立的假設上，很容易導致誤判，甚至造成冤獄。所以，美國法學院入學考試ＬＳＡＴ的考題中，假設題是非常重要的題型之一。下面是兩個ＬＳＡＴ的假設題，請讀者一起來試試看。

1. 某大學有一個知名的合唱團，就讀該校的一些學生住在校外。由於所有音樂系的學生都是合唱團的成員，一名音樂系的教授便根據該項事實，認為所有住在校外的學生都不是音樂系的學生。下列哪一項假設為真，該名音樂系教授的結論才能成立？
   (1) 住在校外的學生，都不是合唱團的成員。
   (2) 所有音樂系的學生，都成功的加入合唱團。
   (3) 一些不住在校外的學生，不是音樂系的學生。
   (4) 所有住在校內的學生，都是音樂系的學生。
   (5) 所有合唱團的成員，都是音樂系的學生。

2. 連鎖餐廳A是唯一每次都記錄消費者姓名、住址和點餐內容的餐廳。只要整理上述紀錄，連鎖餐廳A很容易就能將消費者分類為常客、普通客和偶爾光顧的客人。因此連鎖餐廳A比其他餐廳更能有效的利用直接通信的方式開發市場。下列哪一項假設為真，上述論證的結論才能成立？
   (1) 其他的連鎖餐廳無法將消費者分類為常客、普通客和偶爾光顧的客人。
   (2) 就連鎖餐廳而言，要想利用直接通信的方式開發市場，至少要有一些客人的姓名、住址和點餐內容。
   (3) 就連鎖餐廳而言，要把消費者分類為常客、普通客和偶爾光顧的客人，至少要記錄下一些客人的姓名、住址和點餐內容。
   (4) 對於無法把消費者分類為常客、普通客和偶爾光顧之客人的餐廳而言，利用直接通信的方式開發市場效果十分有限。
   (5) 每次都記錄消費者姓名、住址和點餐內容的餐廳，總是比其他餐廳更能有效的利用直接通信的方式開發市場。

未受過邏輯訓練的人，可能連題目是建立在假設上都看不出來，要花點功夫，才能找出正確的答案。上面兩題的最佳答案分別是(1)和(5)。你答對了嗎？

「假設」為什麼是邏輯上的謬誤？

在日常生活中，我們的思考和言論經常都是以「省略三段論」的方式呈現，例如：「A公司的毛利率、營益率和稅後營利率都很好，所以我決定投資購買A公司的股票」。這句話是一個省略三段論，因爲將大前提省略了。

十八世紀的德國哲學家康德，十分推崇亞里斯多德發明的三段論，主張**以三段論的形式呈現論證，最能找出謬誤（fallacious）或誤導（misleading）的論證，確保論證的結果「必然爲眞」**。要將上述的省略三段論以三段論的形式呈現，一定要先把省略的大前提補上，LSAT的假設題型，就是測驗考生找出省略之前提的能力。

上述省略三段論的大前提是：「投資股票，一定要投資毛利率、營益率和稅後營利率都很好的公司」，可用三段論的形式呈現如下：

大前提：投資股票，一定要投資毛利率、營益率和稅後營利率都很好的公司。

小前提：A公司的毛利率、營益率和稅後營利率都很好。

結　論：所以我決定投資購買A公司的股票。

在日常生活中，利用三段論從已知的事實推出必然的結論，大小前提都必須爲眞，所以如果「投資股票，一定要投資毛利率、營益率和稅後營利率都很好的公司」爲眞，我決定購買A公司股票就是正確的決定，如果假設不成立，很可能就會血本無歸。

由於日常生活中，我們的思考和言論經常都是以「省略三段論」的方式呈現，將一個假設省略，而且很容易理所當然的認爲該假設必定爲眞，因此假設是非常容易犯的邏輯謬誤。

為什麼學法律就像在學數學？

三段論是演繹推理，能夠從已知的理由和證據，推出未知但必然的結論。司法判決是從已知推出未知，就像數學的應用題一樣，也是從已知推出未知，可以藉三段論確保結論爲眞，所以學法律就像在學數學。事實上，三段論本來就源自於數學：

大前提：A＝B。
小前提：B＝C。
結　論：A＝C。

遵從康德的教誨，把司法判決和數學應用題以三段論的形式呈現，更能看出司法判決和數學一樣，都是演繹推理的論證。

法律三段論和數學三段論的比較

	法律三段論	數學三段論
大前提	殺人者死	數學公式＝單價×數量＝總價
小前提	張三殺人	一個蘋果10元，一個柳丁5元，小明買了5個蘋果和10個柳丁
法律適用／數學演算		（10元／個×5個）＋（5元／個×10個）＝100元
結論	張三應被處死刑	總價100元

資料來源：臺灣臺中地方法院100年度重訴字第2042號刑事判決。

從上表中可以看出，數學三段論的大前提是數學公式，相當於司法判決的法律，小前提是已知的條件，相當於根據證據認定出來的事實；把已知的條件代入數學公式，經過演算後可以求出必然爲眞的答案，相當於把根據證據認定的事實代入法律，經過推理後可作出判決結果。但是**司法判決不像數學，不是精準的科學，而是以立法時的法律去拘束未來尚未發生的具體個案，難免有所不足，認定事實所需的證據，則是建立在可能性（probability）上，所以建立在法律三段論上的司法判決，無法推出必然爲眞的判決結果，只能推出具說服力（persuasive）的判決結果**。

篩選出具推理能力的學生入學

學法律像學數學，重視分析和推理。人人都會思考，但未必都是推理高手。就像人人都會唱歌、跑步，卻未必人人都是天生的歌唱家或賽跑高手。既然推理能力就像唱歌、跑步的能力一樣，所以不是每個人的推理能力都適合從事司法工作。因此LAST測驗考生的邏輯論證能力，希望藉此篩選出適合從事司法工作的學生入學，除了假設的題型外，還有很多其他的題型，例如推論、論證的結構、論證的瑕疵、如何強化或弱化論證的說服力等等。

未經過邏輯訓練的人，推論時很容易從很小的證據，推論出很大的結論。司法判決若出現這種謬誤，便會發生誤判，羅織無辜者入罪，因此LSAT的題型之一是推論題，下面是推論題的一個例題：

好幾家化妝品公司積極開發和採新的產品安全測試方法，新方法使用人類細胞培養，化妝品公司辯稱新的測試方法能降低使用活動物實驗的需要。

上述敘述最支持下面那個結論？

(1) 化妝品公司停止活動物實驗是因為來自民間團體的壓力。
(2) 對於安全測試是使用人類細胞培養或是使用活動物的兩種商品，消費者購買前者的意願未必會比購買後者的意願高。
(3) 化妝品公司的財務顧問相信，使用人類細胞培養而不是使用動物來測試產品的安全，將下降化妝品公司實際的商品開發成本。
(4) 化妝品公司的研究人員相信，若使用細胞培養而不使用活動物進行商品安全測試，可降低所需進行商品測試的數量。
(5) 化妝品公司的主管們相信，如果有可接受的替代品來測試商品的安全，公司最好不要再使用活動物做安全測試。

最正確的答案是(5)。

司法判決必須具說服力，證據是關鍵之一。根據美國聯邦證據規則，每一個相關聯的證據，都能讓司法判決更具說服力，或是更不具說服力。因此LSAT會考強化或弱化論證之說服力的題型。下面是強化論證之說服力的一個例題：

治療師：認知心理治療的重心是改變病人有意識的信念。因此，對於幫助病人克服心理上的問題，認知心理治療要比重心放在改變病人無意識信念之其他方式的心理治療更有效，因為病人只能在有意識的情況下控制有意識的信念。

下面哪一個答案，若為真，最能強化治療師的邏輯論證。

(1) 心理上的問題通常是由無意識的信念所引起，可透過心理治療的協助加以改善。

(2) 若不將重心放在病人能在有意識的情況下控制的心理狀態上，任何方式的心理治療都難以發生療效。

(3) 認知心理治療是唯一將重心放在改變病人有意識的信念上的心理治療方式。

(4) 任何將重心放在改變病人無意識的信念上的心理治療方式，都無法發生療效，除非同時能有助於改變病人在有意識的情況下能控制的信念。

(5) 病人可以在意識下控制自己所有有意識的信念，但是若沒有心理治療的協助，病人無法有效的控制其他的心理狀態。

最正確的答案是(2)。

美國法學院聯合起來舉辦LSAT的目的，就是要篩選出分析和推理能力好的學生入學。法學教育者深信LSAT的成績，最能正確的反映學生未來在法學院和法律相關工作上的表現，因此是錄取學生最重要的參考指標。

像法律人一樣的思考

美國法學院宣稱「不教學生法律，而是訓練學生像法律人一樣的思考。」這句經典名言，源自於一九七三年的美國好萊塢電影「力爭上游」（The Paper Chase），劇中的契約法教授Kingsfield對一年級新生說：**「你們自己教自己法律，我訓練你們的頭腦。進來時你們滿腦漿糊，如果存活下來，離開時就會像法律人一樣的思考。」**像法律人一樣的思考，指的就是熟悉邏輯論證的藝術，具備分析和推理的能力。

「力爭上游」原本是哈佛大學法學院畢業生John Jay Osborn Jr.的小說，以哈佛大學法學院為背景，呈現美國法學教育的真貌。下面是電影中學生又敬又怕的Kingsfield教授的上課情形：

教　授：「我同意以一百元的代價把你的房子漆成白色」，和「如果你付我一百元，我就同意把你的房子漆成白色」，兩者之間有何不同？

五、六個學生舉手爭取回答的機會。Kingsfield請布魯克先生回答。布魯克忙著翻書。

教　授：書上沒有答案，這是我給的假說題（hypothetical）。

布魯克答不出來。

教　授：布魯克先生，我在等你的答案。

布魯克：我不確定我聽懂你的問題，請再講一遍，可以嗎？

教　授：第一個是雙方承諾，另一個是有條件的承諾，你能分辨兩者的差別嗎？

教　授：布魯克先生，你知道承諾和有條件的承諾之間的差別嗎？

教　授：布魯克先生，你有事前預習這個判例嗎？

布魯克：有，我有預習，我把判例的事實都背起來了，我有像照相機一樣過目不忘的記憶力。

教　授：什麼？

布魯克：像照相機一樣過目不忘的記憶力。

教　授：再說一次。

布魯克：像照相機一樣過目不忘的記憶力。

教　授：如果你不能在兩個耳朵之間分析判例裡面提供的大量事實，像照相機一樣過目不忘的記憶力，對你絕對不會有任何的幫助，你聽到了嗎？

布魯克：聽到了。

法律像數學，司法判決要具說服力，需要的是邏輯推理和論證的能力，而不是法條的背誦，因此具備像照相機一樣過目不忘的記憶力，但卻欠缺分析推理的能力，在美國的法學院或司法界，占不到任何的優勢。

法律分析與推理始終是美國法學教育的重心

「力爭上游」這部美國法學院學生必看的電影，台灣的司法界可能並不熟悉，判決書和法學論文裡比較喜歡引用的，是美國大法官荷姆斯（Oliver Wendell Holmes）一八八一年的名言：「法律的生命不在於邏輯，而在於經驗」，不認為邏輯對司法審判的品質有相當程度的影響力。

具備邏輯推理和論證能力的人，就像會唱歌的人一樣，發聲的方法、拍子、節奏等，都能拿捏得很好，唱歌時不會凸槌。但是唱歌不凸槌的人未必都能成為音樂家，要成為音樂家，還需要許多其他的條件。

法官具備邏輯推理和論證的能力，只是最起碼的基本條件，就像唱歌不凸槌的人一樣，充其量只是個能避免邏輯謬誤的法匠，訴諸證據作出的判決，能夠發現眞相找出眞兇，儘量避免冤案的發生，但是要想更上層樓成為像荷姆斯一樣偉大的法官和法學巨擘，則需要廣博的知識、人生的智慧和優於一般法官的法律洞見，也只有像他這麼了不起的法官，會有感而發的說「法律的生命不在於邏輯，而在於經驗」。

荷姆斯有感而發的名言，將美國的法學從法律形式主義（legal formalism），推向法律現實主義（legal realism），讓美國司法界省思法律的眞義，也對美國的法學理論產生一定程度的影響。但是荷姆斯的名言，從未改變過美國法學教育者對法學教育的看法。

美國目前的法學教育，是藍岱爾（Christopher Columbus Langdell）於一八七〇年擔任哈佛法學院院長時，改革美國法學教育的成果。他將法律推向科學，首創判例教學法（case method），以培養熟悉邏輯論證藝術、具備邏輯分析與推理能力、獨立自學之法律科學家（legal scientists）爲目標。一百多年來，美國的法學教育經常遭到批評，不斷的尋求突破與改善，但是重視分析和推理的教育重心從未改變。畢竟，讓大多數的法官起碼是能夠避免謬誤的法匠，才能支撐起司法系統，使之得以正常的運作，發現眞相，實現正義，將冤案的可能降至最低。像荷姆斯一樣偉大的法官，是少數中的少數，可遇而不可求。

荷姆斯和藍岱爾是同時期的人，美國有法律學者懷疑荷姆斯的名言是有針對性的，對象就是藍岱爾，有分庭抗禮的意味。時間證明了一切，荷姆斯和藍岱爾雖然對法律的觀點不同，但兩人對司法都有卓著的貢獻，不只在美國，更廣及全世界。

能夠避免邏輯謬誤的法匠

現在讓我們透過許榮洲的半枚手掌紋，看看台灣有沒有能夠避免邏輯謬誤的法匠？

如果鑑識人員確實在命案現場的廁所窗戶橫隔木條上，採得半枚掌紋，而這半枚掌紋確實與許榮洲的掌紋相符，要因此認定許榮洲就是謝童命案的眞正兇手，至少要有三個「假設」必須爲眞，任何一個假設不成立，都無法用這半枚掌紋證明許榮洲就是眞兇。哪三個假設呢？

假設1：眞兇和棄屍的人是同一人，確實是從廁所的窗戶將謝童屍體丟出窗外。

假設2：眞兇要把謝童屍體丟出窗外時，無可避免的一定會在窗戶的橫隔木條上留下掌紋。

假設3：在整個窗戶上，包括窗台和所有的橫隔木條，只有採得這個唯一的掌紋，而不是唯一可辨識的掌紋。

然而謝童命案眞正的實情是，除了自白外，這半枚掌紋是唯一能連結到許榮洲的有形證據，但是命案現場是公共廁所，鑑識人員在命案現場一共採集了四十六枚指紋和掌紋，橫隔木條上的掌紋只是其中之一，編號第四十二號，屬於肉眼看不見的潛伏性掌紋（latent palm-print），而非血手印（patent print）。

這枚掌紋若不是棄屍時無法避免一定會留下的指紋，而是如智商只有六十五至六十九的許榮洲所言，因爲廁所地面很滑，用手扶廁所窗子而留下的，或任何其他原因而留下的，對破案而言意義不大。至於留有掌紋的橫隔木條，下落不明，無從判斷是否沾有血跡，更無法判斷是否爲謝童的血跡。即使上面眞的沾有謝童的血跡，最多也只能證明謝童命案發生後，許榮洲曾經到過命案現場的廁所而已。

然而台北地院的檢察官，卻把這半枚掌紋當作破案的關鍵，還花費心思設計模擬實驗，想要證明掌紋上有肉眼看不見的血跡。法官在判決書內，也大篇幅探討這半枚掌紋是否是許榮洲的，掌紋上是否沾有肉眼看不見的血跡，顯示法官並不具備邏輯分析和推理的能力，對假設的邏輯謬誤一無所知，離法匠還很遙遠。

台灣的法學教育重背誦而不重分析和推理，國家考試篩選不出具備分析和推理能力的法官，卻把斷人生死、自由和財產的重責大任，交在這些沒有能力避免邏輯謬誤的法官手上。許榮洲留在窗台上的半枚掌紋，是命案現場公共廁所內採集的四十六枚指紋和掌紋之一，眞的能證明他就是謝童命案的眞兇嗎？花費了大筆資源證明掌紋上有肉眼看不見的血跡，是發現眞相？還是徒然浪費鑑識資源？

重視邏輯分析和推理的法學教育有何實益？至少，可以培養出能避免邏輯謬誤的法匠，支撐起司法系統，使之得以正常的運作，發現眞相，實現正義，將冤案的可能性降至最低！

5

是判例，不是社會經驗
——天天背數學公式，但從不演算應用題

我認為美國法學教育最值得推崇的一點，就是判例教學法（case method）。在判例教學法下，法學院的學生不只是跟著課堂內的教授學習，還透過判例向英美司法史上所有偉大的法官學習：學習法律、學習法律分析與推理、學習如何將案件事實套入法律推出判決結果，讚嘆他們的睿智和洞見，更重要的是瞻仰他們的學養和風範，以他們為法律心靈上的導師，以及仿效學習的對象（role model）。這種潛移默化的功能，會影響學生一生的司法路。

判例教學法同時也是一股強大的監督司法的力量。**美國無數的法學教授，每天以法官撰寫的判例為教材，帶著數以萬計的法學院學生研讀判例，在培養學生分析性和批判性思考能力的同時，也嚴格的檢視法官的分析和邏輯論證，發揮監督司法、確保司法審判品質的功能。**

台灣受到日本和韓國的影響，在二〇〇五至二〇〇六年間，亦曾討論過法學教育改革，美國的法學教育被認爲是值得參採的對象之一，但是判例教學法的優點幾乎未被討論過，認爲最值得參採的，反而是大學畢業後才去學法律，因此具備生活經驗、社會歷練和法律以外的專業知識，就不會做出脫離社會現實、背離社會價值的恐龍判決。

其實，美國的法官不會做出脫離社會現實、背離社會價值的恐龍判決，與大學畢業後才去學法律沒有太大的關係，而是判例教學法的眾多優點之一。現在讓我們用引發白玫瑰運動的高雄女童性侵案、江國慶案和許榮洲案，來看看我們的司法改革是多麼的失焦。

建立在博雅教育上的美國法學教育

美國現行的法學教育制度，是一八七〇年擔任哈佛大學法學院院長藍岱爾所創。藍岱爾爲了提升法律的學術地位，把**法律定位爲科學，透過以判例爲教材的判例教學法，以及課前充分準備、課堂上老師問學生答的蘇格拉底教學法（Socratic method），訓練學生成爲熟悉邏輯論證藝術、擁有良好獨立自學習慣、具備處理爭議和解決問題能力的「法律科學家」**。

根據北伊利諾州立大學法學教授Ruta K. Stropus的論文，在藍岱爾所創立的法學教育制度下，**美國法學院錄取大學生，不是因爲大學生具有不同領域的專業知識，而是因爲大學生透過大學的博雅（liberal arts）教育，獲取的廣泛知識、一般知能和邏輯性思考的推理能力**。

Stropus特別指出，就業取向之專業科系的訓練，提供給學生的，是狹窄且粗淺的專業知識，無法培養出法學院所要的學生特質。目前美國大學從博雅教育轉向就業取向之專業訓練的趨勢，不利於法學教育的發展，爲了彌補大學教育的不足，法學院需要比過去更著重邏輯論證的訓練。

何謂博雅教育？根據大英百科全書，**博雅教育是提供通識教育和開發一般知能的大學課程，與提供專門教育的專業、職業或技術課程正好相反**。中世紀歐洲大學博雅教育的七門學科包括：文法、修辭、邏輯（三學科）以及幾何、算術、音樂和天文（四藝）。現代大學的博雅教育可分爲三大領域：人文（文學、語文、哲學、藝術和歷史）、自然科學（物理、生物和數學）以及社會科學。

大學部只有一個文理（liberal arts and sciences）學院的哈佛大學，大力推動博雅教育，哈佛大學教授恩格爾（James Engell）指出，美國法學院需要的，是具有彈性、思想活潑開放、具廣泛知識以及受過嚴格批判性思考訓練的學生。**法學院需要的學生特質是分析性的思考、詮釋性的閱讀和結構性的寫作，只有博雅教育能夠開發出學生的潛能，造就出這些特質和能力**。

美國法學院協會（The Association of American Law Schools）建議想要進入法學院就讀的學生，大學時應多修習著重閱讀、寫作、講演、邏輯性和批判性思考的課程。在法學院裡，若以學業成績和能否進入法學論叢（law review）爲評量的指標，大學時主修數學、古典學科和文學的學生表現最爲優異。美國聯邦最高法院目前的九位大法官中，大學時攻讀歷史的有五位，其他分別主修政治、英國文學、哲學、文學和公共政策，其中大法官亞立德（Samuel A.

Alito, Jr.）具有歷史和政治雙學位，修習理工或專業科目的則是掛蛋。

透過具體的判例，學習抽象的法律

不訴諸證據的司法改革，對美國法學教育誤解的另一項重大迷思，是理所當然的認爲美國採用判例教學法，是因爲美國是判例法的國家。但是事實上，在一八七〇年藍代爾發明判例教學法之前，受到英國知名法官布萊思東（William Blackstone）之學術著作的影響，美國和台灣一樣，都是用教科書教法律。

美國法學教育不強調學生的專業背景，但卻能處理涉及不同領域的司法案件，適切的解決社會問題，藍代爾之判例教學法是重要的原因之一。因爲透過判例，學生能夠從具體的事實學習法律的實質內涵，學習將具體的案件事實套入法律，推出判決的結果；就像透過數學應用題，小學生能夠從應用題的題目認識數學公式，學習如何將題目給的已知條件代入公式，演算出答案一樣。法律和數學畢竟不同，**判例教學法的另一個附帶的優點，是能夠從判例中的具體事實認識這個花花世界，從別人的經驗中學習，以彌補自己經驗上的不足**。

一九二九年，哥倫比亞大學法學教授李維林（Karl Llewelyn），對判例教學法就有精闢的說明：

> 我們從教法律的經驗中，學習到一般性的抽象原則是空的。我們發現學生進入法

學院後積極學習法律，也確實學會法律，但若只學法律而不學其他的東西，則只學到法律的空殼子，學不到法律的實質內涵。我們體認到，若要讓一般性的抽象法律具實質意涵，必須依賴具體的案例以及不斷的累積案例。一般性的抽象法律若沒有具體的案例予以支持，只是包袱和製造困境。不但沒有幫助，反而是障礙。（Bramble Bush: On Our Law and Its Study）

累積判例，才能適切的解決社會問題

根據李維林的觀點，**判例教學法有賴不斷的累積判例，學生和司法人員才能從不同的具體案件事實，眞正的認識法律的精義，適切的解決社會問題，就像小朋友要多做應用題，才能認識數學公式，學會數學一樣。韓國積極進行的司法改革，不但仿效美國改革韓國的法學教育，鼓勵檢辯發展和倡議訴諸證據的邏輯論證，還仿效美國開始積極的累積判例，爲韓國的法學教育和司法審判奠定所需的基礎**。

要了解累積判例對於審判品質的影響力，以及從判例中學習的重要，可用美國聯邦最高法院一九七五年的*Goss v. Lopez*案和一九七八年的*The Board of Curators of the University of Missouri v. Horowitz*案，加以說明。*Goss*案和*Horowitz*案涉及的法律都是憲法保障的正當法律程序（due process of law），規定政府剝奪或限制人民的權利時，必須事前通知當事人（notice），並且要提供申辯的機會（hearing）。*Goss*案和*Horowitz*案的事實看起來十分類似，但判決出來的結果卻全然不同。

*Goss*案發生在美國俄亥俄州，當時的高中校園並不平靜，九名高中生因爲在校園內襲警和破壞校產等行爲，被學校停學十天。根據俄亥俄州的州法，學校必須在二十四小時內通知家長並告知停學的理由，但除非是退學，州法並不要求學校提供學生申訴的機會。聯邦最高法院根據憲法保障之正當法律程序，判俄亥俄州的州法違憲，要求學校至少要口頭或書面通知學生被停學以及觸犯的校規，若學生有異議，一定要提供辯解的機會，聽聽學生的理由或故事。

三年後的*Horowitz*案，是密蘇里州州立大學醫學院的學生，因長期學業成績欠佳而被留校查看，留校查看期間學業成績還是沒有起色。除了學業成績欠佳外，該生的實習表現也不好，大多數教過她的老師或帶過她實習的老師，都因爲她的表現不佳而建議退學。經過學校的行政程序後，退學的決議獲得學術委員會和院長的同意，未提供任何申辯的機會便做出退學的處分。Horowitz不服而提起告訴，主張學校退學處分的程序，違反憲法保障的正當法律程序。

負責撰寫*Horowitz*案判決書的大法官藍奎斯（William H. Rehnquist），參考*Goss*案中大法官包爾（Lewis F. Powell）提出的不同意見書，指出*Horowitz*案與*Goss*案的不同。大法官藍奎斯認爲*Goss*案涉及的是學校對頑劣學生的管教和懲戒，自動將正常的師生關係轉變爲敵對關係，所以在懲戒前，必須提供被懲戒的學生辯解的機會，聽聽學生那一方的理由，以防錯誤的決定損及學生的權益。

但是在*Horowitz*案中，藍奎斯認爲教育的性質不是敵對的，而是長久的師生關係，老師扮演教育者、諮商者、朋友，甚至父母的角色，尤其是當教育進階到個別化和特殊化的高等教育時。因此老師基於學業成績不良將學生退學，純屬教育專業上的考量，並沒有將師生關係轉爲敵對關係，因此不需提供被退學之學生辯解的機會。美國人認爲*Horowitz*案的判決，有助於師生關係的維繫和教育功能的發揮，至今仍然是被奉行的法律見解。

對於美國的法官、律師和法學院的學生而言，要了解學校必須遵守的正當法律程序規定，可透過大量研讀相關判例，學習憲法正當法律程序適用在不同的具體事件時的眞義，而在這樣的學習過程中，**學生不但學會法律，即使是欠缺生活經驗和社會歷練的年輕學生或律師，也可以透過判例累積經驗和閱歷。因此不斷的累積值得學習和參考的判例，是法學教育和維繫司法審判品質非常重要的環節之一**。至於**透過判例而認識花花世界，以及花花世界裡人們的美麗與哀愁，則是判例教學法非常珍貴的副產品**。

高雄女童性侵案和美國加州的*People v. Cicero*案的事實

現在讓我們用美國的女童性侵案，對照引發「白玫瑰運動」的高雄六歲女童性侵案（高雄地院九十九年度訴字第四二二號判決），來看看判例教學法的優點。根據高雄女童性侵案的判決書，該案的犯罪事實如下：

丙○○於民國九十九年二月六日七時四十分許，在高雄縣甲仙鄉○○村○○路四十八號甲仙鄉立圖書館之側面樓梯處，見甲女（九十三年一月八日生）穿著腰部爲鬆緊帶之運動長褲，一人獨自玩耍，明知甲女係未滿十四歲之女童，性自主能力及判斷能力均尚未成熟，竟基於對未滿十四歲女子性交之犯意，將甲女抱坐其左大腿上，使甲女面向其右腿，以左手繞過甲女背部至左手之方式加以環抱，以右手由甲女腰部鬆緊帶伸入其褲內（起訴書誤載隔著褲子），未違反甲女之意願，將右手手指插入甲女之陰道，而性交一次得逞。嗣居住上開圖書館側面樓梯處隔壁之陳翠芳，從住家廚房窗戶目睹丙〇〇犯行，即大叫制止並報警，經警到場查獲上情。

對照高雄女童性侵案的美國判例是一九八四年加州上訴法院的*People v. Cicero*, 157 Cal. App. 3d 465（1984）案，該案是強制猥褻案，判決書內認定的事實如下：

一九八二年二月二十日，十一歲的柯麗娜和十二歲的米雪騎腳踏車到水邊玩，遇見正在慢跑的二十四歲被告。被告和善的問她們的名字和學校，並且告訴她們他住在附近，正在附近的一所大學就讀。過了一會兒，柯麗娜和米雪開始向水裡丟石頭，然後假裝要把對方丟進水裡，米雪叫被告幫她把柯麗娜丟進水裡，被告走過來說：「我乾脆把你們兩個都丟到水裡」，然後把兩個女孩抱起來，夾在他的胳膊下，跨在他的腰際。當女孩開始往下滑時，被告趁著將女孩上抬時，把手移到兩個女孩的雙腿之間，一邊向水邊走，一邊在女孩的私處張、合手掌，大約走了九秒鐘，約四十到五十公尺遠，女孩們這時候笑得很開心，以爲被告是在和他們玩，被告的手只是不小心貼在她們的私處，因此沒有逃開的意念或動作。當被告抱著她們坐下來時，柯麗娜告訴被告她有點害怕，想要回家。被告說如果柯麗娜親他一下，他就讓她們回家。柯麗娜在被告的臉頰上輕輕親了一下，但被告說要眞的親，於是湊過去要親柯麗娜。就在這時候，米雪推開被告的手跑掉，當被告的注意力被分散時，柯麗娜也滑脫被告的胳膊，兩人向回家方向的小坡跑，但很快就被被告追上，站在坡頂上說：「你們以爲我不能做什麼嗎？」告訴她們不准跟別人提起今天的事，然後開車走了。柯麗娜記下車牌號碼，兩個人跑到米雪家，告訴米雪二十一歲的姐姐。米雪的姐姐說兩人當時看起來很害怕，也很緊張，不知道到底發生了什麼，然後開始哭。她們說被告想要和柯麗娜濕吻，並且抓她們的私處。

從*Cicero*案可以學到什麼？

只有具備生活經驗和社會經驗的人，或是大學主修兒童心理學的人，才能知道女童被性侵時的反應、了解女童性侵案的特性嗎？當然不是！任何人如果具備分析性和批判性思考及閱讀的能力，就能從*Cicero*案的事實中，學到女童遭遇性侵時的反應以及女童性侵案的一些特性。

首先，即使成年人的被告與受害的幼童是陌生人，在短暫接觸後，被告可以取得被害人的信任，在性侵行爲發生之前，被害人會允許被告與被害人有親密的身體接觸，使得友善的身體接觸和性侵行爲的界線十分模糊。被害人允許被告與其有親密的身體接觸，導因於年幼的被害人根據其生活經驗，認爲被告與被害人親密的身體接觸是友善的行爲。在*Cicero*案中，柯麗娜和米雪在與被告短暫接觸後，允許被告抱她們，即是明顯的例子。

其次，即使性侵行爲已經發生，被害人未必立即察覺出被告的性侵意圖或行爲，因此不會採取任何動作以爲因應。在*Cicero*案中，被告的第一個性侵行爲，是將柯麗娜和米雪抱起來走向水邊，趁著將兩人上抬時，手掌在女孩的私處張合。柯麗娜和米雪不但沒有反抗、哭泣或逃跑，反而笑得很開心，這是因爲尚未察覺被告的性侵意圖和性侵行爲。但是當她們向米雪二十一歲的姐姐陳述發生的事情經過時，由於已經察覺到被告的行爲構成性侵，兩人是哭著訴說被告抓她們的私處。

從柯麗娜和米雪事後的反應，可以發現受害人未必能立即察覺出被告的性侵意圖或性侵行爲。由於性侵涉及被告與受害人之間的互動，可能的原因來自雙方：一、被告的手法巧妙，性侵行爲未必特別的異常，故受害者難以立即察覺出來；二、受害者不易察覺被告的行爲已從友善的身體接觸轉換成性侵行爲；三、受害者察覺遭性侵的能力。在*Cicero*案中，被告是趁機行事，手段巧妙，而且是從友善的身體接觸轉換成性侵行爲，被害人較不容易察覺。但是，也有可能是因爲柯麗娜和米雪年幼而涉世未深，警覺心不夠，欠缺察覺遭性侵的能力。

第三，被害人即使察覺到性侵行爲，也未必會立即抵抗、哭泣或逃跑。在*Cicero*案中，被告的第二個性侵行爲是要求女孩們親他，柯麗娜勉強在他的臉頰上輕輕的親了一下，但被告要求濕吻，並且湊過去要親柯麗娜，讓米雪有機會逃開，被告因爲分神，柯麗娜才有機會跟著逃開。在第二次性侵的過程中，被告沒有使用暴力，未與被害人有身體上的接觸，甚至沒有使用任何威脅、恐嚇性的言語，只是用一般性的言語提出要求，但柯麗娜和米雪沒有像成年女性一樣，給被告一個巴掌，也沒有反抗、哭泣或逃跑。比較合理的解釋，是柯麗娜和米雪當時非常的害怕，因爲害怕而沒有立即的拒絕、反抗或哭泣。她們是等到有機會時才逃跑，在看到米雪二十一歲的姐姐後，仍然呈現害怕的樣子，開始訴說經過時才開始哭。

第四，被害人要懂得性侵的意義，才會察覺性侵行爲。在*Cicero*案中，被告先將女孩們抱起來夾在胳膊下，然後利用上抬的機會將手掌貼在女孩們的私處，手掌在私處張合。被告的手掌在女孩的私處張合，就生理上的感覺而言，不會有不舒服或疼痛的感覺，也不會造成物理傷害，只有在懂得性侵的意義時，才會意識到這種行爲是一種冒犯而不被社會接受的行爲，而在心理上感覺不舒服或受到傷害，必須有所反應。

判例教學法除了能透過具體案例事實學習別人的人生經驗，累積社會歷練外，還可以幫助學生認識法律的眞義。加州法院對於被告的行爲是否違反兩名受害人之意願的法律觀點，在於受害人是否同意（consent）被告的行爲。法官認爲被告以手掌貼在柯麗娜和米雪的私處並且張合約九秒鐘，是違反兩名女童意願的強制猥褻行爲，即使當時兩人笑得很開心，並且沒有逃開的意念或動作，更沒有反抗或掙脫的動作，理由是被告是以和她們玩的騙術取得兩人的「同意」，但柯麗娜和米雪是同意和被告玩，不是同意被告用手掌貼在她們的私處，並進而在其私處張合手掌，因此被告的行爲違反兩名女童的意願。

高雄女童性侵案訴諸無知的邏輯謬誤

我國司法界至今不承認高雄女童性侵案的判決是錯誤的。如果我們將此案與*Cicero*案兩相比較，法律系的學生、檢察官、律師和法官，可以從高雄女童性侵案學到什麼？**如果連被告和被害女童的關係爲何、被告如何與被害女童開始交談、被害女童在何種情況下坐到被告的大腿上等事證都缺乏，要如何掌握被告與被害人之間的互動？不了解被告與被害人之間的互動情形，又要如何認識和學習女童被性侵時的反應？如何了解女童性侵案的特性？又要如何認識法律規定之「違反當事人意願」的法律眞義究竟爲何？**

在欠缺上述事證和法律見解下，任何人當法官，都無法判斷被告的行爲是否違反被害人的意願。高雄地院的法官最後以女童沒有反抗，所以沒有證據能夠證明被告行爲違反女童意願爲由，輕判被告，引發台灣社會強烈的反彈，甚至不惜發起白玫瑰運動走上街頭，民衆憤怒，稱法官爲恐龍法官，並將原因歸罪於欠缺生活經驗和社會歷練之上。

但事實上，眞正的問題出在**台灣法學教育不以判例爲教材，而是將重心放在背誦與現實脫節的抽象法律上，就像天天背數學公式但從來不演練數學題一樣**。試問一個小學生把「單價×數量＝總價」的數學公式背得滾瓜爛熟，但老師從沒有用實際的應用題演算一遍給小朋友看，小朋友也從來沒有做過任何的應用題，考試時只考公式，不考應用題，小朋友怎麼會知道蘋果一顆五元、小明買了十顆是算出答案必須要有的條件？要如何期待小朋友學會數學？

法官只背法條但不讀判例，無法透過判例學習如何將具體的案件事實套入法律，推出判決結果，就像小學生只背數學公式卻不演算應用題，無法學習如何找已知的條件，如何將已知的條件代入數學公式中，算出答案一樣，一旦通過司法官考試成爲法官，要如何要求他們能夠作出具說服力的判決來？

高雄女童性侵案的問題

法官只會背法條，但是從來沒有讀過判例，所作的判決當然問題百出。高雄女童性侵案的問題之一是陷入邏輯謬誤而不自知，其中之一是「訴諸無知」（argument from ignorance或argument by lack of imagination，拉丁文是argumentum ad ignorantiam）。訴諸無知是指將「沒有證據」（absence of evidence）和「證明沒有的證據」（evidence of absence）畫上等號。也有錯誤的二分法（false dichotomy）之邏輯謬誤的問題，認爲不是「有」就是「無」，排除了第三種可能。

高雄女童性侵案的法官說找不到證據證明被告的行爲違反女童的意願，是把找不到證據當作「證明沒有的證據」，陷入訴諸無知的邏輯謬誤而不自知，因爲只要對照該案和*Cicero*案的犯罪事實，便可看出問題出在檢察官調查得一點也不徹底，以至於該有的事證都沒有，才無法判斷被告的行爲是否違反了女童的意願。

該案的另一個問題是法官對六歲女童的荒謬期待。法官在判決書內必須交代被告未違反女童意願的理由，其論證如下：

> 案發時女童係坐在被告左腿上，姿勢重心並非十分穩固，若女童有意掙脫被告，被告應難以在未脫去女童運動褲情形下，順利將右手伸入女童褲內而爲本件犯行，可見被告未以強暴、脅迫或其他違反女童意願之方法爲本案性交。

根據上述論證，法官對於六歲女童有兩個期待。第一個期待是，當被告把女童抱坐其左大腿上時，年僅六歲的女童應該「預知」被告的目的，是要將右手中指插入其陰道內，由於姿勢重心並非十分穩固，女童若有意掙脫被告，被告應難以在未脫去女童運動褲的情形下，順利將右手伸入女童褲內，將手指插入其陰道內。但若對照*Cicero*案，當被告把六歲女童抱坐在其大腿上時，女童只是在被告的欺騙下，同意坐在被告的左大腿上，並無法預知被告將把手指插入其陰道內。

高雄地院對六歲女童的第二個期待是，當被告將手指插入其陰道約一分鐘的時間，六歲女童應該能在這短短的一分鐘內，因爲了解性侵的意義和後果，立刻察覺到被告的行爲是一種性侵行爲，馬上以抵抗、喊叫或哭泣回應被告的性侵行爲，而且坐的姿勢又不穩，應該可以立刻掙脫被告逃走。然而對照*Cicero*案，即使是十一歲和十二歲的大女孩，也要等到被告要求濕吻而非親吻時，才察覺到被告的性侵意圖和行爲，開始會害怕而有所反應，其反應也未必是立即的抵抗、喊叫或哭泣，可能是伺機而逃跑。

爲什麼要累積好的判例？爲什麼判例具有教育和維繫司法審判品質的功能？因爲如果沒有*Cicero*案，我們無法透過類比邏輯，發現高雄女童性侵案眞正的問題，看不出該案的邏輯謬誤以及對被害人的不合理期待，也不知道法官對法律的認識不足，判例的價値在此就可以彰顯出來。

未從其他案例中學習的江國慶案

高雄女童性侵案引發社會反彈之後，接著又爆發刑求逼供、白白斷送一條無辜性命的江國慶案。江國慶所涉及的台北市大安區空軍作戰指揮司令部謝姓女童命案，根據驗屍和解剖報告，被害人謝姓女童陰道裂口六×五公分、腹部右側之升結腸距迴盲瓣三公分處撕斷裂，並向上移位二十五公分至橫結腸處，右側降結腸與乙狀結腸距肛門口約七公分處撕裂傷，乙狀結腸呈斷續狀之撕裂傷，左側之乙狀結腸及降結腸亦向上移位二十公分至橫結腸及降結腸交接處，受害的情形實在是異常的淒慘。

如果謝童命案是在美國的司法系統和法學教育體制下，軍事檢察官和軍法官在偵辦和審理本案時，即便是剛步出校門的菜鳥檢察官或菜鳥法官，生平第一次偵辦或審理性侵案件，也會比對、研究謝童命案的事實與其他性侵案件的事實，根據女童的傷勢，判斷出本案涉及性虐待或特殊的性癖好。檢察官起訴，必須考慮如何舉證犯意，謝童命案的犯意絕非一般的姦殺案件，在客觀事實必須與主觀犯意相符的法律規定下，檢察官不可能把謝童命案當作一般的姦殺案件來偵查和起訴。同理，法官也不可能以姦殺案件作出判決。

判例除了具有教育功能外，還有維繫司法審判品質的功能。美國自一九二〇年代起，**所有的書狀和判決書都必須要有引註（citations），軍事檢察官在撰寫起訴書時，軍法官在撰寫判決書時，不是自己閉門造車、愛怎麼寫就怎麼寫；而是要找到犯罪事實類似的判例，支持其起訴理由或判決理由。在此情況下，即使以陳肇敏爲首的軍方專案小組刑求逼供，軍事檢察官找不到判例支持其起訴理由，要想起訴身心正常的江國慶，困難度相當高。即使檢察官膽大包天，違法濫行起訴江國慶，軍事法院在找不到支持判例的情況下，也不至於一錯再錯，江國慶枉死的機率微乎其微。**

無法從許榮洲案學習「固著型戀童症者」的行為模式

江國慶案的前車之鑑，並沒有改變許榮洲案的調查與審理。二〇一一年九月十九日，軍事法院還給江國慶清白。二〇一一年十二月十二日，台北地方法院作出謝童命案的判決，被告變成了許榮洲，判決書內的事證完全沒有參考或學習的價值，該案也無法成爲台灣女童性侵案中值得引用、參考或學習的判例之一，無法累積判例，反而開科學和司法的倒車，鼓勵檢警不擇手段誘逼自白。

江國慶與許榮洲兩名被告之間，許榮洲犯案的可能性遠高於江國慶，因爲許榮洲經國立東華大學諮商與臨床心理學系教授的鑑定，智商在六十五至六十九分之間，屬輕度智能障礙固著型戀童症者，衝動控制與壓力因應相對較弱，已有固定之性侵害行爲模式。

許榮洲所患的「戀童症」或「固著型戀童症」，對台灣社會和司法界而言，應該還十分陌生。台北地院審理許榮洲版的謝童命案時，委請東華大學教授提供專業的鑑定報告和專業意見，然而對於「固著型戀童症」患者的衝動控制、壓力因應、犯罪心理、行爲模式、如何防治、如何治療、藥物的干預、治療的局限性等，判決書內完全沒有任何著墨。由於許榮洲的智商只有六十五至六十九分，令人好奇低智商對「固著型戀童症者」之衝動控制、壓力因應、犯罪心理、行爲模式……是否有影響？影響爲何？判決書中也沒有隻字交代。

東華大學教授專業鑑定報告的結果之一，是許榮洲承認的五次性侵案件中，與謝童命案之犯案對象、手法和地緣均相似。但該項鑑定結果遭到被告許榮洲辯護律師的質疑，指許榮洲自承的五次性侵案件中，從未有一件對被害女童有眞正的暴力行爲。但是**判決書內並未提供許榮洲五次性侵案件的事實，無從判斷鑑定報告和辯護律師孰是孰非，更看不出患有「固著型戀童症」的許榮洲，其衝動控制、壓力因應的情形如何異於常人？其犯罪心理爲何？固定的性侵害行爲模式爲何？犯案的對象、手法、地緣有何固定或特殊之處？犯案時到底會不會對被害人施暴？**

低智商者具任意自白的能力

台北地院雖然對許榮洲所患的「固著型戀童症」以及他個人的性侵模式沒有興趣，但對於東華大學教授之專業鑑定報告的另一結果卻大感興趣：

> 許榮洲雖屬輕度智能障礙，仍具有適當的理解、自主應答的可能性，被告即使在未被引導及僅提供簡單線索下，對曾發生事件之「情節記憶」，即使追溯國小時期，亦能清楚回答。

法院根據上述鑑定結果，認定許榮洲的智商和對問題的理解能力，不影響其任意性自白的能力。法院採信許榮洲具任意性自白的能力後，大篇幅合理化許榮洲未經補強之自白的可信度，認定許榮洲爲謝童命案的眞正兇手，判處許榮洲十八年的有期徒刑。

台北地院許榮洲版的謝童命案，**法官沒有透過請來的心理專業鑑定人自我教育，學習「戀童症」整個族群以及個別患者許榮洲的衝動控制、壓力因應等各種特性，以及低智商對「戀童症」的影響，確認「戀童症者」本身的問題及其對社會的衝擊，找出依法最適切的解決策略與方法，以至於沒有任何可供不具備心理學專業背景、未處理過「戀童症」案件的律師、檢察官或法官學習或參考的知識或法律見解，也無法作爲累積類似判例的基礎。唯一可供學習**

或參考的，居然是大開科學和司法倒車的「低智商者具有任意自白的能力」。

司法改革不訴諸證據

司法應該是最講究證據的行業，但是台灣的法官判案不訴諸證據，台灣的司法改革也不訴諸證據，沒有追求眞理和眞相的精神，以至於錯過美國法學教育和維繫司法審判品質最爲重要的基礎之一——判例，也看不到台灣法學教育和司法審判的深層問題，膚淺的將問題推給法官太年輕和不具備法律以外的專業知識，深陷惡性循環的老鼠追尾巴，除了賺個忙碌外，解決不了任何的問題。

反觀韓國，因爲訴諸證據的進行司法改革，在二〇〇九年改採美國的法學教育制度，實行人民參與刑事審判制度，以提升檢辯訴諸證據的邏輯論證能力，建立理性抉擇的庶民文化，更重要的是，看到判例對於法學教育和維繫司法審判品質的重要，已經積極著手開始累積判例。

看看*Goss*案、*Horowitz*案和*Cicero*案，再看看高雄地院的女童性侵案，軍事法院的江國慶案和台北地院的許榮洲案。對於法官的恐龍判決，**台灣把司法改革的重心放在增加法官的生活經驗、社會歷練和法律以外的專業知識上，看不到眞正的問題出在法官只背法條但是不讀判例，就像小學生只背數學公式，但從沒做過應用題的演算一樣，一旦通過司法官考試成爲法官後，怎麼有可能推得出沒有邏輯謬誤、具說服力的判決結果？**

Part 2 請拿真實的證據說服我

6

江國慶案——科學辦案設下的層層關卡，全部失守

邱和順案、蘇建和案和江國慶案，是非常受到台灣社會矚目的刑事案件，被告都是因自白而被判處死刑，並且都以刑求逼供為由而高聲喊冤，但結局並不相同，社會觀感也不一樣。邱和順目前是三審死刑定讞的死囚，因為被害人家屬十分強勢，同情者最少。蘇建和、劉秉郎和莊林勳三人，高院再更三審判決無罪，因《刑事妥速審判法》禁止檢察官上訴而無罪定讞，被害人高聲喊冤，社會觀感正反兩極。

邱案和蘇案因為社會觀感並不一致，引起的社會反省非常有限。但是江國慶案不同，被告江國慶因許榮洲到案而沉冤昭雪，而且因為已經丟掉性命，獲得社會一致的同情。江國慶案證明「無辜的人不可能自白犯罪」的觀念是錯的，判決書內法官認定的事實之一是：「同年十月四日終於突破其心防，始俯首認罪。」現在證明的實情是：「同年十月四日終於無法再承受

刑求逼供的壓力，只好俯首認罪。」

江國慶案提供台灣社會非常寶貴的反省機會。**台灣的檢警辦案不是靠「證據確鑿」，而是靠「突破心防」以取得「自白」，這樣的辦案歷史已有多久？還有多少被告像江國慶一樣，蒙受冤獄的不公平待遇？我們是否反思過，所謂的突破心防，是否就是「屈打成招」、「威逼利誘」或「疲勞轟炸」之下的產物**？

現在讓我們用西方的科學辦案原則，重新偵辦一次江國慶案，看看為什麼科學辦案原則的層層關卡，能防範但卻未防範錯誤的原因，到底是什麼？

測謊結果並不可靠，不算是科學證據

江國慶所涉的台北市大安區空軍作戰司令部謝姓女童命案，發生於一九九六年九月十二日，軍方負責偵辦的專案小組於案發後積極偵查訪談，約在案發後半個月，因江國慶未通過法務部調查局的測謊，鎖定他為涉有重嫌的調查對象。專案小組這種辦案方式違反科學辦案原則，因為測謊結果並不可靠，不算是科學證據。

測謊器是一九二一年加州柏克萊大學醫學院學生拉森（John Augus tus Larson）和柏克萊市警察局發明的。測謊結果的證據力受到普遍的質疑，目前美國多數的聯邦和州法院並不准許使用測謊結果作為證據，只有少數法院會應當事人的要求，視情況而准用。雖然美國多數法院不採用測謊結果，但是和謝童命案的專案小組一樣，美國負責執法的警察和檢察官會利用測謊結果過濾可疑嫌犯，但僅具參考價值，若沒有積極的證據，不能只因爲未通過測謊而鎖定爲嫌犯。

台灣對於測謊結果亦持質疑的態度，禁止以測謊作爲有罪判決的唯一證據。根據最高法院八十八年度台上字第二九三六號判決意旨，測謊必須符合五項形式要件才能作爲證據：一、經受測人同意，並已告知可以拒絕受測；二、測謊員必須經過良好的專業訓練，並且具備相當的經驗；三、測謊儀器品質良好，且運作正常；四、受測人身心及意識狀態正常；五、測謊環境良好，無不當的外力干擾。

在江國慶案中，我們無從了解江國慶是否同意測謊，也無從了解測謊的品質，軍事法院雖然未以測謊結果作爲審判時不利於江國慶的證據之一，但是專案小組一旦根據測謊結果過濾出江國慶後，在沒有任何積極證據的情況下，便鎖定他爲嫌犯，完全違反科學辦案的原則。

能過濾出嫌犯的罪犯人格側寫技術

負責偵辦謝童命案的專案小組，若是具備「罪犯人格側寫」（offender profiling, criminological profiling）的辦案技術，在辦案之初就會把江國慶排除在嫌犯名單之外。

罪犯人格側寫是美國聯邦調查局（FBI：Federal Bureau of Investigation）近二十多年發展出來的新辦案技術，能夠根據罪犯的特殊行爲模式過濾出可疑的嫌犯，對於欠缺傳統破案線索，但犯罪手法特殊的案件特別有用，因爲有些罪犯的犯罪行爲模式就像「簽名」一樣，非常具獨特性，足可作爲破案的線索。

原則上，精通罪犯人格側寫的專家能根據罪犯的特殊行爲模式，分析罪犯的犯罪手法和犯罪行爲本質，再根據分析結果描繪出罪犯的心理狀態和犯案動機，提供執法人員三方面的協助：一、罪犯的社會和心理評量；二、根據罪犯遺留在犯案現場的物品或跡證，提供心理分析；三、提供問案的方向和策略。

FBI設有一個「行爲分析組」（BAU：Behavioral Analysis Unit），就經常利用「罪犯人格側寫」的辦案技術，在欠缺傳統破案線索的情況下，過濾出最可能犯案的嫌犯。現在，罪犯人格側寫的辦案技術愈來愈受到重視，連美國的警匪電影和電視影集也會以此作爲劇情的主軸。美國哥倫比亞電視公司的連續劇「犯罪心理」（Criminal Minds），就是聯邦調查局BAU探員的故事，編劇刻意稱BAU的探員爲「罪犯人格側寫員」（profilers）。其中有一集的故事如下：

二〇〇五年，美國亞利桑納州某一大學校園內連續發生縱火案件，七個月內發生六起火災，造成一名學生和一名教授死亡後，化學實驗室內又有好幾瓶易燃性溶液不翼而飛，縱火案有持續發生的可能，嚴重威脅全校師生的安全。亞利桑納州乃請求聯邦調查局協助辦案，聯邦調查局派來五名「罪犯人格側寫員」。

根據過去縱火犯行爲模式的分析，連續縱火犯通常是十七到二十七歲的男性白人，縱火的原因是職場或情場失意。但是五名探員進入校園後，從六次的火災報告和現場的監視錄影帶中，很快便從一萬多名師生中，確認縱火犯是一名白人女性的化學系學生。

該名學生因爲兒時家中失火而失去所有的親人，再加上她的宗教狂熱已達強迫症的程度，無法抗拒「三」這個數字，深信自己是上帝的使者，要用火來潔淨世人。她的縱火時間和地點都與「三」有關，例如火災發生於星期二，因爲是一個星期的第三天，縱火地點是第三棟建築物的三樓等。

探員們確認縱火犯的身分後，判斷該名女學生隨時可能再次縱火，乃分派至宿舍和可能犯案的大樓內逮捕嫌犯。行前會議時，更能掌握犯案者心理狀態的資深探員叮囑其他探員，若發現試圖縱火的該名女學生時，切記要即時行動，千萬不要和她講道理，因爲宗教狂熱使她深信縱火是上帝派給她的任務，根本沒有講道理的空間。

在上述的縱火案件中，探員們是從罪犯「逢三必燒」的特殊行爲模式，推測出嫌犯是有宗教狂熱的強迫症患者，然後根據此一資訊鎖定嫌犯。在謝童命案中，從專案小組在辦案之初掌握到的證據和資訊中，能夠看出歹徒的行爲模式有何特殊之處嗎？

謝童命案發生後，法醫在案發後的第二天便進行屍體解剖，未在女童的陰道和肛門採集到精液。這種情形若是發生在美國，辦案人員會檢驗女童的下體是否遺留有保險套的潤滑劑。謝童命案的起訴書和判決書內，從未提及與保險套相關的任何證據或資訊，歹徒若未射精又未使用保險套，顯示該案欠缺傳統的破案線索，而且歹徒的犯罪手法異於一般的性侵案。

法醫解剖時發現的另一項重要證據，是謝童傷勢嚴重的情形到了令人髮指的程度。台北地院於二〇一一年以許榮洲爲被告、重審謝童命案時，曾委請台灣大學醫學院重新檢驗一九九六年的解剖和驗屍報告，由於許榮洲自白徒手犯案，台大醫學院的專業意見如下：一、女童的陰道與肛門撕通，男性陽具或許可能造成該傷害；二、謝童下體的傷口大到成人的手可以直通腹腔，歹徒勉強有可能未使用異物、徒手犯案，但可能性實在不高；三、謝童的腸子碎斷成三段，糞便溢出，若未使用異物不可能造成這種傷害。

謝童命案的特殊犯案手法，還不只如此。犯案時，歹徒脫去女童全身的衣物和鞋子，也與一般的性侵案不同。最後，歹徒將謝童從廁所窗戶棄屍於戶外，然後草草用木板遮蓋屍體，把女童衣物藏在很容易被發現的垃圾桶底部，這些雖然與性侵行爲沒有直接的關係，但他的動機何在？也增加本案的特殊性。

專案小組若合併考慮上述案情和證據，**若具備FBI的罪犯人格側寫技術，一定能判斷出謝童命案絕非一般的性侵案，也絕不是爲了滅口先姦後殺的案件，犯罪手法接近性變態、性虐待或特殊性癖好者的異常行爲。然而事實上，由於歹徒犯案的手法和一般性侵案差異實在太大，即使不具備FBI的罪犯人格側寫技術，只要訴諸證據的科學辦案，也能判斷出相同的結果。**

因此，不論是否有罪犯人格側寫技術的協助，專案小組**只要訴諸證據的遵守科學辦案原**

則，江國慶縱使未通過測謊，專案小組至少會暫時把他排除在外，然後針對該案的特殊犯罪手法，比對過去曾經發生過的性侵案件或先姦後殺案件，過濾出具有類似犯罪行爲模式的歹徒，或是尋求心理專家或犯罪心理專家的協助，分析歹徒的心理狀態和犯案動機，再根據分析結果過濾可能涉案的歹徒。專案小組當初果若如此做，同一營區內患有戀童癖的許榮洲，早已浮出檯面，不論許榮洲是否就是眞兇，涉案的可能性遠高於江國慶，江國慶枉死的機率幾乎是零。

依賴性和非依賴性補強證據雙重佐證自白

在科學辦案的原則下，江國慶未通過測謊，當然會受到專案小組的特別青睞，請他去接受詢問，一旦接受詢問自然就會涉及自白，不實自白不但對當事人不利，也影響辦案人員發現眞相，無法找出眞兇，危害治安，因此必須要有補強證據佐證自白的眞實性。《刑事訴訟法》第一五六條就禁止以強暴、脅迫、利誘、詐欺、疲勞訊問、違法羈押等方法取得自白，並且要求要有補強證據佐證自白的眞實性。

《刑事訴訟法》自白必須要有補強證據佐證的規定，和西方法律先進國家完全一樣，但是相同的法律規定，執行的情形卻全然不同。

在台灣，對於檢警和法院而言，自白愈詳細、愈合乎「常情」愈好，對補強證據的要求低到近乎形同具文。反之，美國法院認爲嫌犯的自白如果只是提供詳細的犯案情節，承認不利於己的事實，或是對警察或檢察官問的問題提出合理的答案，並不能作爲有罪判決的依據，一定

要有補強證據佐證自白的眞實性。否則大哥找個小囉嘍頂罪、有錢的找個欠錢的頂罪，都可以輕易矇混過關，有何司法正義可言？

補強自白的證據可分爲兩種，依賴性補強證據（dependent corroborative evidence）和非依賴性補強證據（independent corroborative evidence），雙重佐證自白的眞實性和可信性。

謝童命案的依賴性補強證據

依賴性補強證據是指辦案人員從犯罪現場、調查、鑑定獲得的證據和資訊中，挑選出僅限於眞正犯案者才會知道的資訊，先不對嫌犯和媒體公開，等到抓到嫌犯時再用來佐證自白，以確認抓到的是否爲眞兇。依賴性補強證據的選取原則有三：一、必須是眞正犯案者不容易忘記的資訊；二、保留的資訊不會影響檢警辦案的效率；三、不能是無辜的嫌犯很容易就能猜出的資訊。

謝童命案發生後，專案小組很快便掌握到的證據和資訊中，眞兇比較不會忘記的資訊如下：

（一）犯案現場爲廁所，兇手自廁所氣窗將謝姓女童棄屍於廁所後方的空地。

（二）謝童的屍體全裸，上面覆蓋兩片木板和樹葉，屍體旁的塑膠水管破裂，水自破裂處噴出。

（三）謝童受創的嚴重程度遠超過一般性侵案件，眞兇可能使用異物或凶器犯案。
（四）兇手脫去女童的全部衣物和鞋子，下體未採得精液。
（五）兇手將謝童的衣物藏置在廁所內垃圾桶的下面。

衣物的式樣和顏色未列在其中，因爲根據過去累積的辦案經驗，眞兇未必能清楚的記得，尤其是衣物的顏色。在謝童命案中，女童約在中午時不見蹤影，眞兇也未必是唯一知道謝童衣物式樣或顏色的人。專案小組若保留謝童被殺害和棄屍的地點，訊問嫌犯時可能會受到很多的限制，無法有效的訊問嫌犯，因此未必適合保留爲依賴性補強證據。

江國慶的自白與依賴性補強證據不符

根據起訴書和判決書，江國慶雖然承認脫掉謝童的衣褲，但未提及脫去謝童的鞋子，也不記得謝童穿什麼鞋子。由於脫去謝童的鞋子是歹徒非常特殊的犯罪手法，自白與依賴性補強證據不符，因此無法用這一點佐證江國慶的自白爲眞，不能因此而採信江國慶的自白，認爲他有涉案的可能。

江國慶承認用「鋸齒狀的刀子朝謝童下體刺入，上下戳動三、四下」，造成謝童下體受傷，鋸齒狀的刀子雖然是異物，但不能用這一點佐證自白爲眞。首先，根據台大醫學院的專業意見，謝童下體受創極爲嚴重，用該把刀上下戳動三、四下，戳不出那麼嚴重的傷勢，該刀是兇刀的可能性很低。

其次，該把刀是專案人員在案發三天後發現的，以鄰-聯甲苯胺初篩試驗（O-Tolidine Test）鑑驗，僅呈現極微弱的陽性反應，與謝童因受創嚴重而大量流血的情況不符，該刀是兇刀的可能性微乎其微。此外，鄰-聯甲苯胺試驗是初篩試驗（presumptive test），有「偽陽性反應」（false positive）的可能，也就是呈現陽性反應的原因有可能不是血液，而是其他物質。第四，鑑識人員並沒有在刀上鑑認出血型或ＤＮＡ，根本無法證明刀上沾染謝童的血跡，因此專案小組應該排除該刀是兇刀的可能。

第五，鑑識人員在鋸齒狀的刀上採得的唯一指紋，是同營的顏姓士兵所有，顏於案發前一個月在福利社賣早餐時，曾用該刀切麵包，案發時該福利社已經結束營業，所有刀叉等廚具都已收回部隊，江國慶並沒有取得該刀的管道和機會。而且刀子上有顏的指紋，但沒有江國慶的指紋，證明江國慶未曾碰過該把刀，否則刀上也會有他的指紋，因此這把刀不但不能用以佐證江國慶的自白，更應該排除他涉案的可能才是。

在科學辦案原則下，江國慶的自白與依賴性補強證據不符，專案小組應該排除他涉案的可能，也證明當初江國慶承認用「鋸齒狀的刀子朝謝童下體刺入，上下戳動三、四下」的自白，是無中生有的虛構故事，鋸齒狀的刀子和相關的鑑驗結果，都是專案小組羅織江國慶入罪的假證據。**如果案發三天後扣案的鋸齒狀刀子確實是兇刀，上面又有江國慶的指紋和謝童的血跡，哪裡需要江國慶的自白？又何需用這些證據補強自白的真實性？**

不能透露依賴性補強證據給嫌犯

根據科學辦案的原則，辦案人員在訊問嫌犯時，絕對不能透露任何依賴性補強證據給嫌犯，如果是用誘導式訊問將犯案細節透露給嫌犯，取得的自白在法院裡不具證據能力。辦案人員即使是不小心透露依賴性補強證據給嫌犯，例如提供犯罪現場的照片，還是會影響依賴性補強證據的證明力，甚至影響其證據能力。《刑事訴訟法》第一六六條之一明文禁止在法庭裡詰問證人時，使用「誘導詰問」，同理可知檢警於偵辦期間當然更不能誘導訊問。但是負責偵辦謝童命案的專案小組，未遵守科學辦案原則和《刑事訴訟法》的規定，不但事前未保密案情，還在詢問時用誘導式詢問的方式將案情透露給江國慶，藉以捏造自白。

在嫌犯許榮洲浮出檯面後，台中地檢署和台北地檢署先後參與偵辦工作，發現謝童命案發生後，軍中普遍知道嫌犯「用刀捅謝姓女童下體、從廁所氣窗丟出去、以樹葉刻意蓋住」等資訊。因此江國慶自白的相關部分，即使和依賴性補強證據吻合，也無法佐證自白的眞實性，該部分的自白不能成立，也不能因此認定江國慶涉嫌重大。

專案小組在偵訊江國慶時，更是違反科學辦案原則，詢問的方式是根據案發後掌握到的證據和資訊，以誘導訊問導引江國慶自白，輕而易舉就把自白編出來了。二〇一一年軍事法院再審謝童命案，還江國慶的清白，判決書內交代專案人員誘導訊問的情形，部分內容如下：

何姓專案小組成員問：你在洗手台清洗的血跡？
江國慶答：應該是吧。
何問：馬桶（廁所）有沒有血跡？
江答：沒有印象，應該有吧。
何問：怎樣？
江答：應該有吧，沒印象。
何問：你是手淫以後才發現她的？
江答：應該是。
何問：應該是就把她抱進廁所的，她有沒有掙扎？
江答：有吧，弄一下就昏了吧。
何問：弄一下就昏了？
江答：因爲我力氣可能滿大的，弄一下就昏了。
何問：你就是因爲怕她叫，就用手摀住她？
江答：可能吧。
何問：然後呢？她昏了以後？
江答：看她不行就把她做了吧。
何問：看她不行！怕她不行？

江答：可能覺得不行就把她殺了吧。

何問：你用什麼東西殺她？

江答：不知道，可能在現場。

何問：你用什麼工具？

鄧姓專案小組成員問：什麼東西？

江答：刀子吧。

何問：後來你有去洗那把刀子？

江答：應該有。

上述訊答內容被編寫為江國慶的自白，軍事法院第二次判處江國慶死刑時，將專案小組誘導和編寫出來的自白，認定為江國慶的犯罪事實如下：

洩精後，仍意猶未盡，於步出廁所之際，適在交誼廳休息室旁往廁所走道上，遇福利站熱食部幫工謝○○之幼女謝○○……又惟恐他人撞見，乃以右手自後方攔腰抱住謝童，左手摀其口、鼻，以防喊叫，雖預見以手摀住口、鼻有致其死亡之可能，竟仍不顧而為之，迅即將其抱進廁所，謝童因而休克昏迷不能抗拒，旋脫其衣、褲強加姦淫得逞……並至廁所洗手台將手及刀子洗淨，再將刀放回交誼廳吧台上……

科學證據本來是用來協助辦案人員找出眞兇的，但是在台灣，反而讓辦案人員更輕鬆，只要依據掌握到的科學證據威逼利誘嫌犯編自白，就能編出看起來合情合理、又有科學證據支持的自白。專案人員在詢問江國慶之前，已經知道女童的死因是窒息，而不是下體受傷，因此故意問：「你就是因爲怕她叫，就用手摀住她？」台北市刑大的鑑識人員在案發後立即到達現場協助搜證，在廁所洗手台鑑驗出微量血跡，案發三天後扣案的鋸齒狀刀子，血跡鑑驗的結果僅呈現極微弱的陽性反應，專案小組便故意透過誘導訊問，引出江國慶至廁所洗手台洗兇刀的自白。

佐證自白的非依賴性補強證據

當嫌犯自白時，提供的資訊是自白前辦案人員不知道的資訊，而且辦案人員可以循線找出新的證據，該項證據不但能佐證嫌犯自白提供之資訊的眞實性，還能獨立證明嫌犯確有涉案的可能，該項新證據稱爲非依賴性補強證據，是成立自白必須要有的佐證，也是科學辦案最基本的原則。美國司法界對於「非依賴性補強證據」的普遍共識是：欠缺非依賴性補強證據佐證的自白，只有兩種結果：自白不具證據能力或羅織無辜者入罪。

現在讓我們用科學辦案原則最基本的非依賴性補強證據規定，來檢視謝童命案。軍事法院第二次判江國慶死刑時，法官認定的部分事實如下：

於八十五年九月十二日中午獨自在福利站經理休息室午休時，因一時性衝動，乃於十二時四十分許前往毗鄰原交誼廳之廁所內手淫，洩精後，仍意猶未盡，於步出廁所之際，適在交誼廳休息室旁往廁所走道上，遇福利站熱食部幫工謝○○之幼女謝○○，頓起強姦之意圖，向謝童佯稱：「跟哥哥來，我給妳糖吃」……

江國慶即使犯案後良心發現，也不至於自白到承認自己「意猶未盡」、「頓起強姦之意圖」……即使確實如此自白，也無法尋線找出任何證據，佐證自白爲眞。

不過，「跟哥哥來，我給妳糖吃」，似乎是辦案人員原來不知道、經江國慶自白後才掌握到的資訊，若能從江國慶的住處搜索到引誘謝童的「糖」，又能從女童的身上找到相同的「糖」，或是在女童的胃部檢驗出相同的「糖」，搜索到的「糖」才是非依賴性補強證據，但也只能佐證該項自白爲眞，還是不足以證明江國慶就是眞兇。

台灣的法官審理案件時，**若有正確的「非依賴性補強證據」的法律概念，且嚴格執行此一規定，檢警辦案時不但不敢自己隨便編自白，還會怕嫌犯亂編自白，因爲自白中若是出現「跟哥哥來，我給你糖吃」，就要想盡辦法找到「糖」，否則法官不會採信自白。**但是在謝童命案**的起訴書和判決書內，除了根據自白認定江國慶曾經以「糖」誘騙謝童外，未再提及「糖」，更沒有任何證據證明糖的存在，以補強該部分自白的眞實性，補強證據的規定形同具文，鼓勵專案小組隨便編自白，因爲即使找不到「糖」，法官還是會採信自白。**

專案小組在江國慶自白之前不知道、但可佐證自白的另一項資訊，是江國慶自承水管是他踩破的，目的是清洗女童屍體上的血漬。在科學辦案原則和非依賴性補強證據的規定下，爲了佐證該項自白的眞實性，專案小組應該查扣江國慶的皮鞋和破裂的水管，以科學方法檢測塑膠水管的抗壓性和被踩破的可能性，甚至要進行模擬實驗，並且要在皮鞋、破裂的水管和附近區域，尋找有形的跡證，例如鞋底卡有破裂的塑膠水管碎片……證明水管確實是被江國慶踩破的。

爲了佐證該項自白，專案小組還需要訪查目擊證人，確認江國慶在案發後回到福利站工作時，身上有沒有異常潮濕的情形，但這些非依賴性補強證據，起訴書和判決文中都毫無記載，檢察官沒有盡到舉證責任，提供任何依賴性或非依賴性補強證據，佐證江國慶之自白的眞實性和可信性。

在不遵守科學辦案原則和非依賴性補強證據的法律規定下，二〇一一年**軍事法院再審江國慶案和台北地院審理許榮洲案時，都以「水管破裂導致理髮部水壓下降」，作爲認定女童於案發當日十二時三十分許遇害的證據之一。水管破裂這麼重要的破案關鍵證據，在江國慶案中是被江國慶踩破的，在許榮洲案中是許榮洲棄屍時被女童頭部撞裂的；直至今日，沒有任何非依賴性補強證據能夠佐證任何一種說法爲眞**。

謝童命案的專案小組、軍事檢察官、軍事法院、九十九年起參與辦案的台中和台北地檢署、再審江國慶案的軍事法院和審理許榮洲案的台北地院，對水管破裂的原因都不查證，所有的起訴書和判決書內，都沒有探究女童頭部的撞擊傷或撞擊的可能原因。中華民國的革命軍人因為刑求逼供而被槍決了，智商只有六十五至六十九分的許榮洲被台北地院判十八年的有期徒刑，水管到底是怎麼破裂的，直至今天還是羅生門，江國慶沉冤得雪，政府以一億三百多萬元賠償他的家屬，但是眞相並沒有因此而水落石出。

江國慶到底自白了什麼？

根據科學辦案原則和補強證據的法律規定，正確答案是：**「什麼也沒自白，只是承認了所有不是他做的事，以及不該承認的事」，因為江國慶的自白與依賴性補強證據不符，專案小組也未根據江國慶自白的內容，找到任何非依賴性補強證據，能佐證他的自白為眞和證明江國慶涉案。在美國司法界的共識下，江國慶的自白不但不具證據能力，還是專案小組羅織無辜者入罪最有力的證據之一。**

檢視法官認定的事實，專案小組即使沒有肢體虐待江國慶，也有根據手上已經掌握到的證據和資訊，甚至是假證據，用誘導訊問、疲勞轟炸、刑期較低的條件交換，逼江國慶照著「串」出一個專案小組自認為案情前後銜接的完整故事。江國慶什麼都沒有自白，只是塡補已知的資訊、證據和假證據之間的縫隙，把已知的資訊、證據和假證據串成一篇故事而已。

編出「跟哥哥來，我給妳糖吃」的專案小組成員，與現實脫節，這種說詞在經濟窘困的年代，或許還有用，案發於一九九六年，當時台灣的物質水準普遍提升，小孩還會為一塊糖就跟人走？但是連小孩子都未必說服得了的說法，居然可以不用佐證，輕易說服法官認定為犯罪事實，奪取江國慶的年輕生命。

因為「突破心防」，江國慶才會枉死！

說謊並不等於犯案。在科學辦案原則下，江國慶未通過測謊並不表示他就是眞兇，專案小組除非能找到更積極的證據，否則不能繼續鎖定江國慶。先不論謝童命案的犯案手法十分特殊，即使專案小組把謝童命案當作一般的姦殺案處理，順利取得江國慶的自白，由於江國慶並非眞兇，專案小組只要愼選依賴性補強證據，並且保密得當，由於歹徒犯案手法特殊，江國慶的自白吻合依賴性補強證據的機率微乎其微，很快也會被排除在外。

再者，縱使江國慶的自白符合依賴性補強證據，專案小組若無法根據江國慶的自白，循線找出非依賴性補強證據，佐證自白爲眞，在只有自白但卻欠缺補強證據的情況下，例如找不到兇器、「我給妳糖吃」的「糖」，以及水管破裂的眞正原因，江國慶很快也會被排除在外。更何況該案的犯案手法特殊，不同於一般的性侵案或姦殺案，除非有積極的證據，不可能懷疑身心健康的江國慶有涉案的可能。

科學辦案原則設下了層層關卡，目的就是要找出眞兇，中間只要有任何一個人眞的堅持了科學辦案的原則，江國慶就不會枉死。但在力求「突破心防」以取得自白的辦案方式下，即使是死刑案件，像江國慶這樣無辜的人也會「俯首認罪」。

江國慶案的眞相大白了嗎？我們從江國慶案看到了什麼？又學到了什麼？**台灣司法系統的**

成員，從警察、鑑識人員、法醫、檢察官到法官，有科學辦案和補強證據的觀念、知識、方法或能力嗎？如果不准「突破心防」、沒有自白，他們還能破案嗎？

台灣要邁出科學辦案的第一步，一定要禁止「突破心防」！

7

陸正案的正義
──我認爲你罪該萬死，但誓死捍衛你公平受審的權利

我在社區大學上課時，常跟學生說：要在台灣找犯法的人，最容易找到的地方就是法院，台灣的法官經常犯法。

是危言聳聽嗎？

《刑事訴訟法》第一五四條規定法官只能根據證據認定犯罪事實；第一五六條規定自白必須要有補強證據。在上述規定下，美國的法官判案時，嫌犯的自白如果只是提供詳細的犯案情節，承認不利於己的事實，或是對警察或檢察官問的問題提出合理的答案，並不能作爲有罪判決的依據，一定要有補強證據佐證自白的眞實性；台灣的法官判案時，自白愈詳細、愈合乎常

情愈好，有沒有補強證據不在考慮範圍內。

二〇一一年五月十二日，臺灣高等法院作出陸正案的九十八年度矚上重更十一審判決，判處主謀邱和順死刑，邱和順不服提起上訴，於二〇一一年七月底被最高法院駁回，三審死刑定讞，目前是待決的死囚。高院更十一審的審判長審後直言，大言不慚的公然承認自己的犯行：「絕對是他們這夥人做的」、「沒有絲毫冤枉他」、「人神共憤」……理由是他和合議庭另二位法官，將「警方和檢察官偵訊的逾百卷錄音帶全部重新聽過，絕對是他們這夥人做的，若沒有做，不可能供述出相關案情。」**可見邱和順被判處死刑的理由，是九名被告詳細描述案情的自白，而不是自白加上能夠佐證自白、且能獨立證明犯罪的補強證據**。

在法官的積極鼓勵下，我們從江國慶案中，已經看到辦案人員是多麼輕而易舉的就能根據掌握到的案情和證據，藉誘導訊問引領被告編出不實的自白。不過邱和順所涉的陸正案和江國慶案有些不同，因為**嫌犯有九名，被害人陸正的屍體始終沒有找到，檢警沒有掌握到任何的案情或證據，且邱和順等人是在案發九個多月後才被抓，檢警要突破這九個人的心防，編出彼此一致且詳細的不實自白，難度很高，必須要有無中生有的創造力和想像力，實在是難為了辦案人員，所以才會錄出逾百卷的偵訊錄音帶，高達二八八份的偵訊筆錄，也可以想像當時刑求逼供的悽慘情形**。

邱和順因涉及陸正案而被判處死刑，和被害人家屬的高調、強勢有關。家屬想要為被害人伸冤報仇和伸張正義的心情可以理解，但是文明的第一步是懂得尊重別人的權利，被告邱和順等人享有憲法保障其公平受審的權利。如果我們以科學辦案的原則重新檢視陸正案，不禁要問，被告公平受審的權利被捍衛了嗎？陸正案的正義眞的被伸張了嗎？還是只是送一個替死鬼上祭壇以平息眾怒？

警方綁架當天便介入辦案，但未能掌握到破案證據

台灣人受到美國好萊塢警匪片的影響，理所當然的認爲檢警辦案講究證據，辦案人員會努力蒐證，陸正案顯然要讓台灣老百姓大失所望。

陸正案發生於一九八七年十二月二十一日，當晚六時十五分左右，陸正的母親至新竹市聯美補習班接十歲的陸正回家，但遍尋無著，乃向補習班人員查詢，經告知數分鐘前還看到陸正與另一學童在補習班門口的沙堆玩，陸正的母親在鄰近四周尋找後，打電話回家，其女告知已在六時四十分許接獲一通電話。陸母掛斷電話後在附近又找了一下，打電話回家時，女兒哭訴已接獲兩通勒贖電話。陸母於晚上七時許回到家，女兒已經報警，員警很快便趕到陸家，因此新竹警方是在案發當晚便介入辦案，在蒐證上已搶得先機。

員警到達陸家後，綁匪正好又來電，陸母的女兒把電話交給到場的員警接聽。陸正案的綁匪最初要求的贖金高達五百萬元，幾經交涉後才降爲一百萬元，綁匪指示家屬於一九八七年十二月二十八日晚上十一時，攜款前往台灣玻璃公司門口交贖，但當晚無人前來取贖。十二月二十九日綁匪又指示於晚上十二時攜款前往火車站雅菘賓館等候，一小時後賓館人員告知至櫃

台接聽電話，陸母接聽電話後，立即依綁匪指示駕車至高速公路南下七十公里處，在該處取得一字條，依字條的指示先後行進至九○、九六、九七公里處，到了一○○公里處，又依指示回到九九點九公里處的陸橋，橋上有人以台語高喊「好」，看到一個人自橋上垂下一繩索繫有一袋子，用台語指示將贖款放入袋中，陸母問小孩在哪裡，對方稱交款後回家等電話，陸母乃將錢放入袋內返家。

自十二月二十一日陸正失蹤至十二月三十日凌晨陸母交贖，警方雖然從一開始便介入陸正案，但長達八天的時間，只掌握到「指示取款及交付贖款之信封及字條」，以及多通勒贖電話的錄音（綁匪一共打了十三通），刑事警察局雖然從信封和字條上採得指紋，但可資比對的指紋只有一枚，與所有被告的指紋均不相符，也比對不出字條上的筆跡，而勒贖電話錄音只有最後一通與被告余志祥的聲紋相符，但辯護律師質疑鑑定方式不符合標準鑑定程序，錄音帶卻早在一九九四年逸失，再也無從比對。

因此，**負責偵辦陸正案的警方，在綁架發生後立即介入辦案，但除了自白外，自始至終未掌握到任何有助於破案的證據**。

沒有事前布線和事後蒐證追緝真兇的概念

一九九六年的美國好萊塢電影「綁票追緝令」（Ransom），拍攝成本只有八千萬美元，票房卻高達三億九百多萬美元，受歡迎的程度可見一斑。知名影星梅爾·吉伯遜（Mel Colm-

Cille Gerard Gibson）爲該片的男主角，飾演因孩子被綁架而遭勒贖的苦主，綁匪要求兩百萬美元的贖款，命令吉伯遜交贖款時不能使用追蹤設備，也不能用可追蹤的連號鈔票作爲贖款，贖款必須是舊鈔，上面不能有記號，裝在普通、不容易辨認的行李箱內交贖，目的是禁止警方布線追緝眞兇。

從高院更十一審的判決書內認定的事實來看，負責偵辦陸正案的刑警，似乎沒有看過類似「綁票追緝令」的電影，沒有在事前布線追緝綁匪的科學辦案概念。

陸正案發生於一九八七年，我們自然不能期待警方於事前以科技裝置布線追緝綁匪，但至少可以在交贖的容器和贖款上做點手腳，留下綁匪不易發現的記號，以便循線追緝眞兇。但是警方在陸正被綁架後立即介入辦案，不但沒有布線，對於交贖的情況還頗爲狀況外，連陸正母親交贖款的容器、贖款的面額、數量、裝放的方式等相關資訊，都未掌握到。

陸正的母親交付一百萬元贖金後，歹徒並未依約釋回陸正，以至於陸正的下落、歹徒的犯案手法、陸正是否遇害、遇害的原因……都混沌不明。按理說負責偵辦的警方應該非常的焦急，渴望掌握到追緝眞兇所需的線索，任何蛛絲馬跡都比一片空白要好，但是實情並非如此。警方對於交贖的情況不了解，也沒有分別詢問陸家人，相互比對以便掌握追緝綁匪所需的正確資訊。**直至今日，邱和順都已經三審死刑定讞，檢警和法院始終不知道一百萬元贖款的面額、數量、流向或下落，只以「花用殆盡」一語帶過。**

邱和順是唯一供稱看過贖款的被告，指贖款都是千元鈔票，法院既不肯定、也不駁斥他的說法是否與事實相符。法官在認定自邱和順家中搜到的便當袋就是取贖的容器時，自以爲是的用一半千元、一半五百元、以一萬元爲一疊的裝贖款方式，認定便當袋「裝得下」全部的贖款。但是代表陸家接受警詢的陸正母親，證詞中從未交代贖款的面額和數量，以及裝贖款的方式，判決書內也未曾記載任何的相關資訊。

此外，陸正的母親接受警詢的時間點也很奇怪，是在邱和順等人到案之後的一九八八年十月八日，距離陸正被綁架的時間已超過九個多月。但是即使是在該次警詢，陸母也未清楚交代交贖款的容器，只說是「袋子」，**直到更六審時，才首次證稱是以「捐血袋」裝贖款後，再一起放入歹徒的取贖袋子內，但捐血袋的樣式、顏色、尺寸或其他特徵，邱和順已經三審死刑定讞，判決書內始終沒有交代**。

在陸正案中，對於交贖的情形，負責交贖的陸正母親是唯一的目擊證人，警方應該在她交贖後，立刻請她模擬交贖的狀況，包括清楚的描述歹徒取贖用的麻繩和容器的特徵，以及交贖款的方式，才能根據相關資訊爭取破案的先機。然而直到更四審時，陸母才繪出麻繩的圖，證稱麻繩的直徑爲二點五公分，在指認麻繩時，才表示取贖用的麻繩有特殊的油味。陸母未曾描述過綁匪取贖用的容器，只說是袋子，至於袋子的樣式、顏色、尺寸或其他特徵，在判決書內並未交代，陸母也從沒作證指出綁匪是用藍色的「便當袋」取贖。

缺乏建立證據保存和轉手系統的概念

任何一個國家的司法系統都把證據當作刑事案件的命脈，因爲代表政府起訴的檢察官負有舉證的責任，因此**檢警必須建立起能妥善保存和追蹤證據的系統，美國稱之爲證物保存或轉手紀錄（chain of possession或chain of custody），詳細登錄證據保存的情形和每一次轉手的情形**。但是這個鐵律不適用於台灣，台灣的執法人員並不重視證據，也不在意證據的保存和追蹤。在陸正案中，檢警掌握到的證據本來就很少，品質又不佳，理應十分重視僅有之證據的保存和轉手情形。然而當邱和順的辯護律師質疑勒贖錄音帶電話的聲紋，未依標準鑑定程序鑑定，且聲紋鑑定之正確率不高時，卻發現勒贖電話之錄音母帶，早在一九九四年監察院調查警員刑求時，於刑事警察局及監察院公文往返間逸失。

對於僅有之證據的逸失，負責審理的法官，未嚴詞責備負有舉證責任的檢警，未要求檢警爲證據的逸失負起責任，也未因此要求檢討或建立證據保存和轉手系統，足見台灣的司法系統是多麼的不重視證據，距離訴諸證據的科學辦案是多麼的遙遠。

辦案方式和警總時代相去無多

負責偵辦陸正案的警方，只掌握到指示取款及交付贖款之信封及字條，但是指紋和字跡都與被告不符，在沒有追緝眞兇之線索的情況下，當初是怎麼鎖定邱和順等人犯案的？答案是有人檢舉。

邱和順因陸正案遭警方逮捕之前，確實不務正業，在苗栗一帶替人討債，手下有一群未成年的小嘍囉。其中有一名十五歲的少年人羅濟勳，他的舅舅黃瑞達有案在身。黃瑞達與台北市刑大交換條件，帶著羅濟勳向台北市刑大檢舉邱和順涉嫌陸正擄人勒贖撕票案。所以，陸正案的案發地點在新竹，邱和順住在苗栗竹南一帶，但沒有地緣關係的台北市刑大卻積極參與辦案。台北市刑大宣布破案後，黃瑞達還因檢舉有功領取了八十萬元的獎金，年幼無知的羅濟勳，則始料未及的從檢舉人改列爲共同被告。

黃瑞達帶羅濟勳去台北市刑大檢舉時，位於京畿的台北市刑大若有科學辦案的知能，爲了防範羅濟勳挾怨報復或因年幼無知而遭舅舅黃瑞達利用，羅濟勳必須提供檢舉證詞，讓市刑大有相當的理由相信邱和順確實涉有重嫌。羅濟勳的檢舉證詞有兩種：一種是警方已經掌握到的資訊，一種是警方尚未掌握到的資訊，類似佐證自白的依賴性補強證據和非依賴性補強證據。

以陸家交贖用的袋子爲例，新竹警察局若具備最起碼的科學辦案知能，不可能未掌握到相關的資訊。檢舉人羅濟勳若在台北市刑大指出陸家是用捐血袋交贖，並且能描述出捐血袋的顏色、材質、式樣、大小或其他特徵，台北市刑大應立刻與新竹警察局聯絡，以確認檢舉證詞的眞實性。即使新竹警方落伍到手上沒有相關資訊，也應該立刻傳陸正的母親詢問，以驗證羅濟勳檢舉證詞的眞僞。但實情是，陸母直到更六審時，才證稱是用捐血袋交贖，邱和順已經三審死刑定讞，檢警和法院還是不知道捐血袋的顏色、式樣、大小……台灣的警察欠缺科學辦案能力的程度，實在令人感到毛骨悚然。

羅濟勳是邱和順身邊年幼的小嘍囉，未必是邱和順集團的核心份子，若不知道交贖用之捐血袋的特徵，或是其他可作為補強證據的案情資訊，也是可以理解的。但是要說服台北市刑大採信其證詞，羅濟勳必須提供資訊，幫助警方找到至少一項證據，能夠證明邱和順涉有重嫌，才能佐證其檢舉證詞的眞實性。

以犯案用的車輛為例，羅濟勳若能清楚的描述車子的車型、顏色、來源等資訊，警方若能循線查獲到犯案用車，並在車輛上鑑驗出陸正的血跡和邱和順的指紋，就算不足以證明邱和順就是眞兇，但至少能讓警方有相當理由懷疑邱和順可能涉案，因而採信羅濟勳的檢舉證詞。然而實情是，邱和順已經三審死刑定讞，**檢警自始至終未根據任何一位共同被告的自白或供詞，包括羅濟勳的檢舉證詞在內，循線找出作案的車輛或任何有形的證據能夠連結到邱和順，證明他有涉案的可能。**

在陸正案中，除了指紋之外，檢警掌握到的另一項證據是綁匪的勒贖電話錄音，刑事警察局是在一九八八年十二月十五日，才比對出與十七歲的共同被告余志祥的聲紋相符，但是余志祥是在一九八八年九月二十九日就已經被捕，顯示警方是先射靶、後畫標。

台北市刑大沒有任何與案情相關的資訊能夠佐證羅濟勳之檢舉證詞的眞實性，也沒有根據他的檢舉證詞找到任何能證明邱和順涉案的證據，便率然採信檢舉證詞，公開宣布破案，違反科學辦案的原則，只是盲目的相信年僅十五歲之羅濟勳的檢舉證詞。這和蔣介石時代的警總有何差異？當年警總受理匪諜檢舉的信函或電話，處理原則不正是「不分眞假，一通電話，警總就到」?!

警方沒有證據支持檢舉證詞的眞實信，便率然宣布破案，邱和順的辯護律師質疑黃瑞達帶羅濟勳向市刑大檢舉的動機，高院更十一審法官判案也不訴諸證據，爲了合理化羅濟勳之檢舉證詞的可信，寫了如下的理由：

羅濟勳舅舅黃瑞達於本院更七審調查時仍證稱：我是帶羅濟勳到台北市刑大投案，我根本不認識本案被告，實際案情亦不了解，當時我認爲我帶羅濟勳去自首的，破案獎金，警方認爲是因爲我破的案，所以我得到破案獎金，可是我覺得羅濟勳因爲犯案要去坐牢，所以我自己決定要給我姐姐等語；更足見證人黃瑞達是以帶被告羅濟勳自首之意，到台北市刑大製作祕密證人筆錄，且破案獎金既是頒給黃瑞達，自無推認共犯羅濟勳爲貪求破案獎金而誣陷被告邱和順等人之理，且羅濟勳上開自白之犯行，誠屬重罪，縱其自白日年歲尚輕，亦斷無貪圖獎金而陷自己於長期牢獄之災斷送青春之可能。

按照法官的說法，十五歲的羅濟勳雖然心智年齡比不上成年人，但是對台灣司法的認識和司法系統的運作方式，顯然強過絕大多數的成年人。

警詢代替搜證——引導被告編出自白

警方辦案的目的是追緝眞兇，才能替被害人伸冤報仇，實現正義，科學辦案的原則和目的正是要協助警方追緝眞兇，因此警詢的目的有二：一、根據依賴性證據佐證嫌犯的自白，確認抓到的是眞正的兇手；二、從警詢中發現檢警原來未掌握到的新資訊，然後循線找出能佐證自白的非依賴性補強證據，這項不同於自白的證據，同時也是能證明自白者犯罪的客觀新證據。

在台灣，大家對於爲了鞏固政權而寧可錯殺一百、也不縱放一人的警總，深惡痛絕。但是身爲人民保母的警察，辦案時的蠻橫、落伍、亂來的程度，不下於警總，以警詢代替蒐證，引導被告編出辦案人員所要的自白，目的只爲破案，至於追緝到的是不是眞兇，根本不在考慮的範圍內，台灣的老百姓卻似乎並不太在意。

在陸正案中，**警方一開始便扣得指示取款及交付贖款的四份信封和字條，邱和順等人到案後，警方馬上知道自信封和字條上採得的指紋，與全部被告都不相符，也比對不出字條上的筆跡**，在科學辦案的原則下，於找到積極證據之前，至少應暫時排除邱和順等人涉案的可能，把時間花在追查出能緝捕眞兇的證據上。**但是檢警不遵守科學辦案原則，甚至根本不去蒐證，將人力和時間全部投注在警詢上，才會找不到任何有助於追緝眞兇的有形證據，但卻錄出逾百卷的偵訊錄音帶，做出高達二八八份的偵訊筆錄，以自白代替證據**。

陸正案屬於重大刑事案件，警詢時有錄音存證，以下爲共同被告余志祥警詢時的錄音譯文，當時他只有十七歲。

警：你放你媽的屁，不是有寫條子嗎？啊？那條子是誰寫的？

余志祥：邱和順啦。

警：寫什麼。

余志祥：不知道。

警：幹你娘××啦。你實在是欠打。（打人聲）再來，再一次。他媽的。

余志祥：不要這樣啦。

警：他媽的，你既然要這樣講，為什麼不講清楚呢？

余志祥：好，我講清楚。

警：幹，你幹你娘××，他媽的×，他媽的，王八蛋。（打人聲）

余志祥：我說啦，我說啦。

警：你說啊，那條子誰寫的？那條子怎麼寫的？怎麼講？

余志祥：那是邱和順寫的啦。

警：寫什麼？

余志祥：他沒有給我看啊。

警：用什麼？用什麼條子寫的？

余志祥：白色條子啊。

警：白色條子，裡面內容寫什麼？

余志祥：我說我不知道啊。

警：你這個不肖子，話亂講。

警察若是遵守科學辦案原則，以追緝眞兇爲辦案目的，警詢時應該是利用依賴性補強證據佐證自白，過濾出眞兇，而不是透露證據給嫌犯，主導自白的內容，也不能問即使是無辜者都能猜得出答案的問題，因爲這對找出眞兇沒有任何幫助。

但是從上述警詢錄音譯文中可以看出，**警察主動提起指示取贖的條子，藉此主導自白的內容，然後問余志祥用什麼條子寫的，余志祥答白色條子。若以同樣問題問一百個無辜者，大概九十九個都會回答白色條子，這種問法能編出辦案人員所要的自白，但是根本過濾不出眞正的兇手。**

再者，警方明明知道字條上的筆跡與邱和順的不符，但卻詢問余志祥字條是誰寫的，余志祥即使答是邱和順寫的，這樣的答案也只是沒有補強證據佐證的共犯自白而已，不能證明字條眞的是邱和順寫的，對於找出眞兇沒有太大的意義。

法院要什麼，檢警就給什麼

江國慶案和上面的譯文，都能印證台灣的檢警辦案時，不遵守科學辦案的原則，即使未刑求，也是以警詢代替搜證，以各種不法手段編出辦案人員所要的自白。現在再來看另一段陸正案的警詢錄音譯文：

警：眼睛看著他（羅濟勳），你（余志祥）不要給我打瞌睡。

羅濟勳：然後那個吳淑貞喔，和順叫她下車，去把陸正帶過來，帶過來我們經過寶山，帶過來時他一直哭啦，一直叫一直哭啦，和順就從脖子那邊繞過去捂著他的嘴巴後，他還咬和順啊，和順就掐他脖子。

警：羅濟勳，余志祥不太敢承認，他現在很怕，你提醒他，當時做了哪幾點哪幾點，你提醒他看他對不對。

余志祥：他說搓血，你說在哪邊搓血？

羅濟勳：留在地上的那個血啦，那個青草湖那邊的啊。從寶山的路上，我們從新竹寶山回來，經過寶山的那邊啊。青草湖，我們從上面看下去，就是青草湖了啊。

余志祥：血搓得掉嗎？

羅濟勳：那天是留在沙那邊的啦。

警：有沒有這回事。

余志祥：沒有啦。

警：好，那再講，然後？

羅濟勳：陸正用袋子裝起來，弄到那台飛羚的啊。

警方：有沒有？

余志祥：根本沒有去那什麼青草湖那邊，沒有去啦。

警詢時如果怕共犯「串供」，影響自白或供詞的眞實性，應隔離詢問。但是從上述錄音譯文可以看出，警察竟然叫羅濟勳提醒余志祥案發當天做了哪些事，不但不擔心兩人串供，甚至希望藉此串出詳細、一致的自白。

自白最重要的目的是提供辦案人員原來不知道的新資訊，才能循線找出證明自白者犯案的證據，並且佐證自白的眞實性。但是在陸正案中，警方從來沒有找到余志祥搓血的地方或是黑色飛羚，也因此無法從黑色飛羚上鑑驗出陸正的血跡、邱和順的指紋等科學證據，既不能佐證羅濟勳自白的眞實性，也無法證明邱和順眞的涉案。然而儘管如此，高院更十一審仍然採信羅濟勳的證詞，甚至張冠李戴，認定爲余志祥的自白：

> 檢察官於七十七年十月九日親自訊問時，余志祥供稱：當天係吳淑貞把陸正往車上帶，邱和順將陸正推上車、行經青草湖時，邱和順將陸正拉下車，並以藍波刀刺陸正腹部二刀，血流至地上，其腳踢地上的沙土予以掩蓋，邱和順將陸正置放後車廂……

對照更十一審審判長的審後公開直言和警詢錄音譯文，**台灣的法官不但不知道檢警應根據證據科學辦案，甚至沒有訴諸證據判案的基本概念，判案的關鍵是自白的詳細程度，自白能呈現愈多的犯罪細節，愈能作出有罪的判決。法官的判決方式引導檢警的辦案方法，法官要什麼，檢警就給什麼，法官要詳細的自白，警詢和偵訊時最重要的工作，不是找出非依賴性補強證據，而是想辦法讓自白者提供「詳細」的案情，甚至是法官認為「沒有做，不可能供述出的相關案情」**。

需要詳細的自白？嚴刑逼供就有啦！

警察怎麼逼出「沒有做，不可能供述出的相關案情」？當然是刑求逼供，即使沒有刑求，只要威逼、利誘、疲勞轟炸……沒有編不出的自白。

一九八八年十月上旬余志祥和陳仁宏警詢時，錄音中有「欠搞、還是要我再玩一次、幹你娘××、他媽的×再來、再一次、他媽的……」，且有不尋常的聲響，例如唉叫聲與警方叫罵聲交互穿插，導致負責詢問的警員張台雄（遭通緝）、謝宜璋、張景明、黃更生等人，因刑求逼供遭判刑確定。然而即使是刑求逼供，法官也絲毫不為所動，「turning a blind eye」（故意視而不見），甚至鼓勵警察以警詢代替蒐證，引導被告編出法院所要的詳細自白。

一九八八年十一月五日警察帶邱和順等人現場勘驗時，錄到警員的談話如下：

幹你娘勒，拄起來，邱和順千想都想不到這一點……夭壽，不叫他承認不行……
這個就是咱台北市刑大成功的地方……擠成這樣，不承認不行。

邱和順的辯護律師以刑求逼供抗辯，但不爲法官所採，法官的理由是：

即使警員上開對話略有不雅，亦不足使本院因之認定被告邱和順確有遭台北市刑大警員刑求。另員警上開對話內容，或乃因被告邱和順等犯案之證據一一浮現，案情水落石出，破案曙光已露，因而欣喜失態，談話粗俗而已，尚難依此推稱警方有刑求邱和順，是被告邱和順上開抗辯，亦不可採。

高院法官的審後直言以及對刑求逼供的姑息，大大的鼓勵這種只要坐在冷氣房裡威逼利誘，甚至嚴刑逼供編自白，就能認定被告犯罪的警總辦案方式。這種方式既簡單又好搞定，而且只要有決心，投入人力和時間，保證能寫出法院所要的詳細和一致的自白。

誓死捍衛被告接受公平審判的權利

台灣是個對政治狂熱，但對司法十分冷漠的國家，雖然是民主、自由的國家，但卻不是公平、正義的法治社會，爲什麼？自一九八七年政治解嚴以來，台灣人要求平反二二八和白色恐怖的受難者，嚴詞譴責獨裁統治者的爪牙—警總殘害異己的各種不法手段，花了二十多年的時間，終於學會了「我雖然不贊成你的意見，但誓死捍衛你說話的權利」。

陸正案發生於一九八七年，正是解嚴的那一年，警方辦理檢舉邱和順等人犯案的方式，並沒有因爲解嚴而有所不同，和警總辦理檢舉匪諜、台獨或異議份子的方式一樣。台灣人厭惡和不恥警總粗暴和蠻橫的作爲，但卻願意容忍警察和檢察機關對邱和順等人的不公不義，使台灣是一個民主自由的國家，但卻很難成爲公平、正義的法治社會，有自由但卻沒有法治，是什麼樣的國家？

台灣社會若要追求公平正義，司法一定要訴諸證據、追求眞相，才有公平審判、實現正義的可能。文明的第一步就是懂得尊重別人的權利，「我認爲你罪該萬死，但誓死捍衛你公平受審的權利」，這樣的概念必須被認識和建立。多年來，陸正的家屬強勢、高調，一定要邱和順一命抵一命，我們可以體諒其爲子伸冤報仇的心情，但是不追究檢警的科學辦案能力，縱容如此不公不義的辦案方式，眞的能爲陸正伸冤報仇嗎？正義眞的實現了嗎？

8

陸正案的評析——法官沒有證據也能認定事實的理由

陸正案只有自白，沒有任何證據能佐證自白的眞實性，也沒有任何證據能證明邱和順等九名被告犯案，既違反《刑事訴訟法》第一五六條自白必須要有補強證據的規定，又違反《刑事訴訟法》第一五四條根據證據認定犯罪事實的規定，但是高院更十一審的法官卻判處邱和順死刑，使得訴諸證據的司法判決變成「法官說了算」的恣意專斷和枉法裁判。

《刑事訴訟法》爲了防範法官的恣意專斷和枉法裁判，設計有內建的防範機制，第五十條和第三一〇條規定司法審判必須要有判決書，判決書內必須交代裁判的理由，包括如何認定犯罪事實，是防範法官恣意專斷和枉法裁判、監督司法的最佳利器。美國法學院的教授每天帶著學生研讀判例，就是學習和檢視法官的理由，發出一股強大無比的監督司法力量，是維持美國司法審判品質的關鍵。

高院陸正案更十一審的法官並未依法要求補強證據佐證自白，除了自白以外沒有證據支持其所認定的事實，但是根據證據認定事實除了是法律規定外，也是唯一可行的科學方法。法官要在判決書內交代認定事實的理由，但卻沒有科學方法所需的證據，要如何編出理由？我們在第四章介紹過美國法學院以訓練學生像法律人一樣思考爲目標，才不會違法侵害別人的生命、自由或財產。現在讓我們利用判例，仔細檢視高院陸正案更十一審的三位法官，在沒有證據的情況下如何認定事實？如何編理由合理化其所認定的事實？台灣的法官能不能像法律人一樣的思考？

在此之前，先來看看美國的法院是如何執行自白必須補強的法律規定，以及台灣最高法院對於相同法律規定所作的詮釋，藉以凸顯問題的嚴重性。

美國法院如何執行自白必須補強的法律規定：以*Opper v. United States*為例

在美國的司法制度下，自白的證據力十分強大，一旦成立，對被告極具殺傷力。但是美國人發現**檢察官辦案時很容易衝過頭；共犯爲了自己的利益往往不惜出賣朋友；人爲了報仇會誣陷他人；有些人受到威脅時會承認自己沒做的事，這種種情形都會嚴重影響自白的眞實性，稍有不愼就可能造成冤獄**。因此，不但法律規定要有證據佐證自白的眞實性，法院對此也嚴格執行。

一九五四年美國聯邦最高法院的*Opper v. United States*案，是一個立下里程碑的判例

（landmark case），建立了利用補強證據佐證自白的「可信性標準」，對於如何利用補強證據佐證自白以滿足舉證責任，有非常清楚的說明。

*Opper*案認定的事實如下：

本案涉及的是聯邦公務員非法收受賄賂。H是美國空軍位於俄亥俄州德頓市之醫學實驗室的職員，職務之一是撰寫「求生組具」的規格，並且決定申請用在求生組具內之產品是否符合規格，產品之一是「護目鏡」。本案的上訴人住在芝加哥，是供應護目鏡的協力廠商。一九五一年一月二十三日，上訴人的護目鏡因規格不符，被專案經理退件。H很快安排一個會議，在會議中，H和上訴人強烈建議接受上訴人的護目鏡，會議結論是由H準備一份載明接受該護目鏡之理由的備忘錄。H很快便提出日期爲一九五一年一月二十五日的備忘錄，H的上司批准重新考慮上訴人的護目鏡，並於一九五一年二月三日決定採用建議的護目鏡。

上訴人提交給聯邦調查局的自白和書面自白之內容如下：

一九五〇年十月，上訴人與H第一次會面，在俄亥俄州德頓市和芝加哥與H先後碰面約十五次，曾和H討論護目鏡的申請被退件的事。在一次電話約定後，H於一九五一年四月十四日星期六到上訴人位於芝加哥的辦公室，當天上訴人從家中取了一千美元的現金給H，於一九五一年四月十六日用一張日期爲一九五一年四月十三日的支票提領現金，補足現金的短缺。上訴人並承認大約兩個星期後，又給了H二百美元。

此外，在自白和書面自白書中，上訴人堅稱沒有因爲護目鏡要求H做任何事，給H的錢是借款，純粹是應H的要求協助繳交房屋貸款。該筆借款沒有擔保，沒有收據或約定利息，上訴人也不知道H的住家是不是買的。H從沒還錢給上訴人，上訴人堅持自己清白，沒有犯法。

聯邦最高法院在該案中指出：**無論自白有利或不利於被告，檢察官都必須提出具體的非依賴性補強證據，也就是在自白之外、獨立成立的證據，以佐證自白的可信性，讓裁判者能夠推論自白爲眞。至於自白未涉及的部分，檢察官一定要另外搜證。要認定被告犯罪，檢察官的舉證責任是利用補強後的自白，加上自白未涉及之其他證據，證明被告犯罪已超越合理懷疑的程度。**

該案中，檢察官提出的非依賴性補強證據如下：

一九五一年四月十三日從H位於俄亥俄州德頓市的住處，打給住在芝加哥之上訴人的長途電話紀錄；上訴人於一九五一年四月十六日提領的支票，支票上的日期是一九五一年四月十三日；以及旅客姓名爲H、飛行日期爲一九五一年四月十三日俄亥俄州德頓市至芝加哥的來回機票一張。

法院認爲檢察官所提出的非依賴性補強證據，包括長途電話紀錄、已提領的支票和來回飛機票等，都是在自白之外、獨立成立的證據，除了能讓裁判者合理的推論上訴人自白的可信性外，還是證明上訴人賄賂政府官員的「新證據」。

上訴人的自白加上檢察官提出的補強證據，可證明上訴人有支付金錢給H，但上訴人的自白並未提及H是否曾提供上訴人所要求的服務，檢察官必須另外舉證證明H曾提供上訴人所要求的服務，該證據與上訴人補強後的自白、補強自白的證據，每一項都達到超越合理懷疑的程度，才能證明上訴人犯法。

最高法院對自白必須補強的詮釋

對於自白必須補強之規定，台灣最高法院不止一次作出詮釋。下面是最高法院七十四年台覆字第十號的判例意旨：

> 《刑事訴訟法》第一五六條第二項規定，被告雖經自白，仍應調查其他必要之證據，以察其是否與事實相符。立法目的乃欲以補強證據擔保自白之眞實性……限制

自白在證據上之價值。而所謂補強證據，則指除該自白本身外，其他足資以證明自白之犯罪事實確具有相當程度眞實性之證據而言。雖其所補強者，非以事實之全部爲必要，但亦須因補強證據與自白之相互利用，而足使犯罪事實獲得確信者，始足當之。

最高法院的上述詮釋和*Opper*案的原則一致，必須要有補強證據佐證自白的眞實性，而補強證據絕不能是自白本身，而是在自白之外，獨立成立的證據。

另外，最高法院八十年度台上字第一六六九號判例意旨，進一步指出：

> 被告及共同被告之自白縱然一致，亦應調查其他必要之證據，以察其是否與事實相符，不得僅以被告及共同被告之自白作爲認定被告有罪判決之唯一證據，至於被告之自白與事實是否相符，須依具體情事，如現場跡象、被害人指供、起獲贓物或調查其他之必要證據，以認定之，不能憑空臆測，認爲與事實相符，而採爲判決基礎。

上述詮釋也和*Opper*案的原則一致，**一定要有自白以外的其他證據，才能補強自白的眞實性，不能用自白補強自白，也不能用共同被告的自白，佐證彼此自白的眞實性。換言之，共同被告彼此之間一致的自白，不能作爲判決有罪的唯一證據**。根據最高法院上述兩個判例意旨，可以看出高院陸正案更十一審法官裁判的方式公然違法，是多麼的恣意專斷。邱和順提起上訴後，最高法院肯認高院更十一審的判決，三審定讞，使邱和順成為待決的死囚，最高法院知法犯法，不但恣意專斷，還自打嘴巴。

人人都說是你，所以就是你

陸正案的另一名被告林坤明，於案發後亡命天涯，到案後否認參與陸正案且通過測謊。但是，高院更十一審的法官拿出警總「寧願錯殺一百，也不輕縱一人」的蠻橫無理，在沒有其他積極證據的情況下，推翻唯一的證據：測謊結果，認定林坤明犯案，理由就是共同被告一致的自白：

> 邱和順、黃運福、吳淑貞、吳金衡均共犯陸正案，則邱和順、黃運福、吳淑貞既均參與該案，彼等與林坤明復係朋友，並無仇隙，應無誣攀之可能，苟林坤明確未參與該案，尤無數人均同時指林坤明共犯該案之可能，然彼等均指林坤明亦參與該案，且核與鄧運振、羅濟勳所指相符，已析述如前，是林坤明測謊結果認其未參與陸正案一節顯與卷內既存之事證有違，是該等測謊結果之可信度即足啓人疑竇。從而，本院認該等上開測謊所為，不論有利與不利於被告等之鑑定結果，均不足採，併此敘明。

高院法官的上述理由，直接違反最高法院的判例意旨，是正面衝撞，但是上訴至最高法院時，最高法院竟然肯認高院更十一審的判決，使林坤明十七年的有期徒刑判決三審定讞。

高院法官這種用「數人頭」代替「證據」的判案方式，很容易落入「人緣比賽」（popularity contest），即便是未涉及生命、自由的民事訴訟案件，英美的法官也拒絕如此作。二〇一一年五月二十四日英國上訴法院法官Lady Justice Arden在*Re Mumtaz Properties Ltd* [2011] EWCA Civ 610一案中就指出，「證詞」最好要有補強證據佐證其眞實性，補強證據又以有形證據爲最佳，例如書面證據，儘量避免「Your word against his.」的互咬，更不能因爲多數證人的證詞一致，就採信多數證人的證詞。

Arden指出，**舉證責任之所在，敗訴之所在；雙方的證詞互咬時，負有舉證責任的一方若拿不出補強證據佐證其證詞時，法官可以合理推論無舉證責任一方的證詞，較值得採信。在陸正案中，負有舉證責任的是檢察官，拿不出補強證據佐證自白，就必須釋放林坤明**，更何況測謊結果駁斥共同被告的自白。

檢察官負有佐證自白的舉證責任，但高院法官卻以共同被告無任何補強證據佐證的自白，推翻林坤明有測謊結果補強其否認涉案的供詞，這不但違反檢察官負有佐證自白之舉證責任的規定，也漠視有測謊結果補強的供詞，至少比沒有任何證據補強的指控更爲可信、更爲「科學」的事實。

再者，測謊的證據力不強雖是公認的事實，但至少是林坤明否認涉案的補強證據，除非高院從一開始便不相信測謊，禁止測謊結果，否則法院事前准許測謊，事後又以測謊結果與未經補強的自白不符爲由，推翻測謊結果，顯示法官對林坤明涉案早有定見，選擇性的使用測謊結果。

《刑事訴訟法》第一五四條明文規定「**無證據不得認定犯罪事實**」，**但高院法官卻用「大家都說是你，所以就是你」的數人頭遊戲判案，與《刑事訴訟法》第一五四條正面衝撞，司法判決不再訴諸證據，反而變成「法官說了算」**！

以證人緊張為由推翻有利於被告的證詞

高院更十一審的法官不只推翻有利於被告林坤明的測謊結果，還像警總抓匪諜一樣，選擇性的推翻有利於邱和順的證詞，選擇性的適用不利於邱和順的指認，無視只能根據證據認定事實的法律規定，採信或不採信完全是法官說了算，沒有任何的規則可循。

陸正案的綁匪自高速公路上的陸橋垂下一條麻繩取贖，根據陸正的母親更四審時所繪的麻繩圖，麻繩直徑約二點五公分，但是警察自邱和順家中天花板扣得的四條麻繩，兩條直徑均一公分，另兩條直徑均零點八公分，是邱和順父親當年打魚用的。麻繩取得時上面充滿灰塵，陸母在指認時，才首度指出自邱和順家搜出之麻繩上的油味，與綁匪取贖款用之繩索的味道類似。

扣案的證物與唯一目擊證人陸母的證詞不符，按理說對邱和順有利，但是法官一旦認定邱和順犯案，不惜以證人緊張爲由，推翻對邱和順有利的證詞。直徑一公分和直徑二點五公分之麻繩的粗細差別甚大，陸母交贖時無論有多緊張，看錯的可能性實在不大，但是人命關天的死刑案，法官卻選擇性的推翻有利於邱和順的證詞、接受不利於邱和順的指認，理由是：

雖所供麻繩與扣案者直徑不合，然衡情陸正的母親身爲被害人家屬，遭逢兒子被綁架，於交付贖款時，其緊張之情已不待言，況取款當時適逢深夜，僅憑陸正的母親於倉促中，以目測之方法所得麻繩直徑之印象，自難期準確，殊不能憑此即謂扣案麻繩並非供被告向陸正家人取贖所使用。至被告邱和順辯稱扣案麻繩係其父之前捕魚用所留云云，核與陸正的母親於本院審理時指陳，當時他們放了很多繩子讓我指認，我根據我的直覺指出那條繩子，因爲有油味等語相符。另被告邱和順及其辯護人均不否認扣案麻繩係在天花板取得，該麻繩係於天花板扣得等情，並有搜索扣押證明筆錄在卷可佐，經依一般人通常不會將經久不用之物藏置或貯存於天花板之常情，即足認定被告邱和順上項所辯，並不可採。

陸正的母親既然如此緊張，以至於無法分辨出直徑二點五公分和一公分、零點八公分的麻繩，但爲什麼又對麻繩上特殊的油味印象如此深刻，高院法官並未交代雙重標準的理由，可見證詞可不可信，全是法官說了算。

不管何種犯罪，絕大多數的被害人，在案發時的緊張程度應該都不下於陸正的母親，也都和她一樣以「目擊」證人的身分，在法庭裡根據感官經驗作證。案發當時，被害人除了緊張外，還要承擔性命可能不保的驚恐害怕，但只要誠實作證，作證的能力和證詞的證據力，仍要根據案發當時的情況做判斷，不該以緊張為由而全盤推翻。

為了確保證詞的眞實性，《刑法》有僞證罪的規定。即使是被害人陸正的母親，一旦具結作證，仍有誠實作證的義務。若在交贖款時因為過於緊張而看不清楚麻繩的粗細，必須據實陳述，否則就算是苦主，同樣要受到僞證罪的制裁。

如果法官不審酌當時的情況，只以目擊證人緊張為由質疑證詞之眞實性的理由成立，未來所有的被告辯護律師都可以用相同理由，無視實際的情況，質疑被害人證詞的證據力了。同理也適用於警詢、偵訊或在法院裡應訊時非常緊張害怕的被告，此例勢不可開，會有邏輯上的滑坡問題（slippery slop），一發不可收拾，法院將找不到證人，沒有證人的司法系統要如何發現眞實？如何實現正義？

在陸正案中，大多數的被告都是未成年人，被羈押後與外界隔絕，長期接受警詢，他們緊張害怕的程度絕對不下於陸正的母親，但為什麼法官堅信未成年被告自白的眞實性，卻質疑陸母證詞的眞實性，甚至選擇性的適用陸母的證詞？對此，法官在判決書內完全沒有交代，法官說了算！

法院成為自白的司法橡皮圖章

高院陸正案更十一審的法官不根據證據認定事實，在判決書內交代的理由，如果不是出現在判決書內，會以爲是有人在亂開玩笑。

陸正的母親交贖金處的高速公路路面，距陸橋十三點一公尺，但是警察自邱和順家中天花板扣得的四條麻繩，兩條長約二百八十公分，另兩條各爲一千六百九十、一千一百九十七公分，合計爲三十四點四七公尺。邱和順的辯護律師提出質疑，指一條繩子的長度就足夠取贖，邱和順等人何需四條麻繩作案？法官的理由是：

> 辯護人於本院前審辯稱上開取贖地點之陸橋至距高速公路地面僅十三點一公尺，扣案四條繩索中僅一條即足，何庸攜帶多達四條之繩索云云；惟被告或因有備無患而攜帶多條繩索，亦並無違情之處，此顯不足影響本案被告犯行之認定。

法官根據常情斷案，是沒有證據只好隨便找個理由搪塞而已，令我想起美國的司法笑話。美國法院審查行政機關的行爲或立法機關制定的法律是否違反憲法時，有三個不同的審查標準，最寬鬆的審查標準是「合理基礎」（rational basis review），只要找得出理由，即使是訴訟時才臨時編就，只要有可能，就能通過違憲審查。這項標準被美國聯邦第九巡迴上訴法院的院長Alex Kozinski譏爲「司法橡皮圖章」（judicial rubber stamp）。

陸正案中法官根據常情斷案，以「有備無患……無違情之處」佐證自白的可信，違反《刑事訴訟法》第一五四和一五六條的規定，除了恣意專斷和枉法裁判外，還讓法院淪爲檢警刑求逼供取得自白的司法橡皮圖章。

好扯！下跪道歉也成為自白的佐證

高院法官都是受過現代法學教育的佼佼者，然在陸正案中，不依法訴諸證據作出裁判，反而透過東方特有的傳統文化，用下跪道歉來佐證自白的眞實性。高院法官在判決文中指出被告羅濟勳、陳仁宏和吳淑貞等人，曾向陸正的父親下跪，「自白加下跪」，亦成爲法官認定邱和順等人涉案的重要關鍵，法官提供的理由如下：

> 被告邱和順、吳淑貞、共犯鄧運振、余志祥、羅濟勳、陳仁宏與陸父談話時均承認綁架陸正，第一個鄧運振，沒說幾句，即向陸晉德下跪，適羅濟勳、陳仁宏經過門口見鄧下跪，兩人亦下跪，員警爲了證明沒有刑求暫時退出現場，由記者訪問，當時陸晉德夫婦均在場，記者詢問在場被告及共犯陸正案是否確爲彼等所爲，苟有冤屈，將代爲伸冤，惟無人否認，約隔二十分鐘吳淑貞要求會見陸晉德夫婦及記者，並跪下抓住陸晉德手稱：「陸爸爸，我眞的很抱歉，對不起」，當時新竹地方檢察署檢察長

及兩位主任檢察官亦在場目睹。

但是讀者們不要忘了，被告下跪道歉是檢警找不到證據、技窮下安排的戲碼，已在東海之狼紀富仁一案中穿幫，鬧了大笑話。

一九九七至一九九八年間，台中東海大學地區先後發生數起強暴女大學生的性侵案件，紀富仁被指控爲犯案的東海之狼，涉嫌猥褻、強暴兩名東海大學的女學生，經被害人指認後遭到羈押。紀富仁雖然有不在場證明，但證人爲其親友，證據力薄弱。在警方的威逼利誘下，紀富仁演出一場自白兼下跪的道歉戲碼，但威逼利誘只是警方騙取自白的手段，紀富仁還是被檢察官起訴並求處死刑。

全案進入法院後，紀富仁向法官喊冤並指控遭到刑求，指警方逼迫他認罪自白，向被害人下跪認錯，請求結婚贖罪，告訴他如此就會沒事。但法官不採信紀富仁遭刑求的指控，最後以ＤＮＡ與自被害人取得的歹徒檢體不符爲由，判定強姦部分無罪，但性侵未遂罪則成立，判刑四年六個月。在訴諸東方傳統文化的司法系統下，被告只能期盼老天有眼。

老天果然有眼，在紀富仁被羈押期間，看守所外發生了一起性侵案，採集到的ＤＮＡ竟然與紀富仁「自白」所犯下的性侵案件ＤＮＡ相符。「精子不可能飛越鐵窗」，紀富仁被押兩百九十六天之後，才發現性侵的惡狼另有其人。不過老天還是不夠有眼，紀富仁以遭受冤獄爲由申請國賠一百三十四萬五千元，但卻遭到駁回，理由竟然是他自己自白認罪。

除了紀富仁之外，白曉燕案中的張志輝和林致能，也都曾指稱警方迫使他們向白曉燕的靈堂以及白冰冰下跪。**讓被告下跪道歉，是沒有科學辦案概念和知能的警察，找不到證據時搬出來的落伍辦案手法，如果是證據確鑿，有必要上演下跪道歉的戲碼嗎？但是台灣受過大學法學教育的法官，卻非常吃這一套，居然會把下跪道歉，當作補強自白的證據！**

人身攻擊：找不到證據都是因為邱和順狐疑機警

陸正案發生後九個多月，邱和順等人因羅濟勳的檢舉而被台北市刑大鎖定，然而「指示取款及交付贖款之信封及字條上所採得之指紋，與所有被告均不相符」，也比對不出字條上的字跡。客觀證據無法連結到邱和順等人，但是又不能讓陸正案成爲懸案，因此即使沒有證據也要死咬邱和順等人犯案，交代的理由是：

> 本院以上述被告邱和順等取贖過程多所變換取贖地點觀之，被告邱和順等甚爲狐疑機警，其等既得於勒贖是時，如前所述刻意以矯作之字跡指示勒贖地點，致無從爲字跡比對，且數易地點方出面取款，同理，其等亦非不可能刻意於上開信封及字條上不留存指紋，要不得以採得指紋與被告邱和順等不符，即得憑以彈劾被告邱和順等上述犯案自白之眞實性，並憑爲有利於被告邱和順等之認定……惟雖找不出屬何人所有指紋，亦難憑此即認定被告邱和順等人未犯陸正案。

「要不得以採得指紋與被告邱和順等不符，即得憑以彈劾被告邱和順等上述犯案自白之眞實性」，證明法官的判決原則是「有罪推定原則」，違反《刑事訴訟法》第一五四條的規定，先認定承認犯罪的自白爲眞，除非有證據可以推翻自白的眞實性，和《刑事訴訟法》第一五六條以及最高法院的判例意旨正好相反，而且是用主觀、非常容易錯誤、未經佐證的自白，推翻客觀、有形的科學證據。然而，上訴至最高法院時，最高法院完全接受高院的上述理由。

更令人難以接受的是，明明指示交贖之字條和信封上採得的指紋以及字條上的字跡，皆與邱和順不符，若是在美國，就是對邱和順有利、可以排除其涉案的證據，但是在台灣，**法官沒有證據也不願意放人，只好耍賴，連找不到犯案的證據都要怪在邱和順的頭上，指邱和順「狐疑機警」**。

邱和順在警詢時供稱是用姪子的便當袋裝贖款，作案後，把便當袋拿回家，把陸正的母親裝贖款的手提袋丟掉。對於這部分的證詞，高院法官全部採信。但是**如果邱和順眞的像法官所說的那麼狐疑機警……他會蠢到作完案後，把裝贖款的便當袋帶回家，作案用的麻繩，藏在自家的天花板上？**

高院法官恣意、枉法的選擇性使用證據，找不到證據就隨便亂編理由，理由都找不到就人身攻擊的論證，亞里斯多德在二千三百多年前，就指出這是一種對人不對事的「人身攻擊」邏輯謬誤（拉丁文argumentum ad hominem），不要說是專業的法律人，連頭腦清楚的古希臘人，都絕對不會寫出這樣的理由。

證據很小，結論卻很大：便當袋裝得下贖款就是取贖的袋子

陸正案非常特殊，有自白，但沒有任何有形的證據可以佐證自白的眞實性，沒有被害人的屍體、沒有被害人的血跡、沒有被害人的遺物、沒有犯案用刀、沒有犯案用車、沒有被告的指紋、找不到犯案地點、找不到贖款的流向……種種問題多出在警、檢的科學辦案能力不足，若是在美國，邱和順會因證據不足而被釋放。

但是在台灣，雖然《刑事訴訟法》第一五六條和最高法院的判例意旨，已明確指出自白必須要有補強證據，即使是共同被告一致的自白，也不能作爲判決有罪的證據，但是法官和辯護律師還是花費許多的時間和精力，比對共同被告彼此的自白和每一名被告前後的自白是否一致。

高院更八審時，邱和順的律師指鄧運振、陳仁宏、余志祥等，於一九八八年九月三十日警詢時，證稱是以「籃子」取贖，與告訴人陸正的母親指述係以「袋子」裝款不符。鄧運振和余志祥在一九八八年十月九日警詢時，才改稱裝贖款的「袋子」。更十一審時，被告律師再度提出，法官反駁如下：

> 本院經審被告邱和順等如上所述，有刻意安排勒贖取款並多次變更取贖地點、以刻意失眞之字跡撰寫勒贖字條等犯行，足見被告邱和順等機警狐疑，其等於取贖時

一併準備籃子與手提袋分別放置於不同地點待用，亦非不可想像，因此鄧運振、陳仁宏、余志祥等人，於警詢誤稱係以籃子取款云云，亦非不可能，況是時警方依陸正的母親之指訴，應已知裝款之工具爲手提袋，警方仍容認上開共同被告爲籃子之供述，益見其等於上述供述時，非照警方之意爲陳述，而係出於任意性之自白，否則豈會有如此重大出入？況余志祥、鄧運振等於七十七年十月九日檢察官偵訊時，均一致稱係以袋子裝款等語，該供述，與陸正的母親指訴即復一致，堪信其等關於袋子之供述較爲可採，且不得以其等上述警詢之供述，彈劾其等上述與事實相符且於檢察官前所爲之供述。

法官堅信自白爲眞的理由，竟然是「取贖時一併準備籃子與手提袋分別放置於不同地點待用，亦非不可想像」，法官用想像佐證自白，是明顯違反《刑事訴訟法》第一五六條規定的罔法裁判。再者，八十年度台上字第一六六九號判例意旨，明確的禁止法官憑空臆測採信自白：

> 至於被告之自白與事實是否相符，須依具體情事，如現場跡象、被害人指供、起獲贓物或調查其他之必要證據，以認定之，不能憑空臆測，認爲與事實相符，而採爲判決基礎。

此外，法官認定「況是時警方依陸正的母親之指訴，應已知裝款之工具爲手提袋」，與事實相符嗎？

根據公共電視二〇一一年九月一日獨立特派員的追蹤報導，共同被告吳淑貞指控一九八八年九月時，被押的被告完全供不出陸正案的案情，到了十月初，台北市刑大把當初陸正的失蹤檔案找出來，警詢時在警員的提醒下，筆錄才漸趨一致。公共電視找出原始筆錄，一九八八年九月三十日邱和順等人剛被收押時，余志祥供稱陸正是被帶回邱和順租屋的地方，交給吳淑貞看管，但另一名被告卻供稱將小孩押在防空洞。原始筆錄的記載增加吳淑貞指控的可信度。

另外，根據高院更七審的判決書，陸正的母親是在陸正案發九個多月後、邱和順等人已經被警方收押後的一九八八年十月八日，才在警詢時證稱綁匪「自橋上垂下一繩索繫有一袋子，並以台語指示其將款置入袋中」。一九八八年十月九日，鄧運振和余志祥便從以籃子取贖更改爲裝贖款的「袋子」，與陸母接受警詢相隔一天，這在時間點上也未免太巧合了，更增加了吳淑貞指控的可信度。

高院更十一審的法官根據陸正母親的證詞，認定歹徒是用「手提袋」裝贖款，但是根據邱和順的自白，又認定取贖款的袋子是他姪子的「藍色塑膠材質便當袋」。美國的司法審判非常在意細節，一般人未注意到的細節，往往正是牽一髮動全身的破案關鍵，但有些律師走火入魔，會被譏笑爲「hairsplitting」（吹毛求疵）。「手提袋」和「藍色塑膠材質便當袋」一樣嗎？分辨兩者的差異是吹毛求疵嗎？如果手提袋和「藍色塑膠材質便當袋」一樣，男人和女人也一樣，大人和小孩也一樣，邱和順和你、我、他是不是也一樣？

警察根據邱和順的自白，自邱和順家中扣得的藍色塑膠材質便當袋，內緣長二十四公分、寬十公分、高十七公分。邱和順警詢時稱作案完後，把姪子的便當袋拿回家，把陸正的母親裝贖款的手提袋丟掉。法官認為自邱和順家中扣得的藍色便當袋，可以補強邱和順的自白，認定該藍色便當袋就是綁匪用來裝贖款的手提袋。這樣的推論既不符合自白補強的規定，也不是正確的邏輯推論，為什麼呢？

就裝贖款或取贖款的袋子而言，要證明邱和順確實是陸正案的元兇，有兩種方式：一、在邱和順家中扣得陸正的母親交贖款用的捐血袋；二、於案發後隨即由目擊證人陸母描述綁匪取贖款之工具的顏色、式樣、材質、大小和其他特徵，以及贖款的面額、數量，並且模擬陸母贖款裝入捐血袋內的方式和將整袋贖款裝入歹徒取贖用工具內的方式，然後根據上述描述，自邱和順家中搜出完全符合的取贖工具。但是高院更十一審法官認定藍色塑膠材質便當袋，就是綁匪取贖之手提袋，理由很像童話故事灰姑娘裡的削足適履：

以紙鈔千元及五百元券長寬為十七×七點五公分計，直放恰為十七公分，則千元及五百元各半，以一萬為一疊，仍可置入袋內，足以佐證參與綁架陸正之被告邱和順與共犯鄧運振、余志祥等上開自白為眞。

法官在判決書內，從未交代一百萬贖金的面額和數量，陸正的母親也從未描述歹徒取贖用袋子的相關細節。陸母證稱是將捐血袋整袋裝入歹徒取贖的袋子內，因此警方自邱和順家中查扣到的便當袋，除了裝得下贖款外，還必須容得下裝贖款用的捐血袋，而且必須符合陸母實際裝贖款的方式，不能是出於法官想像的裝款方式。

再者，即使該便當袋容得下贖款和捐血袋，最多也只能證明邱和順家中有一個足以用來裝贖款的藍色便當袋，還是無法證明這個藍色便當袋就是真正綁匪用來裝贖款的袋子，因爲陸母未曾描述過裝贖款之袋子的各種特徵，以至於無從比對，而且陸母也從未指認扣得的便當袋就是歹徒裝贖款的袋子。

就綁匪取贖用的袋子而言，檢警和法院始終沒有掌握到任何能佐證自白的補強證據。**法官以裝得下贖款的藍色便當袋，佐證邱和順等人的自白爲眞，並進一步推論該便當袋就是綁匪用來裝贖款的袋子，犯了邏輯上「證據很小，結論卻很大」的推理錯誤，亦即證據根本不足以支持結論，美國司法界稱之爲「conclusory」，是美國司法界獨創的法律術語（legalese），沒有受過嚴謹法學訓練的人最容易犯這種推理錯誤，也是法學院一年級新生想盡辦法要克服的障礙。**

假設謬誤兼套套邏輯：因為有租車，所以有租車

邱和順等人所涉的陸正案，由於被告有九人之多，再加上被綁的陸正，至少得分乘兩輛車

才能作案，被告邱和順等人顯然沒有自用車輛，共同被告吳淑貞自白兩部作案用的車輛都是租來的，證人吳錦明證稱邱和順透過香肉店老闆吳金衡拜託吳錦明幫忙租車，吳錦明於一九八七年十二月二十一日七時四十分後，向八八八車行租車，租車後開車至吳金衡的香肉店交車給邱和順，交車時間是晚上八、九點，但陸正遭綁架的時間是當天晚上六時十分至六時十五分之間，第一通勒贖電話是晚上六時四十分，整個租車過程都在陸正遭綁架之後。

根據法官認定的事實，邱和順等人綁架陸正時使用的兩部車子中，一部是黑色飛羚，另一部車子的廠牌、車款不明。作案用的兩部車子的車牌號碼、出廠車號（**vehicle identification number**）不明，兩部車子的來源和下落不明，沒有目擊證人，檢警向附近所有車行調取結果，並無相符之租車紀錄，也沒有租車業者出面指認，代表沒有任何非依賴性補強證據能佐證被告的自白，但是法官仍堅信自白的眞實性，理由如下：

> 縱查無其他之租車紀錄，抑或係其等於苗栗以外地區租車，或係向未登記立案之租車業者租車，不必然表示被告邱和順等並未涉犯陸正案，是辯護人以之抗辯，並不足以推翻本院前述認定。

按照法官提出的理由，警察只有向苗栗縣一帶登記立案的車行查證，未向全國車行以及未立案的租車業者查證，因而找不到補強被告自白租車的證據。法官認爲這並不是沒有補強證

據，只是沒去找而已，不影響自白的眞實性。

我們在第四章已經介紹過假設的邏輯謬誤。高院法官的上述論證就是建立在一個「假設」上，該假設成立，結論才會成立。法官的假設就是邱和順等人一定有租車，沒有證據是因爲辦案人員沒有去查，甚至是不需要去查，這不但是邏輯謬誤，還是未審先判。

由於**判決書內找不到任何證據能夠佐證邱和順等人到底有無租車，「邱和順等人有租車」之假設因爲沒有證據支持而無法成立，法官的結論當然也無法成立。高院更十一審法官的論證，陷入了套套邏輯的謬誤：「因爲有租車，所以有租車」**，講個老半天，什麼也證明不出來，寫再長的判決書也沒用，徒然浪費紙張。

再者，即使用台灣法官喜歡用的常情來斷案，被告之自白的可信度也異常的低。邱和順等人若眞的是向朋友借車或租車作案，被害人陸正生前、死後都在車內，不論再怎麼小心，勢必會留下許多的跡證，再加上陸正若眞的身中兩刀，即使是裝在袋子裡再置於後車廂內，也會留下血水以及血腥味，這些都很不容易去除。

邱和順等人也不可能長期借車或租車，還車後車主不太可能不發現，發現之後不報案的可能性也很低，更何況，陸正的父母還提供了高額的破案獎金。種種條件配合下，始終找不到作案車輛，實在是異於常情。邱和順等人落網後，仍然沒有出借車子或出租車子的車主出面檢舉。兩輛車的車主都不出面舉發，這種或然率實在太低，根本無法佐證自白的眞實性，更不能證明邱和順等人犯案。

不相干的謬誤：青草湖非虛構，所以青草湖是殺陸正的犯案現場

陸正案涉及「犯罪事實法則」（Corpus Delicti Doctrine），該法則是十七世紀即有的法律原則，是檢察官起訴的第一個關卡，亦即「殺人一定要有屍體」、「縱火一定要有東西被燒」。但隨著犯罪的複雜化和鑑識科學的進步，「犯罪事實法則」已有不同的詮釋。在新的詮釋下，**檢察官即使找不到屍體，還是可以殺人罪起訴，但是必須提供充分的間接證據，證明殺人的犯罪事實（corpus delicti）和所有的犯罪構成要件，才能滿足舉證責任，讓裁判者推論出被告就是眞兇**。

根據新詮釋的犯罪事實法則，陸正案的被害人陸正的屍體，雖然始終未尋獲，並不表示邱和順若確實是眞兇也能逃避刑責，但必須要有足夠的間接證據，除了補強自白外，還要能夠證明陸正已被殺害的犯罪事實和所有的犯罪構成要件。

高院法官根據自白認定的事實是陸正上車後極力反抗呼喊，邱和順以手摀住陸正的口鼻，掐住其頸部，陸正陷入昏迷後，邱和順於青草湖附近將陸正拖出車外，以隨身攜帶的刀刺陸正腹部兩刀，並將陸正屍體裝入袋內，置於黑色飛羚車後的行李箱。

但是**警方根據自白始終找不到陸正的屍體，最後乾脆認定是在崎頂海邊將屍體棄之於大海，大家都不用再爲屍體未能尋獲而煩惱了**，但陸正屍體眞的被棄之於大海了嗎？負責棄屍之余志祥警詢時的錄音譯文，並不支持法官認定的事實：

警：什麼顏色？

警：幹你娘，什麼顏色？

余志祥：很像灰色，銀灰色的樣子。我沒有看清楚。

警：那你不是看到了嗎？那爲什麼現在講灰色的呢？剛才紅色，現在爲什麼講灰色的呢？啊？什麼顏色？什麼顏色？你老實講。給你一分鐘。我打一下，你變一個顏色？去那個什麼辣椒水給我拿進來。

警：辣椒水給我拿進來。

余志祥：不要啦。

警：去給我拿進來。

余志祥：不要啦。

警：幹你娘，你沒有老實講嘛。

警：我現在我再問你啦。現在還沒有拿進來喔。你最好現在好好跟我講，那個屍體現在到底在哪裡？

余志祥：在新竹那裡，新城和寶山那邊啦。

此外，邱和順、鄧運振、余志祥、羅濟勳的自白都指「陸正是在新竹青草湖附近，被邱和順刺兩刀，血流於地面」。共犯羅濟勳的自白是「余志祥當時在車上，後來下車，在地上用腳搓，好像是在那裡搓血」；余志祥的自白是「途經青草湖時，邱和順將陸正拖下車，並持刀刺陸正腹部時，陸正血流至地面，余志祥用腳踢地上之沙土予以掩蓋」。但是法官找不到能夠佐證自白的證據，卻仍決定採信自白，認定青草湖是殺害陸正之犯案現場，理由如下：

> 高院本院更二審受命法官於八十三年四月二十八日履勘現場，此時雖青草湖已乾涸，且另有工程在該處進行，然原有青草湖之位置仍可辨認，青草湖划船遊樂區之指標仍舊存在，顯見被告等所指之殺害陸正地點，並非虛構或任意編造，縱彼此所指有些微出入，然因被告等對於附近地形未必熟悉，且到案時距陸正被害之時間已隔將近一年，其所指地點因記憶模糊而稍有出入亦屬常情，殊難據此而推翻邱和順確有殺害陸正之事實。

「青草湖之位置仍可辨認，青草湖划船遊樂區之指標仍舊存在」，固然能證明青草湖非虛構，也能證明邱和順等人知道青草湖這個地方，但能證明青草湖就是邱和順殺陸正的犯案現場嗎？按照高院更十一審法官的神邏輯，**如果邱和順、鄧運振、余志祥、羅濟動的自白，都指陸正是在「火星」被邱和順刺二刀，美國太空總署的資料足以證明火星確實存在，顯見被告等指殺害陸正的地點是火星，並非虛構或任意編造。這種邏輯謬誤是歪曲論題（ignoratio elenchi）或不相干的謬誤（irrelevant conclusion），證明的是東，但卻得到西的答案。**

錯誤的二分法的邏輯謬誤：邱和順不是涉案就是沒涉案

根據陸正母親的證詞，陸家先後接獲十三通勒贖電話，採用聆聽比對法和聲紋儀聲紋圖譜比較法比對後，只有最後一通勒贖電話的綁匪聲音與被告余志祥的電話錄音聲音是出於同一人。對於無法比對出余志祥以外被告的聲音，法官又用憑空「想像」佐證被告承認有罪的自白，其理由是：

> 無法比對出余志祥以外被告之聲音，或係因被告邱和順等刻意壓低音量或縮短對話，方致無法比對，本院實無法無視余志祥聲紋比對相符之事實，而以該無法比對之事實，認被告邱和順等並未涉陸正案，且因犯罪分工之故，被告邱和順等分別先後於不同地點撥打勒贖電話至陸正家，亦非不可想像。

法院審理時，被告質疑聲紋鑑定報告未依標準鑑定程序進行，而該錄音母帶已於監察院調查本案警員刑求時，於刑事警察局及監察院間公文往返逸失。法官的理由是：

> 雖勒贖電話之錄音母帶已於監察院調查本案警員刑求時，於刑事警察局及監察院間公文往返逸失，惟該證物之逸失係承辦單位保存不力所致，該逸失之不利益，不應

> 由被害人陸正之家屬承擔，況本案另有上述聲紋比對之鑑定函文在卷可參，自不因該勒贖母帶因監察院介入調查，於公文往返間逸失，即得謂上開聲紋比對鑑定函文不可採，亦不得謂該鑑定函文因勒贖母帶逸失，已無所依附，即認上開聲紋鑑定結果，不可採爲不利被告邱和順等人之認定。

我們在第七章中，已經介紹過美國檢警妥善保存和追蹤證據的系統，稱之爲證物保存或轉手紀錄，詳細登錄證據保存的情形和每一次轉手的情形，就是要避免證據逸失，檢察官無法盡到舉證的責任。**高院法官指勒贖電話錄音母帶「逸失之不利益，不應由被害人陸正之家屬承擔」，但是也不應該由被告承擔，因爲根據「無罪推定原則」，刑事案件的舉證責任在檢察官，證據逸失的後果是檢察官未盡到舉證的責任，當然要由負有舉證責任、但卻未保管好證據的檢察官負責。**

陸正案高院更十一審法官不遵守「無罪推定原則」，徹底讓《刑事訴訟法》第一五四條成爲具文的理由如下：

> 然被告等既有心作案，並預先擬定取贖之計畫，顯早有防範而故意造作失眞之筆跡並避免在字條及信封上留存指紋，以免自曝身分，均有可能，故上述無法比對之錄音、字跡及指紋，尚難執以認定被告等未犯案而爲有利於被告等之認定……本院已

> 窮盡事實審法院所能調查之能事。經審上開指紋前後經檢察官及本院先後四次函請刑事警察局四次比對鑑定，仍未能比對究竟屬何人所有指紋，惟雖找不出屬何人所有指紋，亦難憑此即認定被告邱和順等人未犯陸正案。

法院已窮盡事實審法院所能調查之能事，還是找不到不利於邱和順的證據，四次鑑驗指紋也不能證明邱和順犯案，但是邱和順還是無法免除刑責。高院更十一審法官在做出判決時，完全不受《刑事訴訟法》的約束，而是「因爲邱和順等人犯案，所以邱和順等人犯案」的套套邏輯和未審先判，「犯罪事實應依證據認定之，無證據不得認定犯罪事實」的法律明文規定，對法官的違法濫權有何拘束作用？對被告又有何保護作用？有何實益？

再者，法官找不到確切的證據也不肯放過邱和順，是因爲對舉證責任欠缺認識而陷入「雙刀法」（false dilemma, false dichotomy, the either-or fallacy）的邏輯謬誤。

法律三段論的結論僅具說服力，美國聯邦證據規則建立在可能性（probability）上，舉證責任（burden of proof）分爲兩種，第一是台灣司法界普遍認知的「舉證責任」（burden of production），也就是兩造中那一造負有證明待證事實的責任，必須負責舉證；第二是**「說服責任」，有舉證責任的一造不但要舉證，還必須達到說服的標準，刑事案件是要讓事實的認定者（factfinder）相信的程度達到「超越合理懷疑」（beyond a reasonable doubt）的標準，民事案件則要達到「優勢證據」的標準（preponderance of evidence）**。

台灣的《刑事訴訟法》雖然沒有「超越合理懷疑」之說服責任的規定，但是最高法院透過詮釋引入美國聯邦證據規則的超越合理懷疑標準，然而**台灣法官對於法律三段論僅具有說服力和證據法建立在可能性上，卻是一無所知，以至於判決書內經常出現違反邏輯和證據法之規範下不太可能使用的詞句，例如：「無訛」、「無疑」、「昭昭甚明」、「至爲灼然」……等，證明法官寫起判決書來似乎是頭頭是道，但誤以爲自己是上帝，自己到底在寫些什麼，其實是莫宰羊**。

邱和順涉嫌陸正案，可能無罪、可能有一點嫌疑、可能嫌疑很大、可能有嫌疑到超越合理懷疑的程度，也可能遠超過合理懷疑的程度，有太多的可能，但人非上帝，根據證據認定事實只是窮盡人之極限的「可能性」而已，充其量僅具說服力，並無法達到上帝的「無訛」、「無疑」、「昭昭甚明」、「至爲灼然」的程度。但是台灣沒有獨立的證據法，法官未受過邏輯訓練，欠缺證據法的基本知識，欠缺根據證據認定事實的知能，對說服責任的概念還有待建立，以至於判決時採取不是「有」就是「無」的絕對標準，陷入錯誤的二分法的邏輯謬誤，但卻一點也不自知。

脫逸「根據證據認定事實」的基本原則

高院陸正案更十一審的判決書，讓我們看到下列司法問題：

一、最高法院即使對法律作出正確的詮釋，並不表示法官會遵照執行，包括做出正確詮釋的最高法院法官，是有寫沒有懂？還是故意違法？

二、法官以數人頭代替證據的方式作裁判，人人都說是你，所以就是你，陷入「人緣比賽」的危險。

三、法官選擇性的採用證詞。陸正的母親在同樣緊張的情況下，看到取贖用之麻繩的粗細、聞到麻繩上的特殊油味，其證詞對邱和順有利的，以緊張為由排除，對邱和順不利的便予以採信。

四、以法官認定的常情代替證據，佐證自白的眞實性。檢警自邱和順家的天花板取得他父親當年打漁用的麻繩，高院認定為取贖用的麻繩，理由是「一般人通常不會將經久不用之物藏置或貯存於天花板之常情」。

五、把已經穿幫的東方式下跪道歉戲碼當作證據，佐證自白的眞實性。

六、根據「有罪推定原則」和「因為你犯案，所以你犯案」的套套邏輯作出裁判。高院自認已窮盡事實審法院所能調查之能事，雖然先後四次函請刑事警察局鑑定指紋，仍然找不出究竟屬何人所有的指紋，但還是堅持不能憑此即認定被告邱和順等人未犯陸正案。

七、把法官自己的「想像」當作證據，佐證自白的眞實性。針對取贖款的容器，被告的證詞不一，法官以歹徒「一併準備籃子與手提袋分別放置於不同地點待用，亦非不可想像」，採信自白。

八、陷入找不到證據就人身攻擊的邏輯謬誤。邱和順有心犯案、狐疑機警，不會在指示交贖的字條和信封上留下指紋、可辨認的字跡、聲音，但會蠢到用姪子的便當袋、父親打漁用的麻繩收贖款，用完後還帶回家等著警察來搜索。

九、裝得下贖款的便當袋就是取贖用的袋子，陷入證據很小、結論很大的邏輯謬誤。

十、因爲有租車，所以有租車，找不到作案用車，是因爲檢警只查了苗栗地區登記立案之租車業者，沒有查全國和地下租車業者，陷入假設兼套套邏輯的謬誤。

十一、因爲青草湖非虛構，所以青草湖是殺陸正的犯案現場，陷入不相干的邏輯謬誤。

十二、因爲對建立在可能性之證據法的無知，陷入錯誤的二分法的邏輯謬誤。明明沒有客觀的證據，但認定事實時卻像全知的上帝一樣，能夠達到「無訛」、「無疑」、「昭昭甚明」、「至爲灼然」的境界。

除了第一項外，都和《刑事訴訟法》「根據證據認定事實」有關。發現眞相是司法的命脈，「根據證據認定事實」是科學方法，也是發現眞相的唯一之道，必須遵守的基本原則。但是從高院陸正案更十一審判決可以看出負責審理的三位法官，**所有的事實都不是根據「證據」認定，然後用違反法律、違反邏輯、亂編理由的方式，合理化其所認定的事實，沒有辦法像法律人一樣的思考，這種用漿糊腦判案作出的判決，竟然受到最高法院的肯認，三審定讞邱和順的死刑判決。**

法官不根據證據認定事實，而是用漿糊腦判案，這不是對法官做人身攻擊，更不是在講笑話，而且要指出法官枉法、恣意專斷侵害被告之生命、自由和財產的嚴重司法問題。陸正案究竟是特例？還是極具代表性的樣本？值得我們嚴肅的看待。

9

柯洪玉蘭案
——法官說了算！以常情代替證據認定事實

從高院陸正案更十一審判決，我們發現承審的三名法官不遵守《刑事訴訟法》第一五四條之規定，不根據證據認定事實，反而用「數人頭」、「人身攻擊」、「想像」、「常情」、「常理」、「下跪道歉」等奇怪的理由，合理化其所認定的事實。這種認定事實的方式和理由，違反根據證據認定事實的鐵律，我在美國的判例裡從來沒有見過。

台灣的司法改革重點之一，是法官必須具備「生活經驗」和「社會經驗」。因此二〇一一年七月通過的《法官法》，對於法官的來源有重大的變革，不再以國家考試為法官的唯一來源，而是讓有經驗的學者、律師或檢察官亦可轉任法官，以防堵缺乏「生活經驗」和「社會經驗」的奶嘴法官和恐龍法官。

台灣的法官爲什麼「不根據證據認定事實」，這個問題讓我困擾很久；台灣又爲什麼把法官必須具備「生活經驗」和「社會經驗」列爲司法改革的重點之一，更讓我一頭霧水，這兩者之間到底有什麼關係？**直到最近，我再讀黃仁宇教授的《萬曆十五年》，才終於connecting the dots（連連看，將點連成線），原來問題出在「本土化的經驗法則」，可追溯至明朝的「靠情理的推斷以代替證據的不足」，甚至比明朝更厲害，發展成「以常情代替證據認定事實」**。

要了解問題的始末，讓我們先進入死囚邱和順所涉及的另一件刑案——保險業務員兼大家樂組頭柯洪玉蘭案。

柯洪玉蘭案的唯一非依賴性補強證據

邱和順遭身邊的小嘍囉羅濟勳檢舉涉入陸正案，警方在調查陸正案時，發現邱和順還涉及柯洪玉蘭案。根據台灣高等法院於九八年度矚上重更十一審判決，柯洪玉蘭被邱和順等十人鎖定爲勒索對象，是因爲柯女經營大家樂賭博獲利頗豐，邱和順等人乃於一九八七年十一月二十四日傍晚，分別駕駛兩部小客車，途中由共同被告林坤明打電話給柯女，以簽賭之名將她誘出辦公室後，帶至邱和順住處，勒索五十萬元，柯女不從，邱和順乃命六名共同被告以尖刀脅迫柯女上車，載至苗栗竹南的輝煌牧場。

到達輝煌牧場後，柯女仍然不從，邱和順便徒手掐勒柯女，並且用繩索絞勒柯女的頸部，柯女昏迷後，邱和順從她的皮包內取得現款十三萬元，再抓住柯女的頭髮，將其拉起，由林坤明持尖刀朝柯女左太陽穴刺一刀。柯女死後，邱和順等人將其屍體運至頭份山區分屍，然後棄屍於保安林射流溝內。

柯洪玉蘭案和陸正案類似：沒有目擊證人，未查扣到刺柯女太陽穴的凶刀、絞勒柯女頭部的繩索、作案用的兩台小客車、電話通聯紀錄、搶得的十三萬元，也沒有在邱和順家中查驗出柯女曾經到場的任何跡證，柯女的頭顱和四肢始終未被尋獲。柯案最主要的證據，是未經有形證據（physical evidence）佐證的自白。

不過，在柯洪玉蘭案中，警方確實根據邱和順等人的自白，掌握到一項非依賴性補強證據，但該項證據是證詞（testimonial evidence），而非有形證據。

邱和順於一九八八年九月被羈押後，曾於同年十一月五日晚間與共同被告曾朝祥對質，承認在案發的第二天，與林坤明取下柯洪玉蘭機車的坐墊、輪胎連同車身，以兩百元出售給舊貨商人劉繼康，車牌則丟在棄屍的射流溝內。劉繼康於一九八八年檢察官偵查中結證，一九八七年十一月間，邱和順曾出售一解體之紅色八十西西機車，機車分解的情形已不太記得，機車紅色甚舊，但該車身已經不在。一九八九年法院審理時，劉繼康又出庭做證，證稱邱和順出售的機車，是八十西西機車，售價兩百元。

檢警是根據邱和順的自白，才循線找到劉繼康，所以劉繼康的證詞確實是非依賴性補強證據，能夠佐證邱和順處置柯洪玉蘭之機車的自白。但是，檢警並未尋獲該紅色車身，劉繼康從未見過柯洪玉蘭的機車，無法證實購自邱和順的紅色車身，確實來自於柯洪玉蘭的機車，也不記得機車分解的情形，除了八十西西和紅色兩項描述外，沒有其他的特徵可供比對。這使得該案除了自白和劉繼康的證詞外，並沒有任何有形證據可以牽連到邱和順。

高院法官知不知道什麼是非依賴性補強證據？

在柯洪玉蘭案中，檢警還根據邱和順的自白查扣到曾朝祥的一輛八十西西藍色機車，但檢警扣得的這輛機車可以作爲邱和順自白的補強證據嗎？讓我們從這輛八十西西藍色機車，看看高院法官知不知道什麼是非依賴性補強證據？

一九八八年十一月三日，邱和順接受員警的訊問，檢察官在場全程監督，邱和順自白是由曾朝祥、林坤明共騎曾朝祥所有之八十西西藍色機車，將裝有柯洪玉蘭頭顱及四肢的塑膠袋，夾在兩人中間去棄屍。曾朝祥也坦承確實有一輛藍色八十西西機車。檢察官於是根據邱和順的自白，命警方前往曾朝祥的住處搜索，扣得該輛藍色八十西西機車，有搜索扣押的筆錄爲證。

邱和順的辯護律師以自白出於刑求抗辯，但高院法官根據搜索扣押筆錄，認爲邱和順的自白「足堪憑採……基此，被告辯護人辯稱：被告邱和順係因畏懼台北市刑大警員之刑求，方配合而爲上述之自白云云，即非足採。」

高院法官因爲檢警查扣到邱和順自白中提及的八十西西藍色機車，認定邱和順的自白值得採信，顯然認爲該輛機車是非依賴性補強證據，能佐證邱和順之自白的眞實性，並且證明該輛機車就是林坤明和曾朝祥運屍的工具。但是根據非依賴性補強證據的規定，該輛機車雖然是獨立於自白之外的證據，但並不能證明任何的犯罪事實，因爲檢警查扣到八十西西藍色機車後，並沒有在機車上找到柯洪玉蘭的血跡、毛髮或任何的其他跡證，只能證明確實有一輛機車與自白內容相符，不能證明該輛機車就是棄屍用的工具，也不能因此而佐證邱和順之自白的眞實性。

高院法官認爲只要共犯兩人的自白一致，又能找到自白中的犯案工具，不需要證明自白的犯案工具確實是眞正的犯案工具，就能證明被告涉案。顯示高院法官對於「證據」或「補強證據」的認知根本錯誤，也因此誤導檢警，認爲辦案時只需在冷氣房內軟硬兼施的逼出詳細一致的自白即可，不必費力的去追查眞正能夠證明被告犯罪的證據，導致台灣的司法難以進入科學辦案的時代，也無法防止冤獄的發生。

誤把專家意見當作目擊證人的證詞

檢警在柯洪玉蘭案中，最容易掌握的依賴性補強證據，是柯女遇害的情形。

一九八七年十二月十二日，民眾發現裝有柯洪玉蘭屍體的塑膠袋。四天後，內政部警政署刑事警察局便作出鑑驗書，指出柯洪玉蘭頸部有絞勒寬約一點二五公分的索痕、氣管絞壓出血，並有拇指、大食指掐壓血痕及心肺瘀血，係生前掐壓後絞勒窒息死亡。頸部、兩上臂及兩下腿之切斷部皮肉均無捲縮出血等生活反應，係死後砍切分屍。前胸部皮肉組織廣泛出血，呈黑褐色、左胸第二肋骨骨折係受強壓強推之碰傷，背部之皮下出血二處則爲拳擊傷，胃內容物尚有未消化之肉類、芹菜。

一九八八年九月，柯案發生九個多月後邱和順等人才到案。同年十一月，針對殺害柯洪玉蘭的經過，邱和順和曾朝祥做出類似的自白，指邱和順掐住柯女的頸部，柯女陷入昏死狀態，邱和順自柯女皮包內取出十三萬元，柯女甦醒，發出微弱的呻吟聲，邱和順乃抓住柯女頭髮，由林坤明持刀刺柯洪玉蘭的太陽穴。

兩人的自白都沒有提到絞勒洪女頸部的繩索，以及柯女背部的兩處拳擊傷，顯示邱和順和曾朝祥的自白與依賴性補強證據不符，尤其是未提到與柯女遇害方式密切相關的繩索，自白的眞實性令人存疑。但是法官卻把法醫楊日松博士的專家意見當作目擊證人的證詞，採信邱和順等人的自白。

案發十四年後，二〇〇二年三月七日高院更七審時，針對柯洪玉蘭的死因，楊日松博士結證陳稱：

> 要把一個人掐死，大約要掐三分鐘才會死，超過這段時間已經腦死，但肺部還有空氣，當行兇的人鬆手時，死者的喉嚨因爲肺部空氣的排出，會有喉嚨發出的聲音，但事實上死者已經窒息死亡，可是行兇者會因爲死者喉嚨發出聲音，誤以爲死者尚未死，而補他一刀，此時死者已經死，再補的一刀與死亡並無因果關係。如果掐住死者

超過三分鐘，即使行兇者鬆手，死者也不可能再吸氣而活過來，如果是活著的時候被分屍，皮膚會向內捲，把微血管壓住，在驗屍時，把皮膚撥開，會有微血管出血的現象，若死者是死後被分屍，死者皮膚就不會捲縮，皮下也不可能有微血管出血的現象，本案死者肺部有腫脹，有肺溢血點出現，這是窒息死亡的自然現象，如果因其他刀傷致死時，因爲刀傷部分流血，處於貧血狀態，肺部就不會有溢血點出現，死前骨折，因該部分皮膚組織有出血瘀青，這是生活反應，表示生前骨折，若死後骨折，皮膚不會出血，所以死者是生前遭人毆打。

楊博士的這番證詞，沒有針對性，亦非現場「目擊證人」陳述案發經過，指控邱和順等人犯案，而是根據十三年前邱和順和曾朝祥的自白，從法醫的專業角度分析和詮釋兩人的自白在醫學上的「可能性」或「合理性」；並提供他之所以判斷柯洪玉蘭是窒息而亡、生前遭毆打、死後遭分屍的醫學分析和理由，說明爲何柯女的死因與邱和順等人的自白不符，不是因爲太陽穴中刀而亡。關於柯女太陽穴的刀傷，他是用「假設性」的口氣：「『如果』因其他刀傷致死時……」

這番證詞是楊博士以他的專業針對被害人的屍檢所進行的分析，只能證明邱和順和曾朝祥的自白在醫學觀點上是「可能的」或「合理的」。但是，高院法官卻根據法醫楊日松的證詞，認定曾朝祥確實在案發現場親睹一切，法官的理由如下：

> 故從鑑定人楊日松之證述可知，被告曾朝祥確實有親眼目睹柯洪玉蘭窒息死亡，否則曾姓被告豈會知悉窒息而死之人，於行兇者鬆手後，喉嚨還會發出聲音？而被告邱和順之前所供稱：以爲柯洪玉蘭甦醒一詞，應係因柯洪玉蘭喉嚨發出聲音，使被告邱和順誤以爲柯洪玉蘭甦醒所致；且由鑑定人楊日松之證述亦可得知，林坤明於柯洪玉蘭發出聲音後再補的一刀，斯時因爲柯洪玉蘭已經死亡，所以該刀與柯洪玉蘭死亡間，已無因果關係，並非造成柯洪玉蘭死亡之原因。

曾朝祥的自白是：「柯洪玉蘭從昏迷中甦醒，然後發出呻吟」，但是法官卻擴大爲「曾朝祥知悉窒息而死之人，於行兇者鬆手後，喉嚨還會發出聲音」。法官把楊博士的專業能力，硬套在案發時尚未成年的曾朝祥身上，甚至讓曾朝祥的專業能力比資深法醫還要了得，不需要經過驗屍，在現場光憑目視就知道柯女被邱和順徒手掐脖子時便已窒息而亡，也知道柯女發出的呻吟聲是窒息死亡後因邱和順鬆手，喉嚨發出的聲音。這樣的法官眞的有能力根據證據認定事實嗎？

再者，**楊博士面對的柯女屍體沒有頭顱，柯洪玉蘭又是因窒息而亡故。他是法醫，不是上帝，無法判斷柯女太陽穴上是否有中刀。法官認定林坤明再補的一刀與柯洪玉蘭的死亡無因果關係，是先採信邱和順等人的自白，認定林坤明在柯女窒息身亡後又再補一刀，再根據楊法醫指出的死亡原因，認定林坤明補的一刀與柯女的死亡無因果關係。**這和三名法官在陸正案中

「因爲有租車，所以有租車」一樣，是「因爲有補一刀，所以有補一刀」，未審先判，陷入假設和套套邏輯的謬誤之中而不自知。

楊博士的證詞是用假設性的口氣進行醫學分析，證明他無從判斷柯女的太陽穴是否有刀傷，無法佐證被告的自白，是對被告有利的專家意見。但是法官竟把楊博士的「假設句」當作「肯定句」來認定事實。

根據常情認定犯罪事實

高院法官在認定事實時，最常見、也最令人一頭霧水的，就是不根據證據認定事實，反而根據常情認定事實。法醫楊日松作證指出柯洪玉蘭背後有兩處拳擊傷，但是邱和順等人的自白並未提到這兩處拳擊傷，辯護律師於是主張本案應爲他人所爲，但高院法官不採，理由如下：

> 楊日松博士一百年二月十七日於本院審理時，固結證稱被害人柯洪玉蘭受有背部拳擊傷，被告邱和順等人涉犯本案之目的在於錢財，其等於輝煌牧場包圍柯洪玉蘭後，於逼索錢財遭拒，憤而自柯洪玉蘭後背拳擊柯洪玉蘭，並使柯洪玉蘭因而倒地，再由被告邱和順掐壓柯洪玉蘭並以繩索絞勒柯洪玉蘭致死，尚與常情無悖，要不得僅以柯洪玉蘭背部曾受拳擊，即逕推論殺害柯洪玉蘭者另有其人，且僅係由熟人一人犯案，並全盤否認經本院上述審酌可採之被告自白及其他共犯之供述，是辯護人執此抗

辯，洵不可採。

《刑事訴訟法》第一五四條規定法官只能根據證據認定事實，這不只是法律規定，也是源自於西方經驗法則之唯一的科學方法。為了協助刑庭法官根據證據認定事實，司法院還制定《法院辦理刑事訴訟案件應行注意事項》，第七十八點規定：「法院認定犯罪事實，應憑證據。證據之證明力，固由法院自由判斷……所得結論，不能有論理上之矛盾，仍應有證據之存在，斷不可憑空推測，僅以理想之詞，如『難保』、『自屬當然』等字樣為結論。」但是從高院法官上述採信自白的理由中，可以看出**高院法官正是用司法院《注意事項》明文禁止的「憑空推測」認定犯罪事實，根據的就是常情。換言之，法官是用常情佐證自白、認定犯罪事實。**

訴訟變成常情與常情間的戰爭

除了常情外，法官還會根據事理、常理和想像佐證自白，認定犯罪事實。而事理和常理指的就是常情，想像則源自於常情、事理和常理。

邱和順等人自白自柯洪玉蘭皮包內搶得「十三萬元」，柯洪玉蘭之夫於檢察官相驗時，指稱柯女隨身帶有「十幾萬元」。「十三萬元」與「十幾萬元」是否相符？高院法官認為相符。然而即使相符，也只是依賴性補強證據，只能證明邱和順等人有涉案的可能。要證明邱和順等人犯案，還要追查十三萬元的流向和下落。對於邱和順等人自白的十三萬元，高院法官的認定如下：

再關於柯洪玉蘭身上之十三萬元，羅濟勳及黃運福均明確供稱未分到錢，而邱和順於十一月五日供稱：伊與林坤明各分得四萬元，其餘五萬元由林信純及朱福坤分得等語；參以，被告邱和順取得柯洪玉蘭十三萬元時，因現場僅邱和順、林坤明、林信純、朱福坤及曾朝祥五人在場，而羅濟勳、黃運福、余志祥、鄧運振及陳仁宏如前述僅把風，並不在場，因而不知有十三萬元，且未分得任何錢，亦與事理相符。至於曾朝祥因未動手分屍，則曾朝祥未分得任何財物，亦非不可想像；是被告邱和順關於柯洪玉蘭十三萬元，由伊與林坤明各分得四萬元，另五萬元由林信純及朱福坤共分等詞，亦可憑採。

高院法官不是用證據佐證自白的眞實性，而是只要自白與事理或想像相符，就能佐證自白的眞實性，然後根據自白認定事實，等於根據事理或想像認定事實。**法官根據常情、事理或想像佐證自白，認定犯罪事實，實在是非常荒謬，但卻非常方便好用，因爲證據要花時間去找，費盡力氣也未必找得到，常情、事理或想像沒有一定的標準，法官說了就算！**

在台灣，法官根據常情認定事實，辯護律師就根據常情抗辯，一場訴訟變成常情與常情之間的戰爭。

根據邱和順等人的自白，一九八七年十一月二十四日傍晚，邱和順、林坤明等人駕車，自邱和順住處出發至竹南國泰保險公司附近，由林坤明下車電話聯絡柯洪玉蘭。約十餘分鐘後，柯洪玉蘭騎乘紅色機車自該公司鐵門出來，柯洪玉蘭被帶至邱和順的住處，她的機車則由林坤明騎至邱和順住處。

邱和順的辯護律師指出林坤明既乘車回邱和順住處，又怎麼會騎柯洪玉蘭的機車回到邱和順的住處，自白相互矛盾。高院法官駁回辯護律師的抗辯，其理由如下：

> 本院經審被告林坤明於柯洪玉蘭轉乘被告邱和順等人之汽車（柯洪玉蘭乘坐原被告林坤明之空位，由其餘被告駕駛）後，由被告林坤明將柯洪玉蘭之機車騎回邱和順家中，再由邱和順予以解體出售等，均與常情相符，堪認被告邱和順上開自白可採，亦無辯護人所謂被告林坤明豈可能既乘車又騎車之情。

高院法官採信未經佐證之自白認定事實的理由，又是因爲與常情相符，而且還很有想像力的指出，柯洪玉蘭是乘坐原來被告林坤明之空位，由其餘被告駕駛。自白的佐證，犯罪事實的認定，都不需要眞正的證據，只要自白與根據常情想像出來的現實生活可能發生的情況相符，就能佐證自白，認定犯罪事實。

犯罪事實不根據證據認定，反而變成常情與常情的戰爭，而且幾乎都是律師敗下陣來，因

爲符合常情與否，法官說了算！難怪台灣由律師主導的司法改革，如此重視法官的生活經驗和社會經驗。

邱和順等人自白是十名共犯一起犯下柯洪玉蘭案，辯護律師再度以自白不符合常情抗辯，高院法官駁回的理由如下：

> 至被告邱和順等共犯柯洪玉蘭案，人數雖多達十人，惟犯案之人數多寡乃被告邱和順等所自行決定，被告邱和順等決定邀集十人犯案，自無不可，斷無事後以犯案人數之多寡，全數否認被告邱和順等與其他共犯供述相符之自白之理，是辯護人抗辯稱不可能以多達十人犯柯洪玉蘭案，與常情不符，並無可採。

對於此一事實上的爭點，**高院法官並未以符合常情相駁，觀之其理由似乎是只要邱和順等人喜歡，即使不符合常情又有什麼不可以？所以何時需要符合常情，何時不需符合常情，概由法官說了算！**

根據「常情」選擇性採信自白和認定事實

台灣人常說：「看一個影，生一個仔」。**高院法官善用常情的極致，就是不必依法根據證據，只要以常情之名，就能決定哪一段自白可信，哪一段不可信，再將法官願意相信的各家自**

白、**證詞，綜合拼湊在一起，只要是人世間有可能發生的事，就可以認定為犯罪事實**。現在讓我們仔細檢視高院法官以常情之名，認定犯罪事實的情形，先來看下面這一段文字：

> 柯洪玉蘭係於傍晚受林坤明誘騙上車，而當時適值十一月之冬季，是羅濟勳稱柯洪玉蘭被挾持至輝煌牧場時，天色已暗等語應堪採信；而至輝煌牧場時，羅濟勳、鄧運振均未隨同至邱和順向柯洪玉蘭索款之樹林內，則彼等就柯洪玉蘭遇害當天衣著之細節陳述有誤，尚無悖情理，自難援為有利於被告等之認定。

根據被告的自白，羅濟勳和鄧運振全程參與，與其餘共犯一起去國泰保險公司找柯女，一起回到邱和順的住處，再一起自邱和順的住處去輝煌牧場，只有在到達輝煌牧場後，留在停車的位置看車，未跟至樹林內。更重要的是，按照被告的自白，柯洪玉蘭和羅濟勳、黃運福坐同一部車，如果羅濟勳和鄧運振對柯女遇害當天衣著之細節陳述有誤，也不會是因為未跟至樹林內。從這一點可以看出對高院法官而言，情理是個多麼方便、好用的工具。再來看下面這段文字：

> 而羅濟勳與黃運福亦未隨同邱和順至樹林內，既未目睹砍殺柯洪玉蘭經過，無論羅濟勳突聞柯女「慘叫一聲」或黃運福突聞柯女「慘叫聲」，均屬聲聞而已，究難

隔空辨識現場行兇狀況，即令在場毆打或刺殺柯洪玉蘭者，事後亦難僅憑記憶，清楚分辨柯女被刺時是哪一聲慘叫聲，況所有共犯於嗣後均已否認犯行，顯無從再就羅濟勳、黃運福二人前述所聞慘叫聲之時間點進行查究。

按照高院法官的上述理由，**無論是在停車位置等待的羅濟勳和黃運福，或是在樹林裡的邱和順、林坤明，這些親臨現場的人，無論是他們聽到的聲音或記得的細節，都無從查究當時實際發生的事實。但是，在下面這段文字中，高院法官既不在停車的位置，也未親臨命案現場的樹林，卻可以綜合各家的自白和法醫的鑑定結果，以符合常情之名，認定出案發當時到底發生了哪些犯罪事實。**

另同案被告羅濟勳等人曾供述有聽聞柯洪玉蘭大叫一節，參酌被告邱和順於七十七年十一月三日員警於檢察官始終在場監督時供稱：柯女仍一直叫沒有錢，林坤明就先動手揍她，柯女大叫一聲等語，再參以被告邱和順曾供承掐壓柯女頸部，楊日松博士鑑識柯女因掐壓絞勒窒息死亡之結論，顯見同案被告羅濟勳等人所聽聞柯女大叫是柯女被打時之叫聲，並非柯女被勒頸部，邱和順放手時所產生之氣體排出聲甚明，亦與常人遭打擊時均會哀號之常情及楊日松博士於本院更十一審到院結證稱柯洪玉蘭生前曾遭人自背後毆打之證言相符。

法官有了常情這個利器後，只要用常情佐證自白，就能認定事實，比現場目擊證人還要神準。認定事實只要依賴常情，何需勞什子的證據？被告自白和證人作證不過是虛晃一招的假象罷了。

根據常情認定事實是法官的必備神器

法官根據常情認定事實的情形，並不僅限於柯洪玉蘭案，而是十分普遍的現象，也是台灣法官判案時最重要的必備神器。新竹地方法院二〇一一年十二月一日的一〇〇年度訴字第二〇〇號判決，是一件共同殺人案，新竹地院法官也是根據常情認定犯罪事實。

該案的被告徐立威、張文武和被害人彭及海是舊識，被告與被害人之間素有嫌隙。二〇一〇年九月七日凌晨，徐立威在彭及海住處外大聲要求彭及海到土地公廟飲酒，彭及海出門後往土地公廟的方向走，還沒有走到就被一群成年人圍毆，彭及海立刻逃回家並把門關上，但門被推開，數名成年人進到屋內毆打或用物品丟彭及海，一陣混亂之後，打人的人離開彭及海的住處。彭及海經送醫急救，但仍造成左開放性額骨、眼眶骨及顴骨骨折，前額與左上眼瞼裂傷，左眼玻璃體出血，左眼球鈍傷，視網膜剝離等傷害。

本案和柯洪玉蘭案不同之處，是檢警在案發現場查扣到證物，包括非彭家所有的球棒、撞球桿、小刀和鐵鎚，彭及海鄰居的安全帽、彭家的椅子、磅秤、紗門，彭父的斷裂長鐮刀和半罩式安全帽。但是比柯洪玉蘭案離譜的是，即使扣到證物，卻沒有任何可資利用的證據，未曾查扣到張文武被控毆打彭及海所用的木棒，也沒有從查扣到的證物或現場採集指紋、血跡、DNA或任何其他的科學證據。法官判案雖然不是依賴自白，但可用的證據都是證詞，包括彭及海、彭父和彭女的證詞，以及兩名被告的供詞，沒有任何有形的證據可以佐證證詞的眞實性。

彭及海當時九歲的女兒口才十分便給，她的證詞特別受到檢警和法院的重視。她證稱在家中看到父親在土地公廟前被打時，曾撥打一一〇報警。檢警和法院既然非常依賴她的證詞，應該很在意她證詞的眞實性，但是卻沒有查證她是否眞的能從家中看到父親在土地公廟前被打，或是否有打過電話報警，顯示新竹地院的法官和高院柯洪玉蘭案更十一審的法官差不多，對於如何利用證據佐證自白或證詞的概念十分模糊。

被告徐立威坦承在彭宅外大聲要求彭及海到土地公廟飲酒，但否認毆打彭及海，供稱彭及海是遭土地公廟前姓名、年籍不詳的一群成年人攻擊。由於土地公廟前的成年人都逃逸無蹤，被告和被害人、被害人家人的證詞互咬，新竹地院的法官便拿出判案神器，根據常情認定犯罪事實：

> 倘若被告徐立威眞有邀請被害人至土地公廟喝酒談天之實情，則於目睹被害人遭人圍毆之際，不但未出面營救或報警相助，竟沿路跟隨追打被害人之人群至被害人住處門口仔細觀望？被告徐立威所辯前情，顯與常情有違。

案發時，雙方打鬥的過程中，有人喊「給你死」。彭女證稱是被告徐立威以國語說的，彭父卻證稱徐立威是用客語說的。新竹地院法官又拿出判案神器，根據想像的可能認定事實如下：

然證人彭女及彭金龍對於被告徐立威確有稱「給你死」之語，終無二致，而依案發當時情況緊急，證人彭女及彭金龍目睹至親遭人毆打倒地，情緒激動，或就被告徐立威所使用之語言未能全然記憶清楚，亦無法排除被告徐立威係以國語、客語交雜使用之情，難以此細微不一致之處，即爲對被告徐立威爲有利之認定，被告徐立威空言辯稱其與前揭成年男子等人均無犯意聯絡及行爲分擔，顯爲臨訟卸責之詞，堪難採信。

新竹地院法官爲何要根據常情認定事實？因爲本案和邱和順案一樣，沒有任何有形證據可以佐證證詞和供詞，也沒有任何有形證據可以鎖定被告，既未查扣到張文武毆打被害人的木棒，也沒有採集到任何能證明被告犯案的科學證據。

對比徐立威案和邱和順案，法官以常情和想像代替證據佐證自白或證詞，再根據自白或證詞認定事實，無異於根據常情認定事實，但是從徐立威案更能看出問題的嚴重程度。柯洪玉蘭案發生於三十多年前，檢警的辦案能力或許不足，以至於未能查扣到任何有形的證物，而且邱和順等人是在案發後近一年始到案，已經失去查扣證物和採集科學證據的契機。徐立威案則不同，發生於二〇一〇年，案發後警方立即查扣到證物，為什麼還是不採集科學證據呢？還是以常情代替證據認定犯罪事實？

法官缺乏否定式的基本邏輯概念

美國法學院要求學生熟悉邏輯論證的藝術，訓練學生像法律人一樣的思考，原因何在？因為高院法官根據常情、事理、情理或是想像認定犯罪事實，經常陷入邏輯謬誤而不自知。其中，最令人難以置信的，是違反邏輯基本概念的否定式，陷入錯誤二分法的邏輯謬誤。

我們在第二章已經介紹過否定式的邏輯基本概念。俄國大文豪托爾斯泰在世界名著《安娜．卡列尼娜》裡的名言是：幸福的家庭幸福的方式都一樣，不幸福的家庭，不幸福的方式各有不同。根據否定式的邏輯基本概念，要證明一個家庭是幸福的，要排除所有不幸福的方式，剩下唯一的幸福方式。

殺害柯洪玉蘭的眞兇只有一人或一個共犯集團，根據否定式的邏輯基本概念，要證明邱和順或邱和順集團是犯案的眞兇，一定要排除他們以外之所有其他人犯案的可能。台灣若有兩千三百萬人口，要排除其他的兩千九百九十九萬九千九百九十九個人犯案的可能，最有利的證據就是指紋和DNA，因為指紋和DNA有個人特殊性，能排除其他所有人犯案的可能。

證據是特定而且具體的（specific），根據證據認定事實，尤其是指紋、DNA這種證

據，才能夠窮盡所有其他人犯案的可能，鎖定特定的對象爲眞兇。常情、事理、情理和衍生出來的想像，是一般性的（general），太多人、事、時、地、物都會落入一般性的範圍內，會找出一大堆可能犯案的人，但絕對無法鎖定唯一的眞兇，所以根據常情認定犯罪事實不但是謬誤，而且與刑案的偵辦原則正好相反。

高院法官以一般性的常情、事理、情理、想像，代替特定的證據，認定柯洪玉蘭案的犯罪事實，違反否定式，陷入邏輯謬誤而不自知，所認定的犯罪事實只是太多可能的「犯罪事實」中的一個，沒有窮盡其他的可能犯罪事實，也不能排除其他人犯案的可能，在這種情況下鎖定邱和順等人犯案，冤獄的可能性實在是太高太高了！

在柯洪玉蘭案中，犯罪事實是法官根據常情認定出來的，邱和順只是許多可能涉案的人中的一人，把邱和順的名字換成張三、李四或你、我、他，所有的犯罪事實仍然成立，我們只是幸運的未被檢警和法官鎖定而已，否則今天待決的死囚不是邱和順，而是你、我、他。

只要有可能是你，就一定是你

法官沒有「否定式」的邏輯基本概念，陷入二分法的邏輯謬誤，導致司法判決變成「只要有可能是你，就一定是你」，在邱和順所涉的陸正案和柯洪玉蘭案中頻頻出現。

在陸正案中，法官認爲交贖的手提袋和捐血袋一樣；取贖的袋子和藍色塑膠材質便當袋一樣；便當袋只要裝得下全部贖款，就可以佐證自白爲眞，就能認定是綁匪取贖用的袋子……這此都是沒有否定式的邏輯基本概念下，嚴重的邏輯謬誤。若用英文寫判決書來表現，法官認定爲犯罪工具的證物，是許許多多袋子、手提袋、便當袋中的一個，只能用冠詞「a」，不是唯一的「the」。

在陸正案中，高院法官最誇張、最徹底悖離「否定式」、「只要有可能是你，就一定是你」，死咬邱和順等人涉案的理由如下：

本院已窮盡事實審法院所能調查之能事。經審上開指紋前後經檢察官及本院先後四次函請刑事警察局四次比對鑑定，仍未能比對究竟屬何人所有指紋，惟雖找不出屬何人所有指紋，亦難憑此即認定被告邱和順等人未犯陸正案。

高院法官用不能排除其他人犯案的常情認定事實，但是對於每個人都不一樣、最具特定性之指紋，經過四次鑑定也不能證明與邱和順等人指紋相符的證據，卻做出不採信的決定，實在是令人感到非常毛骨悚然的司法問題！

邱和順因涉及柯洪玉蘭案而被判處死刑，且已三審定讞，由於涉案人數高達十人，依據「常情」作案車輛至少二部。關於作案用車，法院最終認定的犯罪事實是：「由邱和順……共乘租得之雷諾小客車，餘五人另乘一小客車出發」，因爲根據被告的自白，作案用車一部是雷諾，由林坤明駕駛，另一部是由鄧運振駕駛的「一小客車」，被告的自白從未交代車型或任何資訊，只有黃運福指是黑色飛羚，和陸正案的作案用車相同。柯洪玉蘭案的兩部作案用車，直至今日來源不明，沒有任何資訊，包括廠牌、型式、式樣、顏色、出場車號等，全部不明，兩輛車子也未遭檢警查扣，沒有目擊證人，也始終沒有汽車出租業者或車行出面指認。

對於全體被告的自白都未能交代、檢警也找不到任何證據能證明兩輛作案用車，高院法官還是堅拒作出對邱和順有利的認定，理由如下：

> 被告等於警訊中之自白，始終並未確切指明彼等挾持柯洪玉蘭殺害及運屍之車輛，究係何時由何人向何車行租得，且本案案發後經警方查證之租車行，亦僅限於苗栗縣一帶，違論未立案而經營租車業務者，亦所在多有，是警方雖未具體查得七十六年十一月二十四日當日被告等確實向何車行租得某車輛之資料，惟無從據此即為有利於被告邱和順、林坤明並未涉犯柯洪玉蘭之認定。

只要看過「CSI犯罪現場」的人，都知道警檢應該要向所有的租車行、租車業者、有牌的、沒牌的、被告的親戚、朋友……查證，甚至提供巨賞，也要想盡辦法找出那兩輛作案的用車，才能從車上找出被害人的血跡、毛髮……等跡證，排除其他人犯案的可能，以證明邱和順集團是唯一的眞兇。但是台灣受過大學、甚至是研究所之法學教育訓練的法官，卻不這麼認為，他們沒有否定式的概念，陷入邏輯謬誤而不自知，根據常情、事理、情理、想像認定犯罪事實，無異於羅織無辜人犯罪，任何人站在邱和順的位置，承受得起這樣的司法審判嗎？

靠情理的推斷代替證據的不足

台灣的法官根據常情認定犯罪事實，我在美國的判例裡從來沒有見過，理由安在？讓我百思不得其解，十分的困擾。直至近日再讀黃仁宇教授的《萬曆十五年》，終於找到線索，「靠情理的推斷以代替證據的不足」，似乎是中國長久以來的司法問題，黃教授追溯到明朝萬曆年間，指出四百多年前明朝的縣官，就是用這種方法判案，草菅人命的情形並不少見。

《萬曆十五年》一書探討明朝文官體系的結構性問題，黃教授在介紹明朝的模範官吏海瑞時，舉了一個判例，指出明朝官吏審理刑案的弊病，由於是結構性的問題，連模範官吏海瑞都深陷其中而難以自拔。黃教授所舉之判例的原文摘錄如下：

> 有夫婦二人在家中置酒招待一位因事過境的朋友，並留他住宿。正好在這個時候，妻子的哥哥即丈夫的姻兄，前來索取欠款白銀三兩。姻兄弟一言不合，遂由口角而致毆鬥。姻兄在扭打之中不慎失手，把丈夫推入水塘淹死。人命關天，誤殺也必須償命，所以妻子和住宿的朋友都不敢聲張，丈夫的屍體則由姻兄繫巨石而沉入水底。
>
> 一個人突然失蹤，當然會引起鄰里的注意，事情就不可避免的被揭露了。審案的縣官以洞悉一切的姿態，斷定此案乃是因姦而致謀殺。死者的妻子與這位朋友必有姦

情，不然，何以偏偏在這位隨帶僕從，遠道而來的客人到達的那天，丈夫突然喪命？又何以興高采烈的置酒相慶？理由既已如此充分，女人就被判凌遲處死，朋友作爲姦夫理應斬決，姻兄參與密謀應被絞死。

這件案子送交杭州府覆審，審判官的結論中否定了姦情，認爲確係毆鬥致死，動手的人應按律處絞。由於人命關天，該案最後送北京的都察院、大理寺作出覆核。審判者細核府、縣兩級審訊紀錄，發現了根本上的出入，乃再度發交鄰近三個縣的縣令會審。這二位縣令維持初審的判決。當這一批人犯送抵本省巡按使的公堂，被判凌遲罪的女人當堂哭訴喊冤。於是案件又送到海瑞那裡作第六次的訊問。

海瑞的結論和杭州府審判官的結論完全相同。他的理由是這位妻子和她的丈夫生有二子一女，決不會如此忍心。而這位朋友家境並非富有，並且早已娶妻，假令女人確係謀死親夫而企圖再嫁，也只能成爲此人的一名小妾。所以從情理而論，謀殺的動機是不能成立的。再則，既屬傷天害理的謀殺，參與密謀的人自然是越少越好，又何必牽扯上這位朋友所攜帶的僕從？淳安縣縣令海瑞如何解釋初審時的供辭？答案是：「皆是畏刑揑招，恍惚成獄，殊非情實。」

對於明朝文官審理刑案的方式，黃教授的評語如下：

　　刑事案件需要作出斷然處置，不論案情多麼複雜，判決必須毫不含糊，否則地方官就將被視爲無能。於是他們有時只能依靠情理上的推斷來代替證據的不足，草菅人命的情形也不乏其例。

台灣的司法似乎還停留在明朝，以常情代替證據認定犯罪事，而「草菅人命的情形也不乏其例」，是不是也適用於台灣？

台灣極力擺脫中國的影響，積極的去中國化，但是法官根據常情認定犯罪事實，卻十分的「中國」，甚至十分的「明朝」。我們必須嚴肅的問：**明朝是在西方的啓蒙時代之前，科學和刑事科學都不發達，當時的司法案件確實有可能找不到證據，只能被迫用常情來推斷事實；今天的台灣處於科學昌明、刑事科學進步的二十一世紀，爲什麼法官還是要以常情代替證據認定犯罪事實？**

因為需要靠常情認定事實，所以需要社會經驗

如果把「以常情代替證據認定事實」和「司法改革的重心是法官的生活經驗和社會經驗」，做一個連結，聰明人便能看出兩者之間的關聯性，發出會心一笑。不過，知道背後眞正的原因後，可能就一點也笑不出來了。

當法官必須遵守《刑事訴訟法》第一五四條的規定，根據證據認定事實時，需要的是獨立

的證據法，法官必備的技能是證據法相關的一切知識與能力。當法官是根據常情認定事實時，需要的是根據常情認定事實的能力，必須具備豐富的生活經驗和社會經驗。台灣司法改革的一致共識，是法官必須具備豐富的「生活經驗」和「社會經驗」。法官和律師、政府和民間、司法改革者和被改革者都這麼認爲，是難得的共識。顯示台灣的司法確實與啓蒙時代之前、十六世紀的明朝一樣，依靠情理上的推斷來代替證據的不足。

然而台灣畢竟是二十一世紀的現代國家，距離十六世紀的明朝已經很遠，不但法律多是繼受自西方先進國家，且在大學、甚至是研究所提供法學教育，對「守法」也有一定程度的認識。法官在欠缺監督的情況下，知法犯法、公然違反《刑事訴訟法》第一五四條的可能性，不能說沒有，但堂而皇之的以常情代替證據認定事實，而且是系統性的普遍現象，成爲法官判案的必備技能，必然有其根據。經過好幾年的觀察，終於找到元凶，就是《刑事訴訟法》第一五五條的「經驗法則」。

我們在第二章已經介紹過源自於亞里斯多德倡議之經驗主義的經驗法則，是科學方法的根源，以來自感觀經驗的後驗知識爲基礎，主張凡事訴諸可驗證眞僞的事實，才能發掘眞相。經驗法則是證據法的基本知識，《刑事訴訟法》的規定中，第一五四條、第一六〇條和第一六六條之七都是與證據密切相關、源自於經驗法則的法律規定。根據最高法院九六年台上字第七九三號民事判決意旨，民事妨害名譽案件的裁判基礎，是區別可驗證眞僞的事實和無法驗證眞僞的意見，也是源自於經驗法則。

可惜台灣的司法界不認識經驗法則，也不知道經驗法則是科學方法的根源。**對於《刑事訴訟法》源自於經驗法則的相關法律規定，相見不相識，相識了也只是誤會一場，無法將這些法律規定與民事妨害名譽案件的裁判基礎，串聯在一起，反而發展出與國際脫節、非常「本土化」的經驗法則。**

根據司法院制定的《辦理民事訴訟事件應行注意事項》第八十八點，本土化的經驗法則定義如下：

> 人類本於經驗累積歸納所得之法則；所謂經驗，包括通常經驗及特別知識經驗。法院判斷事實眞僞時，不得違反邏輯上推論之論理法則，亦不得違背日常生活經驗所得而爲一般人知悉之普通法則或各種專門職業、科學上或技術上之特殊法則。

台灣的司法界顯然是誤把日常生活經驗或社會經驗，當作是亞里斯多德所倡議的經驗法則，這個誤會可大了，導致二十一世紀的台灣法官不認識科學方法，認定事實的方式和理由，都還停留在啓蒙時代之前、十六世紀的明朝。

《刑事訴訟法》第一五四條是經驗法則的規定—根據證據認定犯罪事實，《刑事訴訟法》第一五五條規定：「證據之證明力，由法院本於確信自由判斷。但不得違背經驗法則及論理法則」，賦予法官根據經驗法則自由判斷證據之證明力，被台灣的司法界代之以本土化的經驗法則後，**法官即使是根據證據認定犯罪事實，但證據採信與否的指導原則是「日常生活經驗所得而爲一般人知悉的普通經驗法則」，日常生活經驗指的不正是常情、事理、情理或根據日常生活經驗的想像？所以在本土化的經驗法則下，台灣的法官理直氣壯的根據常情認定犯罪事實，最需要的技能就是生活經驗和社會經驗。**

《刑事訴訟法》第一五五條和根據常情認定事實

我們在第二章第五十三頁提供了台灣司法界名人的舉例說明，當銀行在沒有鑑價擔保品的情況下超額貸款給客戶，造成銀行的損失，銀行一狀告進法院，指控職員失職。在《刑事訴訟法》第一五四和第一五五條規定下，法官必須根據證據認定事實，對於一項能證明銀行職員已經善盡其職責的證據，法官有權採信或不採信該項證據，但不能違背經驗法則，該經驗法則，被本土化的經驗法則取代，也就是日常生活經驗。

這位曾經擔任過法官的司法界名人，若由他來承審這件案件的話，認定的日常生活經驗是「銀行在沒有鑑價擔保品的情況下，超額貸款給客戶，當然就會造成銀行的損失，也表示職員沒有盡責」，所以決定不採信有利於銀行職員的證據，因爲有利於銀行職員的證據與他所認定的日常生活經驗不符。

然而根據歸納推理和否定式的邏輯基本概念，「職員沒有盡責」不是必然爲眞的唯一結論，而是超額貸款給客人的數個可能之一。但是既不懂論理法則、又不懂經驗法則的司法界名人，因陷入多重邏輯謬誤而把根據日常生活經驗得到的一個想像，當成不變的鐵律。尤有甚者，也正因爲不懂論理法則和經驗法則，這位司法界名人不太可能知道證據法是建立在可能性上，每個證據的證明力可能是非常可信、可信、不可信或非常不可信。證據像磚頭，司法判決要根據一個證據定生死，幾乎是不可能的事，而是把許多可信程度不一的磚頭堆成一座牆，達到超越合理懷疑的可能性。

在欠缺上述認知的情況下，這位司法名人在決定有利於銀行職員之證據的證明力時，陷入雙刀法的邏輯謬誤，不是完全採信，就是完全不採信。在多重邏輯謬誤之本土化經驗法則的作祟下，證據的採信與否端視是否與日常生活經驗相符，至於如何認定日常生活經驗，法官說了算！

在柯洪玉蘭案中也有類似的情形。柯洪玉蘭的同事證稱柯在案發當日的上午十點便離開辦公室，柯的表兄和內姪證稱在案發當日的下午四點多還親眼看到柯，但是法官推翻目擊證人─柯洪玉蘭的同事和親戚的證詞，認定不利於邱和順等人的事實，指柯洪玉蘭是在案發當日傍晚時在辦公室接到林坤明的電話後，就離開辦公室騎機車赴約，因而遭到邱和順等人的勒索殺害。法官就是根據自己之日常生活經驗想像出來的一個可能，並且把這個可能當成鐵律，在雙刀法的邏輯謬誤下完全不採信有利於邱和順等人的證據，其原文如下：

依一般保險業務員爲招攬業務，多可自由進出上班處所之上班模式，柯洪玉蘭亦

> 非不可能曾於是日返回任職公司，嗣因接聽被告林坤明之電話後應林坤明之約外出，並遭被告邱和順等人之毒手。

身爲保險業務員的柯洪玉蘭，可能在案發當日返回任職的公司，但是也有可能未於案發當日返回任職的公司。**高院法官和司法界名人一樣，用多重邏輯謬誤的本土化經驗法則，替代《刑事訴訟法》第一五五條規定的經驗法則，以想像中的一個可能的常情，完全推翻有利於邱和順等人之證據的證明力，在毫無證據的情況下錯誤的認定犯罪事實**（高院法官在這裡犯的另一個錯誤，也與不懂證據法則有關，會在下文中討論）。

然而更離譜的還在後面。法醫楊日松作證指出柯洪玉蘭背後有兩處拳擊傷，但是邱和順等人的自白並未提到這兩處拳擊傷，辯護律師於是主張本案應爲他人所爲時，法官駁斥律師之抗辯的理由如下：

> 被告邱和順等人涉犯本案之目的在於錢財，其等於輝煌牧場包圍柯洪玉蘭後，於逼索錢財遭拒，憤而自柯洪玉蘭後背拳擊柯洪玉蘭，並使柯洪玉蘭因而倒地，再由被告邱和順掐壓柯洪玉蘭並以繩索絞勒柯洪玉蘭致死，尚與常情無悖……

法官在這裡根本是根據常情栽贓。根據驗屍報告，柯洪玉蘭的背後有兩處拳擊傷，但是邱和順等人的自白並未觸及這一點，導致科學證據與自白不符，按理說會降低自白的可信度，法官卻不爲所動。然而更大的問題是，**法官面前並沒有需要決定採信或不採信的證據，卻憑空的根據日常生活經驗獲得的一個可能的想像，在沒有《刑事訴訟法》第一五五條根據經驗法則判斷證據力的授權下，根據多重邏輯謬誤的本土化經驗法則，忽視證據與自白不符的事實，認定柯洪玉蘭背後兩處拳擊傷也出自邱和順等人，**完全違反《刑事訴訟法》第一五四至一五六條的規定。

高院的法官根據本土化的經驗法則，違法濫權的根據常情認定不利於被告的犯罪事實，根本是根據常情栽贓，用漿糊腦子判案，比明朝的縣官「靠情理的推斷以代替證據的不足」還要可怕，草菅人命的案例只會比明朝更多。

如何根據書證和證詞認定事實？

法官以常情代替證據認定犯罪事實的另外一個原因，是因爲台灣沒有獨立的證據法，法官對證據的認識非常的欠缺，不會根據證據認定事實。

證據可分爲證詞（testimonial evidence）和有形證據兩種，證詞因爲受到個人觀察角度、記憶能力、表達能力、誠實意願、嚴謹程度及利害關係之不同，對於相同的事物可能會有不同的陳述，可信度或證據力遠較有形證據低。這可不是我亂講的，而是最高法院九二年台上字第四三八七號判決的意旨。

由於證詞的證據力相對較低，即使法律未規定，通常會儘量以有形證據佐證其眞實性。這也不是我亂講的，我們在第八章中便已提到，是英國上訴法院法官Lady Justice Arden的主張，她認爲「證詞」最好要有補強證據佐證其眞實性，而且最好是用有形證據補強，如果只是兩方相反的證詞互咬時，負有舉證責任的一方若拿不出補強證據佐證其證詞時，法官可以合理的推論無舉證責任之一方的證詞較値得採信。

再回到台灣司法界名人的舉例說明，當銀行在沒有鑑價擔保品的情況下超額貸款給客戶，造成銀行的損失，銀行一狀告進法院，指控職員失職。若由這位司法界名人承審這件案子，**對於證明銀行職員已經善盡其職責的證據，在《刑事訴訟法》第一五四和第一五五條的規定下，除非是僞造的書證，法官沒有不採信的權力。如果是證詞，法官不採信的理由，僅限於最高法院九二年台上字第四三八七號判決意旨內列舉之觀察角度、記憶能力、表達能力、誠實意願、嚴謹程度及利害關係等理由。**

如果這位司法界名人以自己認定的日常生活經驗，亦即「銀行在沒有鑑價擔保品的情況下，超額貸款給客戶，當然就會造成銀行的損失，也表示職員沒有盡責」，決定不採信有利於銀行職員的書證或證詞，是公然違反《刑事訴訟法》第一五四和第一五五條的枉法裁判，而不是因爲這位司法界名人欠缺生活經驗或社會經驗。

在柯洪玉蘭案中，目擊證人柯洪玉蘭的同事看到柯女案發當日早上十點離開辦公室的證詞，親戚在案發當日下午看到柯女的證詞，法官不採信他們之證詞的理由，僅限於最高法院九二年台上字第四三八七號判決意旨內的觀察角度、記憶能力、表達能力、誠實意願、嚴謹程度及利害關係等理由。但是**他們是在案發後四十天接受警詢時提供的證詞，當時警方根本還沒鎖定邱和順等人涉案，沒有最高法院所指的那些情形，高院法官沒有理由不採信他們的證詞，但卻根據法官自己的生活經驗或社會經驗，憑空瞎掰出「**柯洪玉蘭亦非不可能曾於是日返回任職公司**」，完全不採信目擊證人有利於邱和順的證詞**，這是公然違反《刑事訴訟法》第一五四和第一五五條的枉法裁判，而不是因爲高院法官欠缺生活經驗或社會經驗。

必須有間接證據，才需要根據經驗推論事實

台灣法官錯誤的使用本土化經驗法則的另一個原因，還是與欠缺證據法則之知能有關，無法區分直接證據（direct evidence）和間接證據（circumstantial evidence或indirect evidence）的差異。

許多人誤以爲只有直接證據有「證據力」（可信度），或誤以爲直接證據的「證據力」一定比間接證據強。事實上未必如此，充分的間接證據往往比直接證據更具說服力：指紋、DNA、血跡、驗屍解剖報告……等科學證據，都是間接證據，遠比目擊證人提供的直接證據更具證據力。

事實上，直接證據和間接證據眞正的差異，在於直接證據不需要經過推論，可以直接證明待證事實。例如張三作證親眼目睹李四舉槍射向王二，王二倒地，張三的證詞是直接證據，可

以證明李四射死王二，唯一的問題是張三的證詞是否可信，也就是他有沒有觀察角度、記憶能力、表達能力、誠實意願、嚴謹程度及利害關係等，最高法院九二年台上字第四三八七號判決指出的問題。

間接證據與所要證明的事實沒有直接的關聯，必須經過推論才能證明待證事實。根據卡多佐法學院證據法教授Peter Tillers所言，美國司法界認爲事實上的推論，也就是間接證據的推理，原則上是歸納推理，所以認爲推論必須建立在理由和經驗上，這時確實需要社會經驗。

例如張三作證看到李四和王二進入一間房間，在房間外聽到李四對王二說要把王二打死，聽到槍聲，看到李四拿著一支還在冒煙的槍出來，目擊證人張三的證詞並非直接證據，因爲張三並沒有親眼看到李四開槍打死王二，在認定事實時，必須經過一番推論後，才能根據李四說的話、槍聲和看到的冒煙的槍，認定王二是李四開槍打死的犯罪事實。至於推論的正確與否，關鍵確實繫乎於日常生活經驗，也就是若上述證詞爲眞，認定「王二是李四打死的」是否符合我們的日常生活經驗？

所以，**法官要應用日常的生活經驗認定犯罪事實，前提條件是要先有一個間接證據，需要從間接證據推論出所認定的犯罪事實，這時「日常生活經驗」才派得上用場。**

但是在柯洪玉蘭案中，共同被告鄧運振、羅濟勳等人的自白，與柯洪玉蘭遇害時之衣著不符，顯示沒有依賴性補強證據能佐證自白的眞實性，檢察官未盡到舉證的責任，根據《刑事訴訟法》第一五六條用補強證據佐證自白的規定，自白不値得採信。高院法官承認被告自白距案發之日相隔將近一年，很難期待記憶無誤，按理說應該對全部自白的眞實性存疑，因爲全部被告都是在案發九個多月後才到案，都很難期待記憶無誤。但是法官不願意放過邱和順，不以證據、反以常情來佐證鄧運振、羅濟勳的自白，其理由如下：

況被告等及其辯護人從未爭執柯洪玉蘭從事保險業及兼營大家樂，則依一般保險業從業員可隨時外出之常情及柯洪玉蘭住所與辦公室距離不遠等情以觀，柯洪玉蘭亦非不可能於十一月二十四日自辦公室離開後，返家更換衣物再行外出，且於更換衣物時，因該日爲星期二，柯重儀需上班而未於配偶柯洪玉蘭返家更衣時碰面，柯洪玉蘭更衣外出後，即遭被告林坤明等控制行動並於當日遭到殺害。是自不可以鄧運振、羅濟勳關於柯洪玉蘭衣著之供述，與柯重儀、同事林秀蘭、彭寶鳳所看見柯洪玉蘭最後之穿著不符，即謂共同被告羅濟勳等對案情重大事項有明顯無知，並進而推認被告邱和順上述與卷證相符之自白，係以林萬枝案套用於本案，辯護人以此抗辯，無法採取。

法官是用常情來推翻自白，這樣的判案方式是公然違反《刑事訴訟法》第一五六條規定的枉法裁判，與法官是否有生活經驗或社會經驗根本無關。

再者，**直接證據的證詞不需要推論，只有間接證據才要根據經驗作事實的推論，但是高院**

法官的面前，除了只能用證據補強、但卻沒有任何證據可以補強的自白，並沒有任何的證詞、有形、直接、間接證據，需要法官根據生活經驗判斷證據力，法官卻根據本土化經驗法則以完全出於自己的想像爲理由，誤用《刑事訴訟法》第一五五條賦予之判斷證據力的權力，認定出「不能因此即謂共同被告羅濟動等對案情重大事項有明顯無知」的事實，這是根據常情認定犯罪事實，全然違反《刑事訴訟法》第一五四至一五五條的枉法裁判，與法官是否有豐富的社會經驗絲毫無關。

台灣的問題似乎比明朝還要嚴重，明朝的縣官沒有證據只好根據常理瞎猜，但是台灣的法官是以常情代替證據，直接根據常情判案。對於民事案件，司法院的《辦理民事訴訟事件應行注意事項》第二〇五點，甚至明文要求法官以台式經驗法則取代證據：「小額事件之審理，法院於必要時，得依職權調查證據，並應善用經驗法則及全辯論意旨爲事實認定，避免爲不必要之鑑定及證據調查，以免因調查證據所需之時間、費用與當事人之請求不相當。」詮釋的法律規定是民事訴訟法第四三六條之十四。

「法律的生命是經驗」不是「事實的生命是經驗」

要解決台灣的司法問題，證據法則及其所仰賴的論理法則、經驗法則和科學方法至爲重要。但是在多重邏輯謬誤的本土化經驗法則下，法官、律師、政府、民間、改革者、被改革者，全都堅持司法改革最重要的部分，是法官必須要有豐富的生活經驗和社會經驗，衆多理由之中最冠冕堂皇，但也最令人感到啼笑皆非的，就是引用了美國大法官荷姆斯的名言：「法律的生命是經驗，不是邏輯。」

只要讀過美國的判決書，不可能不知道美國的司法審判涉及三種問題，事實問題（question of fact）、法律問題（question of law）以及事實與法律混合的問題，只要念過美國法學院一年級的人，看到荷姆斯的這句名言，都知道涉及的是法律問題，而不是事實問題。荷姆斯反對自然法（natural law），支持道德懷疑主義（moralskepticism），這句名言總結了他的「法律思想」，也將美國的法律思想從形式主義（legal formalism）推向現實主義（legal realism）。所以荷姆斯說的是「法律」，而不是「事實」，他從沒說過「事實的生命是經驗，不是邏輯。」截至目前爲止，放諸四海皆準的定律是：**人類只能根據證據認定事實。如果偉大的大法官荷姆斯主張「事實的生命是經驗，不是邏輯」，頭腦清楚的人也不該隨著荷姆斯而起舞**。

台灣的司法界繼受西方的法律，研讀西方的法學，必須求慎解，不能穿鑿附會和斷章取義。法官的生活經驗和社會經驗固然重要，但就法官所需的專業素養而言，所占的分量實在有限。把法官的生活經驗和社會經驗看得那麼重要，呈現的問題是對司法的認知過於粗淺，輕看專業法官的重要性。豐富的人生經驗和社會歷練一定能讓法官更加的睿智，但不會讓法官變得更專業。專業的法官是無可取代的，否則找經驗豐富的里長伯解決紛爭就好了。

台灣要改革司法，真正迫切需要的，是回歸論理法則、經驗法則和科學方法，根據證據認定犯罪事實，重視法官邏輯分析與推理的能力，制定嚴謹的證據法則，讓證據說話，讓眞相出現！

10

不如擲骰子
——法官是功能有問題的測謊機

台灣的刑事被告沒有湮滅證據罪相繩，不少刑事案件找不到兇器，找不到兇器不但沒有證物，連科學證據都沒有。台灣沒有獨立的證據法，法官對於證據的認識有限，不根據證據認定事實，反而根據常情認定事實，導致檢警辦案時，把時間和精力都花費在警訊和偵訊上。即使扣得證物，也不會在證物上採樣，取得破案所需的科學證據。所以，多數台灣刑事案件的證據都是證詞，包括被告的自白、供詞以及證人的證詞。

然而自白、供詞或證詞受到許多因素的影響，證據力遠低於有形證據，沒有有形證據佐證的自白或證詞，眞實性令人存疑。雪上加霜的是，台灣的刑事被告不具證人身分，沒有僞證罪的威脅，證人雖然有僞證罪的刑責，但檢、院並不嚴格執行，而且被告和證人都沒有妨害司法罪和藐視法庭罪的威脅。在上述法律制度下，自白、供詞和證詞的品質更形低落，相互矛盾且反覆不一，令人懷疑到底有幾分的眞實性。

台灣比例不低的刑事案件，既沒有直接連結到被告的有形證據，也沒有佐證自白、供詞和證詞之眞實性的有形證據，法官面對的往往是反覆不一、彼此矛盾的自白、供詞和證詞，要如何判案？如何發現眞實、實現正義？台中地院的李堃宏案或許提供了這些問題的答案。

三個人一起喝酒，一個人死了，兩個人互咬

李堃宏案有兩名被告，劉文義和李堃宏。被害人廖炳南家住台中豐原圓環東路，與被告劉文義是認識約五年的朋友，經由劉文義的介紹，廖炳南在案發前兩、三個月認識被告李堃宏。李堃宏以收集資源回收爲業，劉文義因誤會李堃宏破壞其腳踏車，把李堃宏的彈簧床給燒了，李堃宏乃在一百年五月二十四日搬至廖炳南家暫住。五月二十八日晚上七時三十八分許，李堃宏在豐原圓環東路附近，請不認識的路人陳星亮用手機叫救護車送廖炳南就醫，陳星亮見李堃宏渾身酒氣，乃跟隨李堃宏至廖炳南住處，發現一樓第一個房間內有一名男子躺在地上，用棉被從頭包到腳，陳星亮翻開棉被，發現該名男子頭部有明顯傷痕跟血跡，好像已經沒有呼吸，乃立刻以手機撥打一一九報案。

救護人員趕至現場時，廖炳南已無心跳、脈搏，呼吸也已停止，沒有生命跡象。員警據報後趕至廖炳南家時，現場只有劉文義躺在客廳長椅上睡覺，員警要離開時，把劉文義搖起來查明身分，問叫救護車的原因，劉文義答說不知道，當時還在醉。醫院宣布廖炳南死亡後，員警

回到廖炳南的住處，屋內沒有人，在屋外看到李堃宏在巷口張望，李堃宏向員警承認是他委託別人報案。李堃宏和劉文義分別被帶至豐原分局接受警詢。

李堃宏和劉文義警詢、偵訊和在法院裡應訊時的供詞前後不一，唯一可確定的是廖炳南、李堃宏和劉文義三人在廖炳南家中喝酒，廖炳南被打死了，李堃宏和劉文義的供詞都指控對方要爲廖炳南的死負責。

不採驗指紋和跡證，如何科學辦案？

李堃宏請路人叫救護車後，警方也跟著到達現場，第二天便根據驗屍和解剖報告，掌握到廖炳南受傷害的情形如下：

> 廖炳南頭部右側顱後後枕部、顳頂部、前額部、顏面右側顴部、鼻部、下顎有擦挫傷，嘴唇有輕微出血傷，左側眉弓挫裂傷，右耳部挫傷及皮下出血，後頸部有多處淺層割裂傷，但未造成顱內出血。胸部上鎖骨區有多處淺層的割傷，且有細小的碎玻璃，胸前局部皮下出血，右外側胸壁及肋間有出血，右外側第六、七根肋骨骨折及右後方多處肋骨骨折，左側胸部、肋間局部出血，兩側鎖骨區有局部出血。胸骨無骨折，胸骨內緣有出血，可能因急救造成。廖炳南腹部右上側皮層及左外側皮層有外傷出血，腹腔內有出血現象，量約四百毫升，右側肝葉有多處撕裂傷，左腰側有呈條柱

狀的皮下出血，大小六X二公分，左側肩胛部有呈條狀的擦傷，長度四點五公分，肩胛上部有擦傷及淺層割傷，右上臂有挫傷，大小九X七公分，右手肘有擦挫傷，左大腿外側有挫傷，左小腿淺層割傷及擦傷，也有發現碎玻璃，死亡原因是右側胸腹部的鈍物傷、肝臟撕裂傷及大量出血，導致出血性休克。

此外，警方在案發現場的廖炳南家中，扣得斷裂的木板凳兩張、四腳鐵椅一張、高約五十至六十公分的花瓶碎片九片、酒瓶碎片四片、沾有廖炳南血跡之短褲一件。**警方若遵守科學辦案的原則辦案，自木板凳、鐵椅、花瓶碎片和酒瓶碎片採得指紋和其他跡證，搭配驗屍和解剖報告，便能用來比對李堃宏和劉文義的供詞，還原案發經過和過濾出眞兇。但是在李堃宏案的整本判決書內，完全找不到「指紋」這兩個字，除了驗屍報告外沒有其他的科學證據。**

沒有科學證據，只好依賴可信度極低的證詞

既然未掌握到任何的科學證據，警方根據《刑事訴訟法》第一七六條之一傳喚目擊證人作證。但是**美國知名心理學家樂芙塔（Elizabeth Loftus），於一九七〇年代中期的研究結果顯示，目擊證人之證詞受限於記憶力，可信度非常的低**。

樂芙塔針對人的記憶進行一連串的實驗，發現錯誤的資訊可誘導出目擊證人錯誤的記憶，甚至根本未曾發生的細節。在樂芙塔的實驗中，工作人員放映幻燈片給參與者觀看，有的

參與者看到的幻燈片是十字路口的車子和一個「讓」的交通標誌，有的人看到的是十字路口的車子和一個「停」的標誌。工作人員在問問題時，故意問看到「讓」交通標誌者「停」標誌的問題，問看到「停」交通標誌者「讓」標誌的問題。參與者的答案令人十分驚訝，他們會順者工作人員的問題回答，記得看到的交通標誌都是錯誤的標誌。

在同一個實驗中，工作人員放映交通事故的幻燈片給參與者觀看，然後問不同的參與者不同的兩個問題：一、當兩部車子碰撞時，車子的車速爲何？二、當兩部車子撞爛時，車子的車速爲何？被問到第二個問題的參與者，傾向於答說他們在幻燈片中看到玻璃碎片。樂芙塔的實驗對美國司法界的影響深遠，司法界對目擊證人之證詞的評價徹底改觀，檢察官和辯護律師都會質疑目擊證人證詞的可信度。

在李塋宏案，最重要的目擊證人之一是廖炳南的鄰居陳培權，其證詞果然前後不一，甚至漏洞百出，可信度極低，茲整理如下：

陳培權證詞前後的出入

地點與時間	證詞
一〇〇年五月二十九日豐原警分局警詢	案發當天晚上七時許，由自宅外出買菸，經過廖炳南家，看到廖炳南已睡著，但沒有看到被害人身上有任何外傷，之前看過被告李塋宏和劉文義，但不知道兩人的名字，當天晚上兩人在喝酒，李塋宏邀陳培權一起喝酒，但陳培權未加入李塋宏和劉文義的話題，也未注意李塋宏和劉文義聊天的內容，未聽見或看見有人爭吵，喝了三分之一杯米酒，約五分鐘左右便因為自己有喝酒，未買菸而直接回家睡覺，回到家時看一下行動電話上的時間顯示為晚上八時五分。

一〇〇年六月十七日 檢察官偵訊	五月二十八日晚上快八點時，由自宅去買菸時經過廖炳南的住處，看到廖炳南酒醉躺在沙發上，當時廖炳南家裡沒有其他人，陳培權先去買一包菸，又回到廖炳南住處便沒有看到廖炳南，於是就回家了。在廖炳南家沒有看到和聽到廖炳南與朋友吵架，也沒有勸架。
一〇〇年十月五日 法院開庭審訊	案發當日由自宅出門去買菸，出門前沒有喝酒，經過廖炳南家，看到一個人躺在客廳沙發椅上睡覺，住在廖炳南家中的朋友當時是清醒的，陳培權問「他們」將廖炳南帶去那裡，「他們」說廖炳南在裡面睡覺，陳培權喝了三分之一杯米酒，出來之後就去買菸，買完菸便回家，在這個過程中，沒有看到任何人打架，沒有人請陳培權報警，陳培權身上雖然有手機，但沒有撥打電話叫救護車。

資料來源：臺灣臺中地方法院一〇〇年度重訴字第二〇四二號刑事判決。

檢、院沒有執行偽證罪的能力

目擊證人陳培權的證詞前後不一、漏洞百出，證明證詞的可信度極低，也凸顯有形證據和科學證據對於公平審判的重要性。然而，不可否認的是，並不是每一件刑案都能找到科學證據，證詞仍是司法運作無可或缺的要件。如果陳培權證詞的出入，可信度極低，確實和美國心理學家樂芙塔的研究結果一樣，是因爲有限的記憶力或不可考的心理原因，當然無可厚非；但若是基於其他考量而刻意隱瞞或作不實的陳述，妨害法院發現眞相，難以實現社會正義，則茲事體大。根據《刑法》第一六八條的規定，僞證是七年以下有期徒刑的重罪。

近年來被害人家屬或團體呼籲重視被害人的人權。若想要眞正的維護被害人的人權，不是著眼在判被告重刑，而是要追緝眞兇。要追緝眞兇，司法運作必須要有「發現眞相」的能力。

但是最高法院九〇年度台非字第九〇號刑事判決，涉及一件民間互助會的案子，**法官發現傳喚十二名證人，十一名說謊，唯一沒有說謊的是因爲帶了詳細的書面紀錄，法官因此感嘆到：「國人喜好與人爲善，講究人情重於是非」。這樣的特殊文化已經妨礙到眞相的發現，使司法系統無法正常運作，原因則出在檢察官和法院都沒有執行僞證罪的決心和能力。**

在李堃宏案中，陳培權警詢和偵訊的兩次證詞嚴重的相互矛盾，若是發生在美國，檢察官會以僞證罪和妨害司法相逼；若發生在法院審理期間，法官會以藐視法庭罪相逼，當庭收押直到誠實作證爲止。但是在台灣，沒有妨害司法罪和藐視法庭罪，檢察官也未以僞證罪相逼，要求陳培權誠實作證，法官甚至把前後嚴重矛盾的證詞，當作證據認定犯罪事實。

尤有甚者，法院開庭審理時，法官親自訊問證人，陳培權證稱案發當天晚上，在廖炳南家中看到一個人躺在沙發椅上睡覺，當時被告李堃宏則是清醒的。根據陳培權的上述證詞，可以推論躺在椅子上睡覺的是劉文義，但是陳培權又證稱他問劉文義和李堃宏將廖炳南帶去哪裡？劉文義和李堃宏回答說在裡面睡覺。**陳培權若不是說謊，就是精神狀況有問題，可以問睡著的劉文義問題，睡著的劉文義還會回答問題。更神奇的是法官竟然肯定陳培權的證詞是「等語翔實」，還根據他的證詞認定犯罪事實**，原文摘錄如下：

（法官問陳培權：你說你看到躺在客廳在睡覺之人，是否有就近看清楚就是廖炳南？）我沒有看。我進去時，一個躺在客廳椅子上睡覺，一個住在廖炳南家中那個人是清醒的……我進去時廖炳南沒有在客廳睡，剩下二人在客廳，我問他們將廖炳南帶去哪裡，他們說在裡面睡覺。」等語翔實，益徵被告李埊宏辯稱伊曾要求證人陳培權勸架且進入被害人廖炳南房間查看廖炳南傷勢，並向證人陳培權陳稱廖炳南受傷要趕快報警等情，顯非事實。

目擊證人陳培權接受檢察官偵訊時的證詞如下：

問：被告二人有沒有看過？

陳：好像有。

問：在哪裡看過？

陳：在豐原，哪裡我不記得，要看到人才會記得。

問：他們說有在廖炳南的住所跟你喝過酒，有無印象？

陳：沒有印象。

問：你之前在警局有說，一〇〇年五月二十八日有去廖炳南住的地方，有無印象？

陳：沒有。

問：你是現在忘了？

陳：是，現在忘記了。

問：你認識廖炳南？

陳：有。他死掉了。

對於陳培權的上述證詞，法官認爲他只是記憶力消退而已，其原文如下：

可見證人陳培權事後陳稱不記得當時是與何人在案發現場一起喝酒云云，乃係因本案審理時已離案發時間較久，證人陳培權之記憶已有所消退所致混淆之詞，核與事實不符，尚非足據爲有利於被告李埅宏等人之認定。

事實上，陳培權於二〇一一年五月二十八日案發之日至廖炳南家中看到李埅宏和劉文義，法院判決書的日期是二〇一一年十一月二日，前後不到六個月，如果中華民國國民的記憶力都這麼差，可能眞的要考慮一下是否有足夠的合格證人，能夠支撐起發現眞相的司法系統？

陳培權是在法院開庭審理之前、檢察官偵查時提出「沒有印象在廖炳南的住所喝酒」的證詞，陳培權接受偵查的日期是二〇一一年六月十七日，距案發之日不到一個月。李埅宏和劉文義分別於二〇一一年七月十三日和七月十九日接受檢察官的偵查，即使陳培權這兩天也接受偵查，距案發之日也不到二個月。而法官指陳培權「等語翔實」的證詞，是陳培權在法院開庭審理時提出的證詞，所以**法官選擇性的相信陳培權在法院開庭審理時提出的證詞「翔實」**，

之前在偵查時的證詞卻是「記憶已有所消退」的結果。法官和檢察官在李埅宏案中接近無能的表現，讓僞證罪的法律規定形同具文，司法系統雖然有運作，但無法發現眞相，無異於全盤崩解，那有可能追緝眞兇？若無法追緝眞兇，那有可能維護被害人的人權？遑論帶領社會進步，建立新價值，脫離「國人喜好與人爲善，講究人情重於是非」的文化陰暗面。

被告李埅宏和劉文義的自白前後不一、彼此矛盾

除了陳培權的證詞前後不一、漏洞百出外，被告李埅宏和劉文義對於三個人怎麼會湊在一起喝酒、起衝突的原因，以及廖炳南受傷和死亡的經過，也各有說法。甚至連「三個人怎麼會湊在一起喝酒」，這種與刑責沒有直接關係的問題，都可以說出六種不同的版本，整理如下：

三個人怎麼會湊在一起喝酒？

自白的時間與地點	劉文義的自白	李埅宏的自白
一〇〇年五月二十九日豐原警分局警詢	我當時要回家，於一〇〇年五月二十八日上午十時許在圓環東路上文化中心對面碰巧遇到廖炳南，廖炳南邀我去他家中喝酒聊天，我們就一起走路到廖炳南住宅。大約經過五分鐘，李埅宏就到廖炳南家，李埅宏就手拿二瓶紅標米酒，並邀我與廖炳南一起喝酒。	

一〇〇年五月二十九日檢察官偵訊	昨天早上十點多我在路上遇到廖炳南，廖炳南說是否要來我家喝酒，我就跟廖炳南一起去廖炳南住處。（問：昨天早上你去死者家的時候，是否只有你與死者兩個人？）是，李堃宏後來才回來，我沒有注意李堃宏回來的時間，可能快靠近中午……昨天我跟死者回家之後，桌上有一杯酒，我沒有看到有酒瓶，這一杯酒是死者喝掉，後來李堃宏回來，他說要去買酒，他就出去買了二瓶米酒回來，我們三個人就一起喝酒。	昨天早上劉文義有去死者家裡找死者，死者不在，我就先跟劉文義喝二杯，劉文義先離開，之後我就出去撿資源回收的東西，大約是早上十一點多……
五月二十九日法院羈押庭		一〇〇年五月二十八日有於廖炳南家與劉文義一起喝酒，當天早上我先跟劉文義一起喝酒，之後我就出去撿回收，到當天下午二時許回來時，劉文義與廖炳南一起在喝米酒，我就加入，劉文義要我拿一瓶米酒給廖炳南，之後我又出去買兩瓶米酒……
一〇〇年七月十三日檢察官偵訊	我當天中午在路上遇到廖炳南，廖炳南就請我去他家喝酒聊天，我去他家時沒有其他人在，喝到下午一、二點時李堃宏回來，廖炳南說李堃宏在三天前開始跟他女朋友一起住在那裡，然後李堃宏就去買酒，我們三人就在那裡喝酒。	早上遇到劉文義要去找廖炳南，我剛好要出去工作，劉文義就問我為何住這裡，我們就在廖炳南家喝二、三杯米酒，這時廖炳南不在家，後來我就出去上班，劉文義也離開了。我在下午三點到五點時回去，看到劉文義在客廳，我回來時看到他們在講話講得很快樂，都有喝酒……

資料來源：臺灣臺中地方法院一〇〇年度重訴字第二〇四二號刑事判決。

三個人聚在一起喝酒，不會無緣無故把一個人打死，對於被告劉文義與廖炳南起衝突的原因，李堃宏以及劉文義的供詞前後不一，整理如下：

衝突是怎麼發生的？

自白的時間與地點	劉文義的自白	李堃宏的自白
一〇〇年五月二十九日 豐原警分局警詢	案發當天李堃宏未回來前，廖炳南抱怨李堃宏已住在廖炳南家三天，李堃宏回來後三人一起聊天喝酒，廖炳南只喝酒不說話，然後李堃宏向劉文義抱怨廖炳南要睡李堃宏的女友，劉文義說廖炳南不會亂來，要李堃宏不要想太多，李堃宏對廖炳南說太亂來會修理廖炳南，但劉文義要李堃宏不要打廖炳南，當繼續聊到廖炳南可能對李堃宏女朋友亂來，劉文義「就氣憤不由自主隨手拿起木板凳朝廖炳南打過去，木板凳腳斷了，廖炳南就瞪劉文義」。	廖炳南與劉文義雙方有口角，劉文義稱廖炳南看不起他，劉文義氣憤不過，隨手就拿起木板凳打向廖炳南，李堃宏向前將劉文義拉開，劉文義又持木板凳打向廖炳南，又拿空酒瓶打廖炳南。屋裡兩支木板凳都是劉文義打廖炳南致廖炳南頭部受傷，兩支木板凳腳也都斷。
一〇〇年五月二十九日 法院羈押庭		當天與劉文義在分局銬在一起時，劉文義親口說口角的原因是廖炳南說想要約李堃宏的女朋友廖雅雲上床，劉文義氣不過才會打廖炳南。
一〇〇年五月二十九日 檢察官偵訊	李堃宏說廖炳南想要睡李堃宏的女友廖雅雲，劉文義聽到後很不爽，問廖炳南，但廖炳南不理不睬，顧左右而言他，沒有正式要回答，劉文義便氣起來拿木頭椅子打廖炳南一下，木椅就斷掉了。	

七月十三日檢察官偵訊	李堃宏告訴劉文義廖炳南要非禮李堃宏的女朋友，劉文義問廖炳南，廖炳南很不客氣說這是他家，他想要怎樣就怎樣，劉文義「可能是喝酒一時氣憤」，才會打廖炳南。	李堃宏先稱不知道劉文義和廖炳南爭吵的原因……後又證稱廖炳南要劉文義打李堃宏，等李堃宏的女朋友來時，廖炳南要與李堃宏的女朋友發生性行為，但劉文義不理廖炳南，兩人可能因為這件事起口角，但真正原因不清楚。
七月十九日檢察官偵訊	李堃宏從外面回來時，劉文義出去查看，李堃宏告訴劉文義廖炳南要非禮李堃宏的女友廖雅雲，劉文義進屋後問廖炳南，廖炳南口氣不好，劉文義才拿椅子打廖炳南。	
一〇〇年九月十四日法院開庭審訊	李堃宏下午二點多回來時，叫劉文義出去，在外面跟劉文義講廖炳南要調戲李堃宏的女朋友，劉文義問廖炳南為何要睡李堃宏的女朋友，廖炳南不否認也不承認，說「這是他家，想怎樣，就怎樣」。	劉文義看不起廖炳南，要叫廖炳南的死對頭去找廖炳南算帳，並對廖炳南說，要來廖炳南家住隨時可以，要叫廖炳南出去住，也隨時可以，廖炳南不太高興。

資料來源：臺灣臺中地方法院一〇〇年度重訴字第二〇四二號刑事判決。

對於廖炳南受傷的經過，被告劉文義和李堃宏也有不同的說法：

廖炳南受傷和遇害的經過

自白的時間與地點	劉文義的自白	李堃宏的自白
一〇〇年五月二十九日豐原警分局警詢	劉文義在廖炳南住宅客廳睡覺期間，有聽廖炳南房間傳出打鬥聲音，不知道有鐵板凳，在客廳半睡時間印象中有看到李堃宏在電視機旁搬花瓶到廖炳南房間，就繼續睡，有聽到碰的一聲，類似玻璃碎掉的	劉文義在客廳裡拿兩個木板凳打廖炳南，打到椅腳斷掉，又用空酒瓶毆打廖炳南，廖炳南的頭部受傷後爬回房間，李堃宏幫廖炳南拿棉被，劉文義又進到房間用鐵板凳和電視旁邊的花瓶打廖炳南，用花瓶打二下

	聲音，不清楚李堃宏在廖炳南房間作何事，直到警察叫我起來，都一直睡在客廳，警察和救護車來後，進去房間的時候，有跟著進去看，看到死者倒在地上，用棉被包著，以為他是喝酒不小心摔著。	後把花瓶丟在地上時花瓶破碎，廖炳南的臉部左邊眼睛受傷流血，李堃宏幫廖炳南止血，劉文義到客廳去睡覺。
一○○年五月二十九日法院羈押庭		廖炳南爬回房間睡覺，劉文義又拿電視機旁邊的花瓶，用棉被蓋住廖炳南，再用花瓶敲廖炳南，我就趕快進去拉住劉文義，劉文義還有用腳踹廖炳南。
一○○年五月二十九日檢察官偵訊	劉文義拿木板凳打廖炳南，椅腳斷掉，後來又拿另一張木板凳敲廖炳南的頭，不記得椅腳有沒有斷掉，廖炳南頭部右太陽穴有流血，但沒有流很多，沒有用酒瓶敲廖炳南的頭部。	劉文義在客廳時，從桌子下拿一個磚塊敲廖炳南的頭和胸，又拿鐵椅敲廖炳南的左上半身，又拿一瓶還沒有開、一瓶喝一點點的罐裝米酒直接敲廖炳南的頭，廖炳南的傷口一直流血，爬回房間後，劉文義又進來房間，拿鐵椅子隔著棉被打死者，全身亂打，之後又拿一個放在電視旁邊插雨傘的花瓶，高約五、六十公分的花瓶，當時死者倒在地上，劉文義敲二下在死者的身上，敲第三下的時候敲到地板，花瓶就破掉。
一○○年七月十三日檢察官偵訊	廖炳南罵劉文義三字經，用手打劉文義的頭，劉文義用一張木板凳打廖炳南的頭和肩膀，廖炳南的頭有流一點血，劉文義沒有用鐵椅、花瓶打廖炳南，之後劉文義在客廳長椅上睡覺，廖炳南還在喝酒。	不清楚房間內為何會有變形的鐵板凳或碎掉的鏡子玻璃。
一○○年七月十九日檢察官偵訊	劉文義坐在現場近大門口的單人座椅，李堃宏坐在劉文義正對面，廖炳南則是坐在劉文義右手邊的塑膠小椅子。劉文義持小椅子揮打廖炳南左側頭部及肩膀，並沒有毆打到廖炳南身體部位，廖炳南身體右側亦沒有打到。	劉文義坐在近門口的長條椅，廖炳南坐在近門口的單人座椅，劉文義用椅子打廖炳南左側頭部及肩膀，不記得劉文義有沒有用鐵椅子在客廳和房間內打廖炳南的左上半身。

一〇〇年九月十四日法院開庭審訊	劉文義睡著到警察來之間只知道廖炳南的房間有聲音，知道他們有在爭吵，但沒聽清楚吵什麼，印象中有看到被告李堃宏搬花瓶，然後就聽到碰的一聲，當時廖炳南應該是在房間內，那時候我記得我稍微醒來，稍微睜開眼睛看的時候，客廳都沒有人，還暗暗的……眼睛睜開時有看到李堃宏在搬電視機前面，在電視櫃右側右下角的花瓶，搬到房間裡面。	廖炳南爬進房間後，劉文義又拿花瓶進去，朝廖炳南身體敲二下之後，又在地上敲一下，花瓶就碎裂了，後來還拿鐵椅子打廖炳南的頭部跟身上都有，當時廖炳南身上包著棉被，一直包到喉嚨再上去一點，鐵椅子還變形了……劉文義用鐵椅子敲廖炳南的胸部，鐵椅子有壞掉，李堃宏將鐵椅子丟到床鋪附近的牆角。

資料來源：臺灣臺中地方法院一〇〇年度重訴字第二〇四二號刑事判決。

若有指紋補強自白，就能查出真兇

劉文義和李堃宏的證詞前後不一、相互矛盾，很難與事實相符，根據訓練北美執法人員科學辦案十分有經驗的Reid & Associates，約略可歸納出四種原因：

一、嫌犯確實犯案，但故意提供不實的供詞，使自白不具證據力。

二、有共犯時，嫌犯爲了掩護共犯或猜測共犯的犯案過程，以至於提供的供詞與事實不符。

三、呈現樂芙塔實驗的結果，嫌犯的心理或病理因素影響其記憶或認知能力，無法正確的判斷到底發生了什麼事，爲了討好詢問者或其他令人不解的原因，會基於一般的常識、直覺……描述犯案的細節。

四、無辜的嫌犯被威逼利誘，根據其猜測自白。

人的記憶不可靠，即使是被告誠心誠意的自白或供詞，也難保不會有一些與事實不一致的地方。因此，法院不會要求與事實完美一致的自白，但是自白對被告的殺傷力太大，可信度卻受到許多因素的影響，因此必須要有補強證據佐證其眞實性，才能採信自白或供詞作爲判決有罪的證據。

李堃宏既稱是劉文義用花瓶和鐵椅子打廖炳南，又供稱不清楚房間內爲何會有變形的鐵板凳或碎掉的鏡子玻璃。劉文義說用木椅子打完廖炳南後就去睡覺，醉到人事不知，但睡覺時又聽到李堃宏和廖炳南爭吵，看到李堃宏把電視機旁邊的花瓶搬到廖炳南房間內，之後又聽到房間內有玻璃碎掉的聲響。這種前後不一、漏洞百出的供詞，可信度極低，除非有補強證據佐證其眞實性，否則很難採信爲認定犯罪事實的證據。

警方若在辦案之初，便在鐵椅上採得李堃宏的指紋，李堃宏或許還可以辯稱是他把鐵椅子丟到床鋪附近的牆角時留下的指紋，但警方若在花瓶和鐵椅上未採得劉文義的指紋，李堃宏指劉文義犯案的供詞就破功了，除非有更好的說詞，否則李堃宏很難再狡賴是劉文義用鐵椅打死廖炳南。同理，警方若在花瓶和鐵椅上採得劉文義的指紋，劉文義否認涉案的證詞也會破功。

警方以指紋檢證出二名被告自白中關鍵點的眞實性後，便能進一步確認李堃宏和劉文義兩人

中，到底哪一個人涉嫌犯案的可能性較高。遺憾的是，「指紋」這兩個字完全未出現在李堃宏案的判決書內。

被告沒有偽證罪、妨害司法罪和藐視法庭罪

李堃宏案中，兩名涉案人的自白前後不一、相互矛盾的情形，和不嚴格執行偽證罪和欠缺妨害司法罪和藐視法庭罪密切相關。近年來台灣的被害人或所組成的團體，嚴詞批評司法忽視被害人的人權，過分重視被告的人權，並非無的放矢。因爲**台灣的被告享有不自證己罪的權利，在國外不自證己罪是要保護被告免於陷入自證己罪、僞證罪、妨害司法罪、藐視法庭罪的困境中，但是台灣的被告並沒有僞證罪、妨害司法罪和藐視法庭罪的威脅，甚至沒有湮滅證據罪的威脅。在這樣的法律規定下，既沒有誠實的供詞，又找不到兇器，要如何追緝眞兇？如何保障被害人的人權？**

不自證己罪權源自於美國，現在讓我們來看看美國前副總統錢尼的幕僚長利比（I. Lewis Scooter Libby）所涉的刑案，在嚴厲的僞證罪和妨害司法罪的交互作用下，美國的司法系統如何得以發現眞實，實現社會正義。

二〇〇三年七月六日，美國前外交官威爾森（Joseph Wilson）根據親自去非洲尼日調查的結果，在紐約時報發表文章，公開批評布希總統發動伊拉克戰爭的合理性，指稱伊拉克總統海珊（Saddam Hussein）並未試圖向尼日購買鈾（yellowcake uranium），生產大規模殺傷性武

器。二〇〇三年七月十四日，著名的保守派政治評論家兼專欄作家諾衛克（Robert Novak），撰文評論威爾森的批評，並揭露威爾森的妻子是中情局情報員，負責蒐集大規模殺傷性武器的情報。諾衛克撰文時，威爾森之妻的情報員身分屬保密資料，依法不得外洩。

美國憲法增修第五條規定，檢察官必須透過大陪審團完成調查和起訴的工作。負責調查威爾森之妻情報員身分洩漏案的大陪審團，於二〇〇三年十月三十一日宣誓成立，二〇〇三年十二月三十日，司法部指定費傑洛（Patrick J. Fitzgerald）擔任該案的特別檢察官，利比未主張不自證己罪，經過兩年的調查，二〇〇五年十月二十八日大陪審團決定起訴利比，起訴的第一項罪名是妨害司法罪，原因是利比在二〇〇四年三月五日和三月二十四日，明知且惡意以虛僞不實和誤導的陳述影響和妨礙大陪審團的調查。

利比被起訴的第二和第三項罪名是欺騙美國政府，在二〇〇四年十月十四日和十一月二十六日接受聯邦調查局FBI探員的調查時，利比兩次對FBI探員提出來的問題，以重大錯誤、虛僞和欺罔的說詞作爲回應。欺騙政府罪類似台灣的使公務人員登載不實的僞造文書罪，但不限於文書。

利比被起訴的第四和第五項罪名，都是僞證罪，因爲利比在二〇〇四年三月五日和三月二十四日，宣誓會誠實回答，但回答的內容中有明知不實的陳述。僞證罪專門規範司法程序，包括大陪審團的調查（相當於我國檢察官的偵訊）和法院的審理，涵蓋口述的證詞和任何形式的書證，書籍、文件、記錄、圖表……美國的司法程序和台灣的略爲不同，不論是被告或證人，都必須先具結才能陳述或作證，具結的門檻很低，沒有特定的形式，對於口述的證詞，通常是舉手宣誓，對於書證，只要在書證的末頁聲明內容爲眞並簽名，就有具結的法律效果。

檢察官追訴僞證的舉證責任很低，只要被告的陳述前後兩次不一致，只有其中之一可能爲眞，且陳述的內容十分重要、可能影響訴訟結果時，即可構成僞證罪，檢察官不必證明哪一個陳述爲僞。美國律師不輕易建議刑事被告作證，高僞證罪的風險便是原因之一。

二〇〇七年一月十六日，哥倫比亞特區區域法院開庭審理威爾森妻子的身分洩漏案，三月六日，陪審團達成決議，除了一項欺騙政府罪未成立外，其他的妨害司法罪、欺騙政府罪和二項僞證罪都成立。**一名陪審員審後接受媒體訪問指出，對於一項重要的問題，利比推說忘了，被陪審團判定說謊。六月五日，法院判利比三十個月的有期徒刑、罰金二十五萬美元，兩年管束，包括四百小時的社區服務**。二〇〇七年七月二日，布希前總統免除利比三十個月的有期徒刑，維持其他判決。對於布希總統的決定，前副總統錢尼曾在媒體上公開表達不滿。

在美國的司法制度下，檢察官偵訊時，嫌疑犯只有回答會讓自己被起訴判刑的問題時，才能主張不自證己罪，否則必須據實回答，要不然會像利比一樣被依妨害司法罪起訴和判刑。對於必須回答的問題，嫌犯若不據實回答，就會像利比一樣因僞證罪而被起訴和判刑。美國的嫌犯膽子大的會選擇拒絕回答問題，讓檢警找不到破案的線索，但甘願冒妨害司法罪的風險、不據實陳述的情形很少。到了法院，被告若主張不自證己罪，可以拒絕回答任何問題，一旦同意回答問題，視同放棄不自證己罪的權利，必須據實回答，若拒不回答便有被判藐視法庭罪的風險，若不據實回答問題，則有偽證罪的風險。

李埅宏案呈現台灣司法的困境。檢警沒有科學辦案的能力，事前未自證物上採驗指紋，警詢和偵訊後也不會根據自白或供詞採驗指紋，比對證詞並進而過濾出眞兇。法官和檢警同樣的無能，導致司法判決不是建立在具體的科學證據上，而是一場自白、供詞、證詞的互咬。但是**眞兇依法沒有偽證罪的威脅，可以儘量亂咬別人；檢、院又沒有執行偽證罪的能力，鮮少對證詞前後不一、甚至矛盾、漏洞百出的證人以偽證罪相繩，司法判決結果未必懲處的是眞兇，可能是無辜者代為受過，若像美國一樣嚴厲的執行偽證罪、妨害司法罪或藐視法庭罪，可能讓無辜者蒙受更大的司法不正義。二〇〇九年，法務部推動相關立法時遭受到龐大的阻力，以至於被告人權和被害人人權的保護兩相落空。**

沒有補強證據也能找出誰在說謊？

李埅宏案的判決書全長四萬多字，沒有科學證據，但有一大堆前後不一、矛盾、漏洞百出的證詞和自白，**法官為了讓判決書「自圓其說」，居然可以神奇的在不需要任何補強證據的情況下，找出誰在說謊。**

法官在判決書的理由欄內，一開始便指出廖炳南雖然頭部有外傷並出血，但並未造成顱內出血，眞正的死亡原因是胸、腹部大量出血致休克死亡，因此只要找出是誰毆打廖炳南的胸、腹部，就能找出造成廖炳南死亡的眞兇。

法官找出謊言的關鍵，是李堃宏雖然在法院訊問時指出被告劉文義「拿鐵椅子打廖炳南的『頭部』跟身上都有」，但法官刻意不採李堃宏該部分的供詞，指李堃宏在法院應訊時供稱：「被告劉文義係在房間內持鐵椅毆打身上已覆蓋棉被至頭部附近之被害人廖炳南之『胸部』，且伊尚有將該變形之鐵椅丟棄置床鋪附近牆角」，但是：

> 在房間內扣案之變形鐵椅其中一支鐵腳上乃沾有廖炳南之血跡等情，既有現場照片存卷足參，且有載明編號九棉棒血跡檢出男性DNA-STR型別，與死者廖炳南DNA型別相符，該十五組型別在台灣地區中國人口分布之機率爲二點五一×十（-20次方）。

法官將「刻意選擇性」採信之李堃宏的供詞，比對鐵椅上廖炳南的血跡，沾沾自喜地認爲找到破案關鍵，認定「足見被告李堃宏前曾指陳被告劉文義係在房間內持鐵椅毆打身上已覆蓋棉被至頭部附近之被害人廖炳南之胸部云云，顯與事實有違。」然後綜合李堃宏前後不一致的證詞，做出下述結論：

> 綜上，堪見被告李堃宏迭次所陳關於被告劉文義毆打被害人廖炳南之原因、又持何物在何處毆打廖炳南身體何處等情，不僅前後尚非一致，且與事實有所出入，顯然

有疑，從而，已不無係因被告李堃宏自持上開物品毆打廖炳南後，因此對於現場曾使用過何種物品作爲工具得以如數家珍，並自行整理現場後，再栽贓嫁禍同在現場而已泥醉之被告劉文義之可能。

但是已「泥醉」的劉文義，對犯案工具雖然沒有像李堃宏一樣「如數家珍」，但「泥醉」的同時，竟然可以「隱約聽到李堃宏搬電視機旁邊的花瓶到廖炳南房間，之後房間有玻璃碎掉的聲響」，難道沒有「顯與事實有違」以及「故意對使用過何種物品作爲工具無法如數家珍，再栽贓嫁禍同在現場之被告李堃宏之可能」？

邏輯謬誤：李堃宏說謊，所以劉文義說實話

李堃宏只是因爲沒有每一次都指出劉文義用鐵椅打廖炳南的「頭部」，就被指控供詞「顯與事實有違」，目的是要「栽贓嫁禍同在現場之被告劉文義」。但是被告劉文義於案發第二天記憶猶新之際，接受檢察官偵訊時供稱：

> 我就生氣起來順手拿旁邊的木頭椅子打死者一下，後來木椅就斷掉，死者也有瞪我，死者沒有出手，我就拿另外一張椅子敲死者的頭一下，我不知道這一張椅子有沒有斷掉，當時死者就跌坐在地上，我有扶死者起來，並倒一杯酒給死者喝，死者也

有喝，我就說我要先休息一下，我就在客廳旁睡覺，他們兩個人繼續喝酒。（檢察官問：當時死者傷勢如何？）死者的頭部右邊太陽穴有流一些血，但沒有流很多。

對於劉文義的這段證詞，法官不認為「顯與事實有違」，目的是要「栽贓嫁禍同在現場之被告李埅宏」，認定劉文義是「誤陳無訛」，其原文如下：

佐以廖炳南乃係左側眉弓處有挫傷流血，而右側臉部則無受傷出血情形等情，亦有上開解剖報告及照片等附卷可參，可見被告劉文義顯係持木板凳兩張各毆打廖炳南之左側頭部（臉部）及肩膀，且將廖炳南左側眉弓處受傷部位，誤陳為右側太陽穴流血無訛。

法官在認定李埅宏說謊後，供詞同樣前後不一、漏洞百出的劉文義，雖然沒有任何補強證據可以佐證其供詞的眞實性，卻立刻成為最誠實國民獎的得獎人，其供詞「方為眞實及可信」，原文如下：

足見案發當日若非被告李埅宏告以上情藉以挑起被告劉文義與廖炳南發生口角爭執，被告劉文義蓋無知悉上情致出手毆打廖炳南之可能。基此，益見被告李埅宏一再迴避本件案發原因，顯係意圖爲自己脫免嫌疑，伊所述案發時雖受迫於站在伊方立場爲伊抱不平而毆打廖炳南之被告劉文義所爲恫嚇，竟仍不計前嫌細心照顧廖炳南，而爲廖炳南擦拭身體止血並蓋棉被以求取暖等情節，顯均不合常理，自應以被告劉文義所述當日衝突發生之原因係因被告李堃宏事先告以上情，且其間被告李堃宏並無任何勸架行爲，並曾對廖炳南說太亂來要修理廖炳南等語，方爲眞實及可信。

然而即使李堃宏眞的說謊，法官面對劉文義反反覆覆、前後不一致、矛盾、漏洞百出的供詞，只因爲李堃宏說謊便認定劉文義的證詞眞實可信，是陷入錯誤的二分法或假兩難的邏輯謬誤，亦即不是李堃宏說謊，就是劉文義說謊，但事實上可能兩人都說謊，也可能兩人都沒有說謊，而是人的記憶力本來就不值得信賴，而這也是爲什麼必須科學辦案，讓客觀的有形證據說話的原因。

推論錯誤：李堃宏說謊＝李堃宏犯罪

法官一旦認定李堃宏說謊，便開始從劉文義反反覆覆、前後不一的證詞中，找出不利於李堃宏的證詞，做出下列結論：

足徵被告李堃宏確有涉嫌於被告劉文義酒醉躺臥在客廳長椅上睡覺之際，持花瓶等物至房間內毆打被害人廖炳南，其後並自行掃除該等物品之碎片，意圖嫁禍酒醉中之被告劉文義之可能。蓋以，倘若上開犯行均爲被告劉文義所爲，且被告劉文義尚曾恫嚇被告李堃宏不准爲被害人廖炳南叫救護車且不准出去無訛，則被告劉文義爲警查獲時，何以不逕行指陳伊確實親見被告李堃宏持上開酒瓶、鐵板凳及花瓶等物在客廳或房間內毆打被害人廖炳南，竟均陳稱伊因早已酒醉躺臥客廳椅子上睡覺，未見其後現場發生之實際狀況。

我們在第二章中，已經介紹過邏輯的「否定式」概念，若要說「可能」，李堃宏當然有可能是要嫁禍劉文義，但劉文義「未見其後現場發生之實際狀況」，也非常「可能」是喝醉酒後並沒有去睡覺，而是什麼都不記得了。劉文義也非常可能在意識不清或是在無意識的情況下，把廖炳南打死了，但卻完全不記得自己做了些什麼？或發生了什麼事？法律嚴懲酒後駕車，不就是怕人酒醉後意識不清或是在無意識的情況下，撞死人自己都不知道嗎？司法判決講求證據，目的就是要窮盡所有的「可能」，才能鎖定眞兇，但是法官卻拿出特有的技能，用常情合理化其所認定的事實：

可見倘若被告劉文義確有持上開木板凳以外之物強力毆打廖炳南死亡，並恫嚇制止被告李堃宏叫救護車及離去之行爲，則被告劉文義該時當仍意識清醒，知悉自己鑄

> 下大錯而先行離開現場爲是，焉有仍留在案發現場之客廳長椅上酩酊大睡，徒增爲警查獲之危險，且竟直至員警及救護人員到場時，全然不知發生何事，復於離去後再度返回現場而自投羅網之理。

供詞與事實有違，Reid & Associates指出至少有四種情形、無數的原因。李堃宏的供詞與事實有違，原因太多，未必是說謊，更未必是爲規避刑事責任而說謊，不能因此便推論李堃宏犯案。

我們在第四章已經討論過，有多少證據能夠推論出什麼樣的結論，是學習如何正確推理非常重要的一環，對法律人而言尤其重要，因爲推理錯誤影響的是當事人的生命、自由或財產。在李堃宏所涉的殺人案中，涉及廖炳南的性命和被告的生命或自由，法官連李堃宏和劉文義是否有在鐵椅上留下指紋都不知道，便因爲李堃宏說謊而推論李堃宏犯案，是明顯的錯誤推論，凸顯的問題則是檢警和法院都欠缺科學辦案的起碼概念，而檢察官和法官更是欠缺邏輯推論的基礎訓練，沒有應有的專業知能卻有權判人生死，簡直是小孩玩大刀，實在是太危險了！

法官是功能有問題的測謊機

台灣和美國的法律都規定自白必須經過補強證據佐證其眞實性後，才能作爲判決犯罪的證據。由於人的記憶力非常的不可靠，法院雖然不會要求補強後的自白與事實完全一致，但自白內若有太多重點與事實不符，便會影響自白的證據力，嚴重時甚至會影響自白的證據能力。但最高法院九九年台上字第二二八八號判決，對於自白之補強規定的詮釋，卻在本土化經驗法則的作祟下，認爲自白前後不一時，可以衡情酌理判斷眞僞，與美國一九五四年要求以非依賴性補強證據佐證自白的*Opper v. United States*案，有明顯不同的詮釋：

> 被告就其被訴犯罪事實有所自白時，依補強法則，固仍應調查其他必要之證據，以察其是否與事實相符。但被告自白之事實，如先後兩歧或互有不一致之處，究竟孰爲可採，應以其自白之內容，經衡情酌理兩相比較後，何者具有相對之合理性爲斷。所謂自白內容之合理性，指爲自白對象之犯罪具體事實及其行爲之動機，於經驗法則與論理法則上具有妥當性而言。

李堃宏在二〇一一年五月二十九日偵查時指控劉文義用鐵椅打廖炳南，於二〇一一年七月十三日偵查庭時又改稱不知道房間內爲何會有鐵椅，前後的自白不一，且與劉文義否認有用鐵椅打廖炳南的供詞相互矛盾，依法解決之道是檢警在鐵椅上採驗指紋作爲補強證據，比對李堃宏和劉文義哪一個人的供詞爲眞。該案中被敲碎的花瓶，高約五十至六十公分，即使破裂也能從破片上採得指紋，比對和佐證兩名嫌犯的證詞，藉以鎖定眞兇。

兩千三百多年前的古希臘哲學家亞里斯多德，呼籲立法機關立法時應儘量避免給予法官過大的裁量權，以防止法官恣意專斷。最高法院不是立法機關，九九年台上字第二二八八號判決給予法官如此大的抽象裁量權，根本是違法的詮釋。**台中地院法官在最高法院的違法詮釋下，像一部功能有問題的測謊機，在一堆前後不一、漏洞百出的供詞中，自以爲找到李埜宏供詞中的破綻，便認定李埜宏說謊，說謊便被認定是眞兇，沒有「科學證據」的支持，也違反邏輯推理原則，而是任憑法官在漫無限制的「合理性」標準下，對李埜宏進行「動機論」的人格審，**指控和詆毀他栽贓嫁禍，使司法判決不再是訴諸證據的理性抉擇，而是相當於「文字獄」的「證詞獄」。

人人都知道測謊結果的證據力很低，僅具參考價值。但是在李埜宏案中，台中地院法官對於扮演測謊機的角色和功能深具信心，還很時髦的相信「有機的」測謊機強過「無機的」測謊機，當李埜宏的選任辯護律師要求就被告兩人進行測謊時，竟然遭到法官的拒絕，理由是李埜宏的殺人犯行「事證明確」，因此被判十八年的有期徒刑。劉文義前後不一的供詞受到法官的青睞，褒之爲「翔實」，只有使用木板凳打人而涉及傷害，因此只判一年的有期徒刑。

李埜宏案和邱和順案、蘇建和案、江國慶案不同，不是三十年前的舊案，而是不到十年的新案。警方在案發當晚便扣得證物，但卻沒有採得指紋或任何科學證據，審判結果完全建立在反反覆覆、前後不一、可信度非常低的供詞和證詞上，這和明朝的縣官斷案有什麼不同？李埜宏判十八年，劉文義判一年，和擲骰子作出的判決結果又有何差異？

Part 3 當鑑識科學都不科學了

11

科學證據殺人事件——江國慶案的血液、精液和DNA

江國慶案是台灣自白色恐怖之後，第一個政府承認的冤案。我們一直希望檢警科學辦案，法院審理時訴諸客觀的證據，但是江國慶所涉的謝姓女童命案裡，不乏科學證據，血跡、精液，甚至最先進的DNA，要什麼證據有什麼證據，爲什麼還會造成冤案？本章將仔細檢驗江國慶案中的科學證據，找出到底是誰殺了江國慶。

江國慶案發當日軍褲上的血跡鑑定

我們在第六章中，已經探討過謝童命案的兇刀，送刑事警察局鑑驗，鄰-聯甲苯胺初篩試驗呈現極微弱的陽性反應。刀上的血液容易清洗掉，但血跡並不容易洗掉，所以即使該把鋸齒狀的刀子被清洗過，極微弱的陽性反應也與謝童嚴重的下體傷害不符，由於只是初篩試驗，無法確認是人血，而且未鑑認出血型或DNA，根本無法證明刀上沾染謝童的血跡，甚至無法證明刀上的血跡是人血。

在謝童命案中，鑑識人員鑑驗血跡的鄰-聯甲苯胺試驗，只是初篩試驗。該試驗的科學理論是鄰-聯甲苯胺能夠在過氧化氫的存在下，與血液中的血紅蛋白反應後產生藍綠色，因此試驗結果受到過氧化酶（peroxidase）之活性的影響。但是除了血液中的血紅蛋白外，其他物質也含過氧化酶，一樣可以讓該試驗呈現陽性反應，但該陽性反應不是血液造成的，故稱作「偽陽性反應」（false positive）。因此鄰-聯甲苯胺試驗即使呈陽性反應，還要進行確認試驗（confirmatory test），才能確認是人血。

鑑驗血跡的試驗方法中，除了鄰-聯甲苯胺初篩試驗外，還有其他的血液初篩試驗，有些實驗室會進行兩種不同的初篩試驗，然後聲稱其中之一是確認試驗，這種作法是錯誤的。

除了兇刀外，專案小組還把江國慶案發當日穿著的軍褲送驗，發現軍褲右褲腿上有二處血漬斑跡、左褲腿上有一處血漬斑跡，鄰-聯甲苯胺初篩試驗結果也是呈極微弱的陽性反應，刑事警察局的鑑驗結果「是人血無訛」。然而，實情是軍方人員連同軍褲一起送驗的還有**江國慶的手銬、三雙鞋子和褲帶，血跡反應都呈陰性反應，軍褲上的血漬斑跡都只有「芝麻」大小，根本無法得到「是人血無訛」的鑑驗結果**。

二〇一一年軍事法院再審謝童命案，還江國慶清白，但並沒有說實話，判決書內交代的理由如下：

江國慶與女童於同間廁所內、有血跡離地面高約三十五公分至四十五公分處向周圍噴濺，而被告當日所著衣物及鞋子竟未受沾染，僅被告長褲有芝麻大小之血跡，確與常情有違，且尚無法檢驗該血跡斑跡之血型及DNA型別與被害人謝姓女童相符。

對於「是人血無訛」的錯誤鑑驗結果，避重就輕的找個理由就搪塞過去。

證物編號11-1的衛生紙

江國慶案的關鍵證物是編號11-1的衛生紙，上面有江國慶的DNA。一九九六年，軍事法院審理謝童命案時，檢察官以該衛生紙作爲證據，輕易的說服法院認定衛生紙上有被害女童的血跡和江國慶的精液，成爲江國慶被判處死刑最重要的證據。

二〇一一年九月，軍事法院再審謝童命案，江國慶的辯護律師主張改判江國慶無罪的理由之一是：「證物編號11-1之衛生紙未見有自白書所供稱，擦拭謝姓女童下體所用因而留下之血跡或DNA。」法院最後認定**衛生紙上只有江國慶的體液，可能是鼻涕或汗液，衛生紙上的DNA不是來自江國慶的精液**。

在鑑識科學上，衛生紙上的體液經過鑑驗後誤判爲精液的可能性有多高？讓我們深入追查。

江國慶是因爲強姦殺人而被判處死刑，性侵案最容易破案的跡證，是涉案人於性侵過程中無意留下的毛髮、精液或其他微物，在江國慶所涉的謝童命案中，這些證據全部都沒有。

美國有一部電視劇，名爲「法律與秩序：性侵組」（Law & Order: Special Victim Unit），簡稱SVU，描述紐約市警察局性侵組之警探的工作情形，自一九九九年熱播至今，受歡迎的程度遠超過「CSI犯罪現場」。

看多了SVU就知道，「性侵受害者的身體就是犯罪現場」，紐約倖存的受害者不幸遭性侵後，報不報案可以慢慢考慮，但千萬不要洗澡和換衣服，而是趕緊去醫院的急診室，讓訓練有素的專業醫護人員即時採樣，才能掌握到緝捕眞兇必需的跡證，包括涉案人留下的毛髮、精液等等。被害人即使事後洗澡，還是可以帶著遭受性侵時穿著的衣物，到醫院讓醫護人員採樣，只是這樣蒐證起來比較困難。至於不幸遇害的受害者，法醫的首要工作，當然是詳細檢查受害者的屍體，採集性侵者留下的毛髮、精液或其他微物。

謝童命案的被害人只有五歲，生理未成熟以至於沒有恥毛，也不可能與任何人發生性行爲，因此若能在屍體上找到可疑的毛髮，很容易就能根據毛髮鎖定眞兇。但是在謝姓女童案中，不論是軍事法院以江國慶爲被告進行審理時，或是台北地方法院以許榮洲爲被告進行審理時，從未提及可疑的毛髮，顯示該案並未掌握到涉案人的毛髮。

此外，專案小組也未在女童的陰道、肛門或其他部位採集到精液。該案的兩名被告—江國慶和許榮洲，都不是因爲遺留在被害人屍體上的精液而被辦案人員鎖定的。如果法醫掌握到精液，很容易就鎖定被告，軍方專案小組又何需對江國慶刑求逼供？台北地院於二〇一一年重審以許榮洲爲被告的謝童命案時，自始至終也都沒有提到過「精液」這項證據。

軍方專案小組並未隱瞞涉案人未射精的真相

謝童命案是一件沒有精液、非比尋常的性侵案，專案小組並未掩蓋該項事實，有軍事檢察官一九九六年十月二十八日的起訴書爲證，起訴書中相關的記載如下：

> 被告雖預見以手摀住謝童口、鼻，有致其死亡之可能，竟仍不顧而爲之，迅即將其抱進廁所，迨謝童休克昏迷不能抗拒後即脫其衣、褲強加姦淫得逞（僅部分陽具插入），致其會陰部撕裂傷，<u>被告無射精即將謝童置於廁所地上</u>，終因口、鼻遭悶塞而窒息死亡。（編注：畫線爲作者所加，以下同）

根據起訴書記載的事實，江國慶把窒息死亡的謝童置於廁所地上後，便離開廁所，走到交誼廳時發現吧台上有一把鋸齒狀的刀子，爲了滅口，拿起刀子回到廁所殺害謝童。由此可見，**軍事檢察官在偵辦結束後，根據法醫的檢驗結果認定江國慶並無射精，全體參與辦案的人員，不論是軍職或非軍職，應該都知道這件事。**

是誰「提供」衛生紙上的精液？

江國慶既然未射精，衛生紙上又爲什麼會驗出他的精液？**鑑識過程中有把體液誤認爲精液的可能嗎？答案是不可能，因爲性侵案的鑑識工作一定是鑑驗精液。精液和鼻涕、汗液或其他體液不同，只有精液內有精子細胞（精蟲），鑑驗的方法不同，不可能把鼻涕、汗液或其他體液誤認爲精液。**

現在讓我們還原案發後的鑑識工作，看看這個不可原諒（或惡意？）的錯誤，到底是如何造成的？

謝姓女童案爆發後，由於命案發生在台北市，台北市刑大鑑識組奉命到現場支援軍方現場勘驗和採證的工作。市刑大的鑑識人員把廁所裡的垃圾桶帶回檢視和採證，在垃圾桶底部發現女童的衣物和鞋子，上面垃圾袋裡有許多用過的衛生紙，證物編號11-1衛生紙就是來自該垃圾桶內的垃圾袋。

編號11-1的衛生紙是一大桶用過的衛生紙中的一張，這張衛生紙有何特殊之處？爲什麼會被鎖定？鑑識人員基於何種原因排除其餘的衛生紙，判決書內從未交代，令人不得不懷疑是先射靶、後畫標？

市刑大是協助辦案，乃將可疑的衛生紙交給軍方，軍方並不是自行鑑驗，而是委託非軍系的法務部調查局和警政署刑事警察局協助鑑驗。刑事警察局鑑驗時，檢體來自編號11-1衛生紙上未沾血的斑跡，於一九九六年九月二十日作出文號刑鑑字第五八五三一號的鑑驗書，採用「酸性磷酸酵素檢測法」檢驗，結果「呈弱陽性反應，顯微鏡檢查未發現精子細胞」，顯示衛生紙上沒有精液。

刑事警察局的檢驗方法，是國際間常用的精液檢測法：酸性磷酸酵素檢測法，是丹麥科學家盧卡特（**Frank Lundquist**）於一九四五年發明的精液測試方法。由於人體精液裡所含的酸性磷酸酵素是一般體液的五百到一千倍，即使是在性交後的陰道內或乾的精液斑跡上，仍然能保有極高的活性，因此可作爲測試精液的指標。

酸性磷酸酵素檢測法雖然具有一定的可信度，但因爲其他體液中也含有酸性磷酸酵素，因此測試結果有僞陽性反應的可能，因此，只能作爲初篩測試，之後一定要進行確認測試，才能認定精液的存在。最古老、最普遍，而且又是最可靠的精液確認測試，就是刑事警察局採用的方法—用顯微鏡檢查檢體內是否有精子細胞，因爲只有精液裡有精子細胞，鼻涕、汗液內是不會有精子細胞的。

爲了辨認檢體內的精子細胞，避免與上皮細胞混淆，檢查前可添加染劑，精子細胞的頭染成紅色，尾巴染成綠灰色，檢體看起來像一棵聖誕樹，故稱爲聖誕樹染色法（**Christmas Stain Test**）。該檢查方法是波士頓醫生魏特尼（**W. F. Whitney**）於一八九七年發明的，至今已超過一個世紀，除非是無精者，否則非常準確可靠。

當酸性磷酸酵素檢測結果呈陽性反應，但顯微鏡檢驗卻找不到精子細胞時，怎麼辦？一種名爲PSA（prostate-specific antigen）或P30的精液確認測試法，就派上用場了。PSA是前列腺分泌的一種特殊蛋白質，也是一種抗原，藉這種特殊抗原與抗體之間的作用，即使檢體內沒有精子細胞，也能確認檢體是否含有精液。

刑事警察局編號11-1衛生紙的鑑驗結果，酸性磷酸酵素檢測法呈現弱陽性反應，但是並沒有發現精子細胞，由於當時台灣尚未引進PSA測試法，就當時的技術而言，**除非江國慶的生理狀況特殊，精液內不含精子，否則顯微鏡下找不到精子細胞，就表示衛生紙上沒有江國慶的精液。至少應該暫時排除江國慶涉案的可能，**不必再牽拖了！那麼，衛生紙上江國慶的精液是哪來的？爲何有人聲稱是精液時，刑事警察局從來沒有人站出來說話？

體液為什麼變精液？

除了刑事警察局外，另一個協助鑑驗的單位是法務部調查局，根據調查局一九九六年十月七日編號爲（八五）陸（四）八五二〇八五三四號的檢驗通知書，鑑驗結果爲：「編號11-1證物，含有人類血液及精液，其血型爲A型；編號11-1證物呈現之DNA混合型包含被害人DNA及涉嫌人『18-J』DNA之型別」。18-J指的就是江國慶。

台北軍事檢察署於二〇一一年重新偵辦謝童命案，當年參與編號11-1證物鑑驗的調查局鑑識科學處耿姓調查官和第四科趙姓科長，於二〇一一年三月三日具結作證時指出：當初鑑驗的檢體是衛生紙上含有血跡的斑跡，初篩是採用「SM試劑精斑檢查法」，和刑事警察局一樣，都是測試斑跡內的「酸性磷酸酵素」，檢驗結果呈陽性反應。由於只是初篩，必須進行確認測試，但是當時並未實施精蟲檢查，他們的理由是衛生紙上的斑跡不夠，如果實施精蟲檢查，便沒有足夠的跡證實施ＤＮＡ鑑定。

耿姓調查官和趙姓科長具結後的證詞，至少暴露出三個問題：

第一，任何人只要上過國中的生物實驗課，使用過顯微鏡，便知道顯微鏡檢查法所需的檢體量非常少，只要用濕棉花棒在斑跡上塗抹一下，或是剪下一小塊斑跡，浸泡在微量水液中，攪一攪，然後將浸泡的水塗抹在載玻片上，即可利用顯微鏡檢查是否有精子細胞。

其次，兩位鑑識人員的證詞矛盾，既然聲稱**沒有足夠的斑跡實施精蟲檢查，但卻另以「抗人精液免疫沉降環反應法」作爲確認測試，獲得陽性反應，作出衛生紙內含精液的鑑驗結果。尤有甚者，「抗人精液免疫沉降環反應法」因爲抗體特異性不高，未被採用爲精液的確認檢驗方法，鑑識人員爲什麼捨可靠的顯微鏡檢查法，改就未被採用的抗人精液免疫沉降環反應法？**

第三，爲了鑑驗ＤＮＡ而捨棄精蟲檢查，根本是本末倒置。任何具有國中知識程度的人都知道，人體內任何細胞、組織或體液的ＤＮＡ序列都一樣，ＤＮＡ鑑定結果即使能確認衛生紙上確實有江國慶的ＤＮＡ，若不能確定是來自於精液，而是來自於體液或其他細胞、組織，根本不能鎖定江國慶是涉案者。調查局的鑑識人員沒有任何理由爲了鑑驗ＤＮＡ而捨棄顯微鏡精蟲檢查。

體液為什麼會變成精液？法務部調查局鑑識單位不可原諒和惡意的錯誤，絕對是始作俑者，卻完全不用負任何責任。**但是刑事警察局更是惡劣，明明在一九九六年九月二十日，作出衛生紙上未檢查出精子細胞的鑑驗書，但是卻在一九九六年十月十一日加碼，作出文號（八五）刑醫字第六四五五七號的鑑驗書，證明衛生紙上的DNA與江國慶的DNA相符。**二○一一年台北地院重新審理謝童命案時，發現法務部調查局和刑事警察局的DNA鑑驗報告都是錯誤的，而且是重大疏失！

未卜先知的國軍法醫中心

體液居然會變成精液，法務部調查局和刑事警查局的鑑識人員絕對要負責，但是國家機器的運作是系統性的，彼此間有相互查核、監督的功能，所有涉入者都難逃其咎。調查局和刑事警察局的鑑驗結果有一致之處，但也有不一致之處，最後都送到委託的國防部軍法局國軍法醫中心，由該中心作出最後的鑑定報告書。

結果呢？**國軍法醫中心竟然在一九九六年九月三十日就作出文號（八五）國軍醫鑑八五—○四號的鑑定書，當時法醫中心「只」收到刑事警察局衛生紙未含精液的鑑驗書，但卻不予採用，反而「未卜先知」的採用十一天後十月十一日刑事警察局的鑑驗書，以及七天後十月七日調查局的鑑驗書，當時這兩份鑑驗書都尚未出爐，但都證明衛生紙上的DNA與江國慶的DNA相符，法醫中心乃放心大膽的推定：「涉嫌人『18-J』與檢送11-1證物中含有死者血液及嫌犯**

精液，經至少六項血型基因型比較分析並無矛盾」。

國軍法醫中心九月三十日作出鑑定書，專案小組十月四日便對外宣布破案。有誰會相信國軍法醫中心的鑑定書是該中心單獨作業的結果？自一九九六年九月二十日至十月十一日這段期間，專案小組、國軍法醫中心、法務部調查局和刑事警察局，這四個單位是如何的彼此折衝、溝通、協調、相互配合，分頭捏造、竄改鑑驗結果，合作編寫出最後的鑑定書，並沒有隨著江國慶的沉冤昭雪而被檢視、追究，該負責任的人，至今仍然逍遙法外，江國慶雖然沉冤昭雪，但眞相並未大白，至今還是死得不明不白。

法醫、鑑識人員的專業知能

任何細胞或組織分泌物之DNA的序列都相同，這是國中生便具備的基本知識，因此證物編號11-1衛生紙上縱使有江國慶的DNA，還要考慮DNA的細胞或組織來源。鑑驗DNA來源的酸性磷酸酵素檢驗

宣布破案日期和檢驗報告日期對照表

鑑識單位	提出日期	結果	文號
刑事警察局	9月20日	酸性磷酸酵素檢測法檢驗結果呈弱陽性反應，顯微鏡檢查未發現精子細胞	（85）刑醫字第64557號
國軍法醫中心	9月30日	涉嫌人「18-J」與檢送11-1證物中含有死者血液及嫌犯精液，經至少6項血型基因型比較分析並無矛盾	（85）國軍醫鑑85-04號
軍方專案小組	10月4日	對外宣布破案	
法務部調查局	10月7日	不排除11-1證物上可疑斑跡處混有涉嫌18-J精液和DNA之可能	（85）陸（四）85208534號
刑事警察局	10月11日	11-1證物上的DNA與涉嫌人相符	（85）刑醫字第64557號

法，是一九四五年發明的檢驗法，聖誕樹染色法則有上百年的歷史，法務部調查局的鑑識人員和國軍法醫中心的法醫，沒有相關的專業知能嗎？甚至連DNA的鑑定結果都是錯誤的。

台北地檢署於二〇一一年承辦許榮洲所涉的謝姓女童命案，委請法務部法醫研究所審查調查局一九九六年的鑑驗經過，指出下列數項致命的錯誤：

一、初篩檢驗精液中的酸性磷酸酵素時，因爲檢體是血斑，受到血液中酸性磷酸酵素的影響，需要陽性、陰性和血跡對照樣品同時進行反應，才能確認初篩結果，但調查局無實驗紀錄可供查考。

二、確認測試的「抗人精液免疫沉降環反應法」，測試結果同樣受到檢體內血液的影響，調查局也沒有實驗紀錄可供查考。

三、採用「抗人精液免疫沉降環反應法」時，只要檢體中含有A型血液，即使無精液也會呈現陽性反應，而江國慶和被害之謝姓女童的血型，都是A型。

四、「抗人精液免疫沉降環反應法」因爲抗體特異性不高，未被採用爲精液的確認檢驗方法。

五、DNA鑑定部分，在僅有兩人DNA組成之混合型中，六個基因中出現兩個基因不相符，如此明顯之差異，竟爲錯誤的判斷。

第一到三項錯誤，是任何鑑識人員都知道要極力避免的「僞陽性反應」，第四項是根本使用了錯誤的鑑驗方法，第五項是鑑識人員在鑑驗DNA時，明知故犯的惡意錯誤。

此外，二〇一一年一月十七日，刑事警察局亦作出「空軍女童性侵害案物證處理綜合報告」，並於二〇一一年八月二日發函釋疑，指出要判斷江國慶DNA來源的細胞屬性，應該在尚未萃取DNA前進行組織分泌物檢驗或細胞染色觀察，也就是聖誕樹染色法或PSA精液確認測試。

檢察官和法官的專業知能

在英文網路上，經常可以看到邀請美國刑事律師報名參加的鑑識科學課程，如果美國刑事律師都需要相關的專業知能，台灣的檢察官和刑庭法官是不是也需要時時進修相關的專業知能呢？但是軍事檢察官拿到國軍法醫中心的鑑定書後，顯然未作任何的專業判斷，完全接受鑑定書的推定結果，並據之以作爲起訴江國慶強姦殺人的事證基礎：

> 被告江國慶對於時、地，強姦並殺害女童謝〇〇之犯罪事實已坦白承認，核與其自白書所載及現場模擬情節相符，且案發後在犯罪現場即廁所垃圾桶內搜得之衛生紙（編號11-1），經送內政部警政署刑事警察局（以下簡稱刑事警察局）及法務部調查局（以下簡稱調查局）鑑驗結果均記載……其中「18-J」與檢送11-1證物中含有死者血液及嫌犯之精液，經至少六項血型基因型比較分析並無矛盾……

針對編號11-1的衛生紙，江國慶的辯護律師並非沒有專業，他指出衛生紙上不可能有精液，且DNA的鑑定結果根本有誤：

編號11-1衛生紙呈現之DNA型別經法務部調查局及刑事警察局鑑驗結果，其中有HLA-DQα、LDLR、GYPA、GC等四項不同，正確性存疑，不可率以爲憑，況編號11-1衛生紙縱有被告精液，亦不得執此認係被告所爲，因被害女童陰道及肛門經檢驗皆無精液、精子，則加害人顯未射精，既未射精則擦拭後之衛生紙自不可能沾有精液。

負責審理的三位軍法官竟然無視於鑑驗的致命缺失，也不審究鑑驗報告的可信度，不但不採信辯護律師的抗辯，反而發揮台灣法官特有的技能——根據「想像」認定事實，駁斥律師的抗辯如下：

再查被告於姦淫女童前曾於廁所手淫射精，事畢適在交誼廳往廁所走道遇被害人乃強挾入廁所強姦，並拿衛生紙擦拭謝童下體之事實，亦經被告於軍事檢察官偵訊時供述甚詳，而其手淫射精除以衛生紙擦拭外生殖器並未清洗，其於強姦插入時致謝童會陰部受傷血液噴濺，事後取衛生紙擦拭謝童下體，致沾有被害人血液及被告精液，

> 核與有血跡擦拭痕之11-1證物表徵相符；又被告姦淫謝童後爲防其甦醒指認，持刀刺其下體並於遺棄屍體後踩破水管清洗謝童身上血跡，以湮滅證據之事實，已於偵訊時坦承在卷，核與……該名小女孩送到醫務所時全身赤裸潮濕之情節相符，是被害女童陰道、肛門未採得精液，與擦拭過之衛生紙沾有被告精液，並不矛盾。

三位軍法官缺乏「否定式」的邏輯概念，想像力又出奇有限，只會想像出不利於江國慶的可能，卻想不出有利於江國慶的可能，認定江國慶「事後取衛生紙擦拭謝童下體，致沾有被害人血液及被告精液」，但是**爲何只有衛生紙上沾染精液，謝童下體卻未沾染到精液？軍法官的「想像」是被江國慶湮滅證據沖洗掉了。許榮洲到案後，台北地院於二〇一一年重審謝童命案，認定水管是被謝童頭部撞擊破裂的，噴出霧狀水花，水雖然可能噴到女童屍體……但是，根本就沒有涉案人用水沖洗女童屍體這回事。**

刑求逼供＋偽造證據＋濫權追訴＋枉法裁判＝江國慶冤案

軍事檢察官起訴江國慶時，雖然全然接受國軍法醫中心鑑定書的推定結果，但**起訴事實認定江國慶沒有射精，可見得專案小組雖然惡形惡狀的刑求逼供，尚不足以置江國慶於死地，還必須要有人膽大包天的僞造證據、竄改證據、胡亂編寫鑑定報告書，再由檢察官以不實的鑑定報告書起訴明知是無辜的江國慶，才能相互配合達成起訴的任務。**

但是有人作球，也要有人接球才行。江國慶的案子進到軍事法院後，三位**軍法官毫不含糊，利用只有台灣法官享有的根據「常情」和「想像」認定事實的機會，把檢察官從實記載江國慶未射精的事實刪掉，讓虛構的證物編號11-1的衛生紙正式登場**，認定的相關事實如下：

雖預見以手摀住口、鼻有致其死亡之可能，竟仍不顧而爲之，迅即將其抱進廁所，謝童因而休克昏迷不能抗拒，旋脫其衣、褲強加姦淫得逞（僅部分陽具插入），致謝童會陰部撕裂傷，事畢以衛生紙擦拭後將謝童置於廁所地上，終因口、鼻遭悶塞而窒息死亡。

拜三位軍法官的想像力，謝姓女童案的**犯罪事實從「被告無射精即將謝童置於廁所地上」，變更爲「事畢以衛生紙擦拭後將謝童置於廁所地上」**。專案小組、法務部調查局、刑事警察局和國軍法醫中心、軍事檢察署提供一個影，軍事法院負責把子給生出來，讓江國慶丟掉一條性命！

北檢二度不起訴陳肇敏等人的「弦外之音」

二〇一〇年五月十二日監察院公布江國慶的調查報告，把一切的過錯推給以陳肇敏爲首的軍方專案小組，只要求陳肇敏及專案小組的成員要爲冤案負責，相較於江國慶父親列出的名單，除了專案小組的成員，還涵蓋三名軍法官、六名國軍法醫中心的法醫以及鑑識人員，顯示監察院的報告是見樹不見林，別人的囡仔死不完，比江國慶父親這位法律外行人還不如，看不到台灣司法的眞正問題。

二〇一一年八月二十四日，台北地檢署二度作出陳肇敏等人的不起訴處分，指出小組成員以強光照射、電擊棒威嚇等不法方式訊問江國慶，雖然導致江國慶遭軍法審判，但審判程序與結果非陳肇敏等人所能操控，且陳肇敏等人未僞造、變造證物，刑求逼供僅是爲求破案立功，並無殺人犯意也與江國慶的死亡無因果關係。

北檢不起訴陳肇敏等人的理由，固然令人無法接受，但不能忽視其所透露的弦外之音。以陳肇敏爲首的專案小組確實無法「僞造、變造證物」，這是非軍方體系的刑事警察局和法務部調查局共襄盛舉的共同傑作，而「審判程序與結果非陳肇敏等人所能操控」也沒說錯，這些是由三名軍法官所主導的。

國家的司法系統是由功能、任務不同的多個單位所組成，包括警察單位、法醫中心、鑑識單位、檢察署和法院，都有內部的管控機制和外部的監督制衡機關。**江國慶案證明每個單位的內部管控機制和外部監督制衡機制都失靈，身爲最後一道防線的法院則徹底的失守，司法系統沒有發現眞相的能力，已形同崩解。陳肇敏等人的刑求逼供，不過是最容易看到的冰山一角而已**，北檢二度不起訴陳肇敏等人的處分，透露了非常值得深究的弦外之音。

最後一道防線失守

對於江國慶的冤案，監察院和台灣社會都把焦點放在刑求逼供的陳肇敏等人身上，但刑求逼供是人性黑暗的一面，就像殺人、放火一樣，防不勝防，必須透過法律予以約束，靠法院強力執行法律，才能以儆效尤。

陳肇敏等人的刑求逼供行爲，就像當年陳進興殺害白曉燕一樣，是只要有人類就必存在的事，應該像處理陳進興一樣依法嚴厲的予以制裁，才能發揮嚇阻的作用。監察院和台灣社會除了繼續要求依法制裁陳肇敏等人外，是不是更要進一步思考，爲什麼在號稱民主自由的台灣，刑求逼供的自白還能在司法系統的運作下得逞，成爲冤殺江國慶的證據？

法律將防堵刑求逼供的責任交給法院。陳肇敏等人刑求逼供的自白，軍事法院的法官並非沒有防堵、制衡的機會。江國慶於一九九六年十月二十二日被軍法起訴，一九九六年十一月五日初審時便翻供，聲稱是遭到刑求才承認犯案，但是軍事法院的三位法官根本無動於衷，完全不採信江國慶的抗辯。軍事法院負責審理的三位法官，不需要承擔起枉法裁判的刑事責任嗎？爲什麼他們不在監察院追究的名單之列？

江國慶枉送一條性命，法務部調查局、刑事警察局、國軍法醫中心和軍事法院，要負的責任絕對不亞於陳肇敏等人。軍事法院於二〇一一年再審江國慶案時，完全掌握到相關人員的違法失職，於判決書內引用法醫研究所的審查報告和刑事警察局的「空軍女童性侵害案物證處理綜合報告」，但只是用來證明當初的鑑驗結果不足採信，還給江國慶的清白，對於相關人員的失職和違法還是不置一詞，甚至以當時的鑑識技術不足爲煙霧，文飾一切問題，顯示法院已經喪失最後一道防線的功能，怎有可能杜絕冤案的再發生？

根據證據刑求逼供

江國慶案呈現的司法問題中，最令人感到驚駭的，是科學證據非但未改善台灣的司法審判品質，反而成爲政府殺人的工具。台灣的鑑識工作全由政府包辦，是黑箱作業，科學證據不但可信度極低，還成爲辦案人員威逼利誘自白的工具，配合證據編自白，既容易又能編出法官要的詳細且符合常情的自白。

江國慶案和邱和順案不同，邱和順案苦無證據，辦案人員確實花費了一番功夫才編出詳細一致的自白，錄出逾百卷的錄音帶和二八八份的偵訊筆錄。但是**偵辦江國慶案的專案小組，只要照著命案現場情形、證物和鑑定報告刑求逼供，三十七小時便搞定一切**。謝姓女童命案爆發後，台北市刑大鑑識組到達命案現場支援軍方辦案，鑑識組長於台北地方法院重審許榮洲版的謝童命案時，出庭作證描述命案發生後隨即勘驗現場和採證的發現：

> 另綜合死者下體傷勢狀況、死者衣物沾血型態、廁所內血跡分布及垃圾桶內發現擦血衛生紙等情形，初步研判兇嫌可能以死者衣物墊於地面及有擦拭現場血跡之情形。於洗手間內之洗手台上水漬及海棉布有血跡反應研判，歹徒於作案後可能在此清

洗血跡及兇器。另於飲食部正門發現有擦抹血跡，及依據飲食部內格局及作業情形研判，歹徒於清洗後經由休息室、交誼廳及飲食部正門離開現場之可能性較大，並可能於出門後轉往廁所窗外現場處理及掩蔽屍體……

比對市刑大鑑識人員於案發後現場勘驗和採證的上述結果，和檢察官認定的下述事實，幾乎完全相符，證明是照著命案現場掌握的線索刑求逼供出江國慶的自白：

被告行兇後……以謝童衣物擦拭地上及牆壁血跡後，將衣物棄藏於廁所內垃圾桶底部，以防他人發現，並至廁所洗手台將手及刀子清洗乾淨，再將刀放回交誼廳吧台上，隨即從隔壁飲食部門口，繞至廁所後方屍體放置處，踩破水管清洗謝童身上血漬，再以附近就地取得之木板二片及樹葉，覆蓋於謝童屍體上以爲掩飾……

我初次讀謝童命案的起訴書和判決書時，不了解**江國慶爲何要自白於命案發生之前手淫，洩精後仍意猶未盡以至於犯下先姦後殺案，後來才知道，原來是鑑定結果衛生紙上有精液，但被害人下體無精液，故事編不下去了，所以勞煩江國慶先「手淫」一下，以提供辦案人員所需的精液。**

科學證據到了台灣，竟然變成檢警辦案時威逼利誘自白的工具，實在是令人髮指。到底誰殺了江國慶？軍方和民間所有參與辦案和審理的相關人士，用捏造、竄改的科學證據配合刑求逼供，逼出江國慶的自白，作出死刑的判決，全部都難辭其咎。直至今日，沒有一個人站出來說出誠實話。江國慶沉冤昭雪，他的母親獲得一億三百多萬元的賠償，但是眞相並沒有因此而大白，他死得不清不楚，台灣的司法也沒有因爲他的死，有任何的改變。

12

防範垃圾科學

——蘇建和案的骨骸刀痕鑑定報告

我們希望台灣的司法能像西方先進國家一樣，盡速朝科學辦案的方向邁進，司法判決能夠訴諸科學證據，才能避免冤獄，將真兇繩之以法，以兼顧被害人和刑事被告的人權。但是什麼是科學證據？科學證據到底科不科學？法官又如何判斷？

台灣高等法院台中分院法官古金男的〈自由心證其實並不自由〉，提供的答案既模糊又令人憂心，該篇文章是在二〇〇八年一月十一日發表於《大紀元報》。在文章中，古法官這麼說：

> 法官亦不為鑑定人之鑑定報告所拘束，即使其鑑定涉及科學技術或化學、毒物學或精神醫學之專業知識，亦不能束縛法官之自由判斷。其採信與否，仍決定於法官的

自由裁量。

古法官說自由心證其實並不自由，但是即使是涉及科學技術和專業知識的鑑定報告，也不能束縛法官的自由判斷，那麼有什麼可以約束法官的自由判斷？

在台灣的司法史上，蘇建和、莊林勳和劉秉郎所涉的汐止吳銘漢夫婦命案，因為請到國際知名的鑑識專家李昌鈺博士出庭作證，首次觸及這個問題。現在讓我們以蘇建和等人所涉的吳銘漢夫婦命案為例，看看台灣的科學證據科不科學？法官又是如何判斷的？

法務部法醫研究所的兇刀鑑定報告

一九九一年三月二十四日，台北汐止地區發生吳銘漢、葉盈蘭夫婦命案，由於手段兇殘，震驚台灣社會。案發後，警方在吳銘漢的薪水袋上發現王文孝的血指印，逮捕具現役軍人身分的王文孝。王文孝到案後坦承犯案，於一九九二年遭軍法槍決。然而由於吳銘漢夫婦身上合計有刀傷七十九處之多，檢警不相信該案為王文孝一人所為，王文孝因此供出其弟王文忠和蘇建和、莊林勳、劉秉郎等人涉案，除王文忠外，其餘三人一審都被判處死刑。

二〇〇二年，台灣高等法院更審蘇建和案時，曾囑託法務部法醫研究所就被害人骨骸刀痕為鑑定，根據法醫研究所九〇法醫所醫鑑字第〇四八〇〇六六六號鑑定書，其鑑定結果如下：

由吳銘漢及葉盈蘭骨骸中界定爲可供鑑驗骨骸刀痕，經高解析度超音波與電腦斷層影像鑑驗所得之可辨識刀痕形狀，顯示兩位受害者顱骨多處刀痕截面角度不同，刀痕切削面平整顯示刀刃沒有變鈍的跡象，僅有此一小缺口。觀察受害者之顱骨刀傷，由角度或是刀痕底部的擠壓特徵來看，凶器爲重型鈍器，刀刃角度不同，且刀刃形式也不一樣，而上述兩類顱骨刀痕與葉盈蘭之肩胛骨刀痕特徵又不同，因此研判至少有三種。

判決蘇建和等人死刑的法官，根據上述鑑定報告結果所做出之心證如下：

> 殺害吳某夫婦之兇器至少有菜刀、水果刀、開山刀三種，推定行兇者爲二人以上。

科學鑑定報告在司法上的價值

在本書第二章中，我們曾經討論過「事實」與「意見」的不同，法院是發現眞實的地方，所以原則上只允許可驗證眞僞之事實作爲證據，亦即第一手的知識或親身的觀察，不允許無法驗證眞僞的意見。但是美國聯邦證據規則第七〇二條卻允許專家的意見，專家們作證時享有較寬廣的空間，可以提供並非第一手的知識或親身觀察的專家意見，例如鑑定報告和分析，原因在於美國法官是通才（generalist），未必有能力詮釋專業的報告或分析。我國《刑事訴訟法》除了有鑑定人的規定外，沒有專家證人的相關規定，但實務上亦有傳喚專家證人作證的情形。

司法審判允許專家意見的原因何在？當然是要充分借重他們在科學、技術和專門知識上的專長，幫助法院發現眞實。

專業領域內的普遍接受性

二〇一〇年十一月十二日，台灣高等法院作出蘇建和案再更二審的判決，法官以「不具法醫學界專業領域內之普遍接受性」，以及推論過程不合乎標準程序爲理由，認定法務部法醫研究所的「骨骸刀痕鑑定報告」無法提供法院作爲判斷之依據。法官提出五項證據支持其認定。

法官依賴的第一項證據，是鑑定人吳木榮的證詞。辯護律師詰問鑑定人的情形如下：

律師：國內、外法醫學界有無在這種情況下做鑑定？

鑑定人：沒有，這種鑑定變異數太大，困難度太大……刀器與刀傷痕之比對要正確精準，一定要找出刀器和刀痕兩者與一般刀器和刀痕不同的地方，這就是特異性，若要完全符合，則須要與一般刀器和刀痕獨特的部分，這就是唯一性的要求……我認爲這種方法不恰當。

法官依賴的第二項證據，是專家證人黃提源教授的證詞。

律師：從力學上來講影響刀痕角度的因素應該包括力道、方向、骨質強度等，而實際上本案對上開因素是未知數，就無法像你所言滿足t檢測法的條件？

專家證人答：是的……。

律師：除了這些還有哪些沒有滿足t檢測法的條件？

專家證人答：一、所採取的樣本必須是有效的樣本，本案所採取的刀痕角度還有一些影響的因素沒有考慮，樣本的有效性有問題；二、學理上的條件有三個：第一，樣本之間是否具有統計獨立性，第二，母群體是否有常態分配，第三，母群體之間的變異數是否相等。

律師：本案鑑定有無滿足學理上三個條件？

專家證人：都不符合。

律師：是否本次鑑定採用t檢測法是錯誤的？

專家證人：是不合學理的，在條件不成立的情形下是不該使用t檢測法。

法官依賴的第三項證據，是專家證人李昌鈺博士的證詞：

現在有這把刀（按指已經扣案的菜刀）可作各種實驗，來比對頭顱骨，進行顯微比對，還有就是刀痕對刀痕的比對，來鑑定被害人的刀傷是否同一把刀，關於法醫研究所使用之鑑識方法；如果文獻現在送來給我審查，我會拒絕，因爲不合乎科學的原理原則，我們不知道菜刀的角度多少……如果要從角度看刀器的話，就必須把所有的刀器都檢驗過，要通過科學的原理，否則這個文件就無法通過。

法官依賴的第四項證據，是鑑定人乙○○的證詞。

律　師：在本件法醫研究鑑定之後，除上開蕭姓鑑定人的延伸性研究外，有無國內、或國際期刊刊載其他相同主題研究文獻？

鑑定人：沒有。

律　師：在本件法醫研究所鑑定之後，國內、外有無以骨骸創傷角度且欠缺兇器條件下以此種鑑定方法從事相關鑑定實例？

鑑定人：沒有。

律　師：本件法醫研究所的鑑定方法及上開蕭姓鑑定人的延伸性研究，能否謂已普遍被國內、外法醫病理學界所肯定或接受？

鑑定人：不能。

最後，檢方提出法醫研究所骨骸刀痕鑑定報告的撰稿人蕭姓鑑定人的論文，指稱鑑識科學雜誌（Journal of Forensic）已經接受、且預定於二〇一〇年九月刊登，李昌鈺博士作證指出該論文僅是報告性質的case study，不能證明此項鑑定方法已爲「鑑識學界普遍接受」。

判斷科學證據科不科學的*Frye*標準

讀者若是看不太懂上面律師和鑑定人、專家證人之間的對話也沒關係，只要把焦點放在辯護律師和李昌鈺博士所提出的「專業領域內之普遍接受性」上，律師和專家證人的整個對話過程所要證明的，就是法醫研究所的骨骸刀痕鑑定報告採用的鑑定技術，未被鑑識科學界普遍的接受。

高院再更二審法官採用了李昌鈺博士的「專業領域內之普遍接受性」標準，作爲判斷科學證據科不科學的標準，該標準源自於一九二三年美國哥倫比亞特區上訴巡迴法院的*Frye v. United States*案。

*Frye*案涉及的爭議是測謊專家能否針對測謊結果提供專家意見，法院的判決是「不能」。法院認爲**如果審理之案件的爭點不在常人的經驗或知識範圍內，而需要特殊的經驗或專門的知識、技能時，就必須仰賴學有專精的證人，提供可供參考的專業意見。但是，專家證人所依賴的科學原理或發明，必須是在特殊的專業領域內，充分獲得普遍性的接受，法院才能賦予其證據能力，准許其專家意見作爲判決有罪或無罪的證據**。

*Frye*案所處理的是新興科技的可信賴度，當時的測謊器還處於非常初期的階段，並未獲得心理學界的普遍認同與接受，法院擔心該項新發明的可信賴度，不足以作爲法院判決有罪或無罪時依賴的證據。*Frye*案所定的「專業領域內之普遍接受性標準」，雖然不是聯邦最高法院的判決，但是獲得聯邦法院和絕大多數州法院的認同，廣泛的被引用爲測試專家意見之證據能力的標準，被稱爲「*Frye*標準」。

專家證人的專業資格

根據美國的聯邦證據規則，不是任何人都有資格擔任專家證人的，必須具備相關領域的專業知能，才能充任專家證人。高院蘇建和案再更二審的法官，除了考慮「專業領域內之普遍接受性」外，也考慮了專家證人的專業資格。

法院首先指出，法醫研究所之「骨骸刀痕鑑定報告」的鑑定小組成員中，蕭姓和陳姓鑑定人在鑑定時，並沒有完成法醫病理專長的訓練。該鑑定報告是在二〇〇二年七月三十日完成，但是蕭姓鑑定人是在二〇〇二年十一月一日至二〇〇三年十月三十日間，前往美國佛羅里達州接受全程的法醫學訓練，因此完成鑑定報告時尚不具備全部的法醫訓練；陳姓鑑定人去美國同一單位接受法醫病理學訓練的時間是在二〇〇四年一月一日到二〇〇四年六月二十六日，六個月的訓練是在鑑定報告完成之後。

其次，二〇〇四年高院更審時，曾委請美國知名的法醫病理學家魏區博士（Dr. Cyril

Wetch）出庭作證，他指出兇殺案刀器的鑑定須有四種專業領域的專家共同參與，即法醫病理學家、法醫人類學家、法醫X光學家和犯罪偵查學家。鑑定人乙○○於更審前審理中，對於刀痕鑑定也有相同的證述。李昌鈺博士則認爲除了魏區博士所指的四種專門人員外，還須有「工具痕跡比對」專家參與。

但是鑑定人吳木榮、乙○○一致證述，當時台灣尚無具有「法醫人類學」之專長的人。法官根據法醫研究所提出的資料，確認該鑑定小組成員中，確實沒有具備「法醫人類學」及「工具痕跡比對」之專長者參與，最後認定鑑定小組成員中並未涵蓋完整的相關領域專長者，不具備鑑定所涵蓋之專業領域的專業智能。

*Frye*案中的測謊結果單純的因爲可信賴度不足，未受到專業界一致的肯定，而未被法院認定爲科學證據。但是在蘇建和案中，法醫研究所的「專家」不知道基於何種原因，**不具備相關的專業能力，卻發出奇想做出骨骸刀痕鑑定報告，違反科學原理和原則，不可能被鑑識科學界普遍的接受，美國司法界稱這種魚目混珠的假科學證據爲「垃圾科學」（junk science）。防範垃圾科學進入法院是法官的職責，否則司法判決無異於建立在人體實驗上。**

法官是科學證據的守門人

從美國*Frye*案和蘇建和等人所涉的汐止吳銘漢夫婦命案，可以看出水能載舟也能覆舟，司法判決不能輕信冠上「科學」兩字的證據。但是台灣的法官沒有相關的知能，不能像台中高分院古金男法官所說的，任由「法官自由裁量」，而是仰賴專家，唯有整個專業界普遍接受的科學理論，才能認定爲科學證據。

一九七五年，美國聯邦最高法院受國會的委託，制定聯邦證據規則，第七〇二條規範法官必須遵守的專家意見採用標準，該標準與*Frye*標準不盡相同，但多數法院仍然採用*Frye*標準。

一九九三年，美國聯邦最高法院在*Daubert v. Merrell Dow Pharmaceuticals, Inc.*一案中，詮釋聯邦證據規則第七〇二條規定，強制聯邦法院一律適用第七〇二條規定，並訂出適用該條規定時必須考慮的各種因素，稱爲*Daubert*因素。*Daubert*案終止了*Frye*標準的全盛時期，目前只有加州、佛羅里達州、伊利諾州、馬里蘭州、紐約州、紐澤西州、賓西凡尼亞州和華盛頓州等少數州，仍然使用*Frye*標準。

根據*Daubert*案，一審法官扮演的角色是守門人，唯有源自於「科學知識」的專家證詞具有證據能力。*Daubert*因素的重點是**專家證人提出的「科學理論」，必須與待證事實具關聯性，具備科學的效度（validity）和一定的信度（reliability）**，在判斷時必須考慮的因素如下：

一、能透過實驗或其他實證研究方法，檢驗科學理論或技術是否是可僞造的、可被推翻的和／或可測試的。

二、是否經過同行評鑑和公開發表。

三、已知或潛在的錯誤率。

四、是否有控管操作方法、操作程序的標準。

五、普遍接受性。

在推論出*Daubert*因素前，法院提出了支持*Daubert*因素的理由。首先，法院認爲科學家從來就不認爲他們知道永恆不變的眞理，他們只是盡最大的努力找出新的、暫時性的科學理論，解釋一些現象。科學不是宇宙知識的百科全書，而是提出和改善對世界所作之「理論性解釋」的過程，需要不斷的測試和改善。因此「科學知識」必須是衍生自科學方法的推論或主張。

法院認爲法庭和實驗室裡追求的眞實有不容忽視的差異。科學上的結論無法逃避不斷的修正。法律需要針對爭議作出快速的終局判決。科學研究廣泛的考慮各種假說，錯誤的假說注定會被發現，發現錯誤的假說便是一種進步。但是對於需要作出快速、終局且具法律強制力的判決，任何可能錯誤的猜測，對司法而言毫無用處。

*Daubert*因素的評價不一，有人認爲增加了原告的訴訟負擔，對原告不利，也有人認爲加諸法官的職責超過法官的能力所及，因爲欠缺科學訓練的法官未必有能力根據*Daubert*因素做出正確的判斷。但是也有人認爲*Daubert*因素較具彈性，甚至被加拿大和少數歐洲國家採用。

沒有外部競爭和監督的鑑識科學界

台灣高等法院二〇一〇年十一月十二日的蘇建和案再更二審的法官，原則上採用了美國哥倫比亞特區上訴法院的*Frye*標準，根據「專家證人的專業資格」和「專業領域內的普遍接受性」兩項標準，作出結論：

> 本院因認法務部法醫研究所（九〇）法醫所醫鑑字第〇四八〇〇六六六鑑定報告中，以「刀痕角度」研判兇器種類、形狀部分，不足以使本院形成「殺害吳某夫婦之兇器至少有菜刀、水果刀、開山刀三種，推定行兇者為二人以上」之心證。

科學證據科不科學？法官必須根據科學原則，善盡守門人的職責，為科學證據把關。*Daubert*案後，聯邦證據規則修正了兩次，第一次採納*Daubert*因素，第二次做了一些改善，希望能協助法官更容易做出正確的判斷，充分的利用科學、技術與專門知識幫助法院發現眞實。台灣的鑑識人員都是公務人員，官官相護以至於形同沒有內部控管，又欠缺外部的競爭和監督，連最起碼的科學效度和信度的概念都沒有，只有一把刀卻能編出三把刀的鑑定報告，是用閉門造車的垃圾科學決定他人的生死，如此草菅人命，實在是對「鑑識科學」和「科學證據」最大的污辱。

13

一定要比對到十二點相符爲止
——許榮洲案的掌紋鑑定

如果沒有許榮洲的到案，台灣的司法界能夠透過內部的管控機制，發現科學證據不但不科學，甚至還有僞造、變造的可能，主動還給江國慶清白嗎？江國慶不是謝童命案的眞兇，許榮洲也不是，感謝每天忙著刑求逼供編自白的檢警，眞正的兇嫌仍然逍遙法外。

謝姓女童案第二破的許榮洲案，關鍵證據是命案現場的半枚手掌紋，被認定與他的右手手掌紋相符。台灣人受到「CSI犯罪現場」的影響，可能會以爲台灣和美國一樣，有完整的指紋資料庫，檢警辦案非常依賴指紋。

實情可能會讓大家大失所望。台灣的刑事被告沒有湮滅證據罪，兇器和證物常常不見，沒有兇器和證物，也就很難找到破案所需的指紋。再者，台灣的檢警辦案依賴自白和證詞，有頗高比例的刑事案件根本不採驗指紋，也不依賴指紋破案。因此，要透過判決書了解台灣指紋鑑定的水準，並不容易，直到許榮洲的出現。

二〇一一年十二月十二日，台北地方法院作出重審謝童命案的一審判決，被告許榮洲因為故意對兒童犯殺人罪，被判處十八年有期徒刑，除了自白外，最關鍵的證據就是那半枚掌紋。現在讓我們進入許榮洲案，了解一下台灣目前使用指紋或掌紋作為科學證據的情形，以及相關的鑑識專業水準，看看台灣是否已邁向科學辦案之路？

是潛伏性掌紋，不是血掌紋

一九九六年九月十二日，台北市大安區空軍作戰司令部營區內發生謝姓女童命案後，趕至現場支援軍方辦案的台北市刑大鑑識人員，在福利社洗手間西側廁所內的馬桶上、廁所地面上、廁所西面牆上、廁所門內側、廁所北側牆上，發現至少五處血跡。該間廁所有一個氣窗，中間橫隔兩條木條，木條上發現長約十五至二十公分的擦血痕，窗下緣有稀釋之流狀血痕，廁所窗戶下方外牆緣發現有血跡及毛髮沾附，窗戶之下方橫隔木板上緣，亦發現有血跡沾附。

市刑大的鑑識人員進行現場血跡之血源位置的重建，研判該間廁所是犯案現場，兇嫌可能從最靠裡面的廁所窗戶的橫隔木條間，將屍體丟到廁所外面，因此決定將橫隔木條拆下來，帶回市刑大。

鑑識人員在現場一共採得四十六枚指紋和掌紋，廁所窗戶橫隔木條上採得的掌紋，證物編號為第42號，不是血手印，而是肉眼看不出來的潛伏性掌紋（latent palmprint），鑑識人員在犯案現場並未發現該枚掌紋，而是把木條帶回市刑大以寧海德林試劑（ninhydrin）處理後，才發現該枚掌紋，以正向角度接觸木條的上緣。

謝童遇害的廁所是公用廁所，任何人都能進出，鑑識人員在現場一共採獲四十六枚指紋和掌紋，編號第42號掌紋只是其中之一，爲何單單這枚掌紋被鎖定爲涉案者留下的掌紋？

編號第42號掌紋除了湊巧出現在窗台橫隔木條上，沒有任何特殊之處，不是明顯的血手印，而是肉眼完全看不出來的潛伏性掌紋，判決書內從未交代是否是窗台橫格木條上唯一的掌紋？也無從證明是在何時？何種情況下遺留在橫格木條上的？鑑識人員憑什麼排除其他四十五枚，而單單鎖定這一枚掌紋？判決書內從未釐清這些疑點。

此外，廁所窗台橫隔木條上漆有白色油性油漆或水泥漆，許榮洲若是眞兇，手上即使沾有些微的血跡，在白色油漆的襯托下，會留下肉眼看得見的掌紋（patent palmprint），而非肉眼看不見的潛伏性掌紋，除非他犯案後先去洗手再回來棄屍，但這樣的可能性有多大？再加上台北地院法官認定許榮洲的犯案時間只有十分鐘左右，哪有時間在犯案後先去洗手，再回來棄屍？

法官運用科學證據時，有個影就能生個子的判案方式，已經錯殺了一個無辜的江國慶，應該從中學到教訓。許榮洲到案後，軍事法院於二〇一一年再審謝童命案，對於江國慶軍褲上芝麻粒大小的血跡，駁斥如下：

> 江國慶與女童於同間廁所內、有血跡離地面高約三十五公分至四十五公分處向周圍噴濺，而被告當日所著衣物及鞋子竟未受沾染，僅被告長褲有芝麻大小之血跡，確與常理有違……

用軍事法院還江國慶清白的標準來檢視台北地院的許榮洲案，法官認定許榮洲是用左手食指或中指犯案，但掌紋是右手，然而即便如此，謝童下體受創甚鉅，廁所內有五處血跡，兇嫌還用女童的衣物擦拭地上的血跡，被棄屍的窗台上和窗戶外的牆壁上，都沾有謝童的血跡，兇嫌自到處是血的廁所內經由窗戶棄屍，手上沒有明顯血跡的可能性有多大？

然而法官和檢察官無視上述事實，都把這枚潛伏性的手掌紋當作「明星證據」（star evidence），想要藉以證明許榮洲犯案，用英文說是「long shot」（成功率很低）。但是檢察官爲了強化這半枚掌紋的證據力，還費盡心血想要證明掌紋上沾有肉眼看不見的血跡。但是即便能成功的證明掌紋上確實沾附有肉眼看不見的血跡，由於木條已經不見了，絕對不可能證明掌紋上的血跡是被害女童的，就像江國慶軍褲上芝麻粒大小的血跡一樣，並不能證明什麼。

尤有甚者，就算能證明掌紋上的血跡屬於被害女童，數名證人都證稱在案發當天中午曾至該間廁所，發現廁所內有血，軍事法院和台北地院因此認定案發時間是中午，但屍體發現的時間是下午三點左右，所以在這段期間使用廁所的人，手上都有可能不小心沾有極其微量的謝童血跡。

指紋鑑定是非常仰賴「人」的專業

許榮洲案的檢察官把木條上採得的掌紋當作關鍵證據，但辯護律師質疑鑑定結果的準確性，甚至要求交由第三鑑定機構鑑定，但遭到法官的拒絕。對此，法官必須交代採信鑑定結果的理由，判決書內因此有許多鑑識人員的證詞，可以看出台灣目前鑑定指紋的情形和鑑識人員的專業水準。

台灣人喜歡看美國電視劇「CSI犯罪現場」，但可能不知道鑑識科學始自中國，根據美國司法部出版的《指紋大全》（Fingerprint Sourcebook, August 2001），早在西元前二二一至二〇六年，秦始皇當政時，中國人便已經知道如何利用指紋偵辦刑案。

廣義的指紋包括指紋、掌紋、腳紋和趾紋，英文是「friction ridge impressions」或「dactyloscopy」，和DNA一樣，人人不同，因此是刑事案件非常重要的科學證據之一。但自犯案現場採得的指紋，品質不一，是一門需要高度技藝的專業，也是非常仰賴「人」的專業。

英國南漢普敦大學教授德爾博士（Itiel Dror），曾針對經驗豐富的指紋鑑識人員進行實驗。發現在特定狀況下，五名中有四名鑑識人員針對同一枚指紋所作的鑑定結果，前後相互矛盾，這是鑑識人員自己也不知道的「誠實錯誤」。把鑑識人員曾經鑑定過之刑案的指紋檔案，交給鑑識人員重新鑑定，但提供不同案件背景資料，新的鑑定結果竟然會與之前的鑑定結果相互矛盾，證明同一名鑑識人員在不同的背景狀況下，可能會做出不同的決定。下圖可以說明這種情形。在第一張圖裡的「13」，在第二張圖裡卻變成了「B」。

德爾博士的實驗不是質疑指紋的可信度，正好相反，他認爲**即使是受到心理影響而有問題的指紋鑑定，可信度也強過十分有把握之目擊證人的證詞。但是指紋鑑定是一門高度技藝的專業，是非常仰賴「人」的專業，因此各式各樣的錯誤和人爲疏失在所難免**。有的是故意不誠實，有的確實很誠實的在鑑定，但卻因爲不小心、專業知能不足，或是受到心理因素的影響而出錯，因此鑑識人員鑑定時，務必誠惶誠恐，小心謹慎。

許榮洲案的掌紋鑑定人

指紋鑑定既然是非常仰賴人的專業，鑑識人員的專業知能和經驗直接影響鑑定的結果，令人好奇參與許榮洲案之掌紋鑑定的鑑識人員，他們的專業背景和經驗如何？

參與許榮洲案之掌紋鑑定的第一位鑑識人員，是來自法

12
13
14

圖1

ABC

圖2

務部調查局的鄭姓鑑定人。一九八六年進入調查局工作，歷任技士、調查員，目前的職位是調查官，一直以來都是從事鑑定工作。鄭姓鑑定人曾三次奉派至沙烏地阿拉伯的大學擔任指紋鑑識教官，專長是文書鑑定和指紋鑑定，鑑定年資超過二十五年，鑑定的案件數高達五千件以上。

鄭姓鑑定人曾前往美國聯邦調查局指紋高級班受訓，並至李昌鈺博士之實驗室研習指紋及文書鑑定，還在美國紐海芬大學（University of New Haven）研習犯罪現場鑑識，是美國刑事科學學會（AAFS）、國際鑑定協會（IAI）的會員，美國犯罪實驗室主管協會的實驗室審查員，也是中華民國鑑識科學學會（TAFS）的創始會員，著作等身，曾發表過相關著作和研究報告。

另一位林姓鑑定人任職於刑事警察局的指紋室，一九七六年開始在刑事警察局從事指紋鑑定工作，一九八〇年擔任指紋分析員，自一九九八年起擔任技士，曾接受內部的指紋鑑定、指紋分析訓練，亦曾參與過李昌鈺博士的刑事鑑識研習訓練和其他的專業講習，每年參與上百件的指紋鑑定工作。

台灣採用已被美國廢棄的十二點制指紋鑑定法

參與許榮洲案掌紋鑑定的兩位鑑定人，觀之他們的資歷，因爲李昌鈺博士的關係，不是到美國接受指紋鑑定的訓練，就是在台灣接受美國專家提供的講習訓練，但是在鑑定許榮洲的掌紋時，**兩個人所採用的十二點制指紋鑑定法（12-point Rule），是美國在一九七三年便已經廢棄不用的鑑定方法，已經廢棄了近四十年，當時兩位鑑定人都還沒有入行。兩位鑑定人若不是說謊，就是不知道美國已經廢棄十二點制指紋鑑定法近四十年之久。**他們出庭作證時證詞一致，指台灣和美國一樣，採十二點制指紋鑑定法：

> 關於指紋鑑定結果之研判，昔日各國對於兩枚指紋紋線須採多少特徵點以確定其異同，標準不一，我國與美國及大多數國家均採十二點制，故世界多數國家及我國關於指紋鑑定所採標準，均以兩枚指紋相同之特徵點達到十二點特徵相符，即可確認指紋係屬同一人所有。

十二點制最早可追溯至一九一八年，當時的法國鑑識科學大師盧卡德（Edmond Locard），認為兩枚指紋只要有十二個相同的特徵點，便足以認定指紋係屬同一人所有，但這是鑑識科學初期的看法。

鄭姓鑑定人是國際鑑定協會的會員，該會雖然冠上「國際」兩字，其實是美國團體，其標準委員會早在一九七三年時便廢棄了十二點制指紋鑑定法，原文如下：

> 目前沒有任何的基礎，支持兩個指紋間必須至少要有幾個相同的特徵點，才能認

定指紋係屬同一人所有的規定。[1]

一九九五年六月二十九日在以色列召開的指紋鑑定國際研討會中，與會的十一個國家二十八名代表，一致決議將一九七三年IAI的上述結論，修正如下：

> 目前沒有任何的「科學」基礎，支持兩個指紋間必須至少要有幾個相同的「特徵」，才能認定指紋係屬同一人所有的規定。[2]

與會的十一個國家包括：澳洲、加拿大、法國、荷蘭、匈牙利、以色列、紐西蘭、瑞典、瑞士、英國和美國，二十八名代表以私人名義簽署上述結論。

美國司法部長達四百二十二頁的《指紋大全》中，只有在兩個註腳和一個不重要的章節

---

[1] No valid basis exists at this time for requiring that a pre-determined minimum number of friction ridge characteristics must be present in two impressions in order to establish a positive identification.) (Report of the International Association for Identification, Standardization II Committee.

[2] No scientific basis exists for requiring that a pre-determined minimum number of friction ridge features must be present in two impressions in order to establish a positive identification.) (29 June 1995 Ne'urim, Israel International Symposium on Fingerprint Detection and Identification.

裡，提過十二點制。在如何鑑定指紋的章節中，未曾提及十二點制。爲了釐清這問題，我直接向ＩＡＩ查詢，得到的回應是：美國不採十二點制，也沒有任何預定數目的規定。另根據Marie SandstrÄom的「指紋識別系統之檢測」（Liveness Detection in Finger-print Recognition Systems）一文，瑞典也已在二〇〇三年廢棄十二點制。

鄭姓和林姓**兩位鑑定人都是接受美國的指紋鑑定訓練，在二〇一〇年鑑定謝童命案橫隔木條上的掌紋時，還在使用已經被美國廢棄了近四十年的十二點制指紋鑑定法，台北地院的法官竟然一點也沒有察覺錯誤，實在是超級好騙**。法官沒有指紋鑑定的相關知識，也不知道要勝任科學證據之守門人的工作，必須不斷的努力自學，才能具備分辨證詞眞僞的能力。

為什麼要廢棄十二點制

十二點制指紋鑑定法若沒有重大缺點，美國的鑑識科學界不會在一九七三年便廢棄該鑑定方法，目前採用的鑑定方法，是美國「指紋分析、研究和技術科學工作小組」（ＳＷＧＦＡＳＴ：Scientific Working Group on Friction Ridge Analysis, Study and Technology）制定的標準。

ＳＷＧＦＡＳＴ是美國聯邦、州和地方政府之鑑識科學實驗室及從業人員組成的團體，獲得美國聯邦調查局及其他政府組織的支援與協助，專門負責制定鑑識科學的相關指南和標準。

綜合ＳＷＧＦＡＳＴ所定的「潛伏性指紋鑑定人員使用之指紋鑑定方法」（Friction Ridge

Examination Methodology for Latent Print Examiners），以及美國司法部的《指紋大全》，指紋的細節有三個不同的等級。第一級是指紋整體的流向，鑑定人絕對不能根據第一級指紋細節決定兩枚指紋是否相符，但特定情況下可認定不符。第二級是單一紋路的起點、路徑、長度和終點，可以和第一級指紋細節合併使用，以判斷到底是相符或不符。第三級是紋路結構的形態、序列和組態，可以和第一級和第二級指紋細節合併使用，判斷到底是相符或不符。

鑑定人鑑定指紋時，必須遵守ACE-V程序。A是分析（analysis），判斷是否可進行比對；C是比較（comparison），比對兩枚指紋之細節的相同或不同；E是評估（evaluation），根據比較結果做出相符或不符的結論。**如果相符，一定要由另一位鑑定人複驗（verification），這是最重要的一個環節。鑑定結果只有相符或不符，沒有「可能相符」，可能相符就是「不符」**。

有了上述粗淺的指紋知識後，應該可以理解指紋鑑定界反對十二點制的理由。首先，指紋鑑定是高度仰賴「人」的專業，鑑定人員的訓練與經驗直接影響指紋鑑定的可信度。其次，指紋的細節有等級，換言之，有「品質」上的差異。最後，兇手留在刑案現場的指紋，不是專門留給鑑識人員去鑑定用的，所以採得之指紋的清晰度差異很大，直接影響了可供鑑識人員比對之指紋細節的數目和品質。在鑑定人員的經驗不一、可供比對之指紋細節品質不同的情況下，很難預定多少點相同，才能認定兩枚指紋相符。

十二點制最大的缺點，是讓鑑識人員成爲照表操課的「匠」，而非做科學判斷的

「師」。針對十二點制的缺點，美國加州洛衫磯縣警察局科學服務組鑑識科的William F. Leo，曾寫過一篇標題爲《指紋鑑定的科學方法》（Friction Skin Identification, A Scientific Approach）的文章，稱之爲「惡名昭彰」的十二點制鑑定法（notorious 12 point rule），或許稍顯偏激，但也反映了美國鑑識科學界反對十二點制的立場。

許榮洲案的掌紋鑑定

謝童命案中留在橫隔木條上的半枚掌紋，是由林姓和鄭姓兩名鑑定人負責鑑定，都獲得與許榮洲之掌紋相符的結論，採用的十二點制指紋鑑定法，不符美國SWGFAST規定的ACE-V程序。

掌紋分爲三個區域，台北市刑大在廁所窗台上採得的掌紋，只有指底區（interdigital）和拇

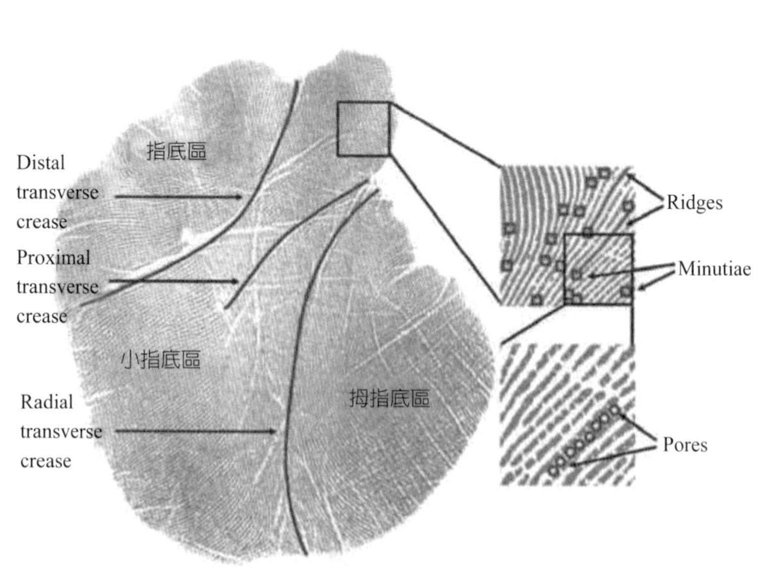

掌紋的細節

指球區（thenar），沒有小指球區（hypo thenar），所以只是半枚掌紋。根據刑事警察局林姓鑑定人的證詞，他是把台北市刑大現場拍攝之木條上的掌紋照片，經過影像處理放大後，對照許榮洲二〇〇三年留存之掌紋卡的放大照片，比對特徵點是否相符，他負責指底區的鑑定工作，認爲不論是指紋或掌紋，只要部分區域有十二個特徵點相符，就能認定兩個指紋一樣。

進行鑑定時，林姓鑑定人根據現場掌紋特徵點標示出A點，然後在許榮洲掌紋的部分標示出相符的A點，一共發現有十二個以上的特徵點相符，所以認定這兩張指紋照片是同一個人所有。因爲已經確認指底區相符，他沒有再作拇指球區的特徵點標示，鑑定書上也因此沒有該部分的記載。

根據鄭鑑定人法院審理時的證詞，他負責拇指球區的鑑定工作，有三張許榮洲的指紋卡，一張印泥太多以致不能比對，另外兩張捺印的範圍不太一樣，所以比對了兩次，都是與窗台掌紋照片中的同一個區塊進行比對。他也認爲不論是指紋或掌紋，只要有十二個特徵點相符就可以判定相同。他第一次比對時有十三個特徵點相同，第二次有十二個特徵點相同，獨自完成比對工作後，未經另一名指紋鑑定人的復證，就直接呈核給科長、處長發文。

從兩位鑑定人的證詞，可以看出他們採用十二點制鑑定法進行比對的方式，正是美國鑑識科學界在一九七三年廢棄該鑑定方法的原因，兩人都是「照表操課」，而不是ACE-V程序所要確保的「科學判斷」，而且嚴謹度不足，沒有找另一名鑑定人進行複驗。

電腦比對 vs.人工比對

許榮洲案之掌紋鑑定涉及一項爭議，就是兩名鑑定人都證稱現場遺留之掌紋經電腦比對，與許榮洲的掌紋並不相符。許榮洲的辯護律師因此提出質疑，主張理論上電腦之比對應較人工爲寬，何以連電腦比對都不符合之掌紋，竟可以經由人工比對並確認與被告掌紋相符？律師認定本案中的掌紋鑑定明顯有違常理，要求再尋求第三公正機構重新進行鑑定，但他的聲請遭到法官的駁回。

對於辯護律師的質疑，**林姓鑑定人證稱，鑑定指、掌紋時，電腦比對的結果還需要人工確認。但是許榮洲案是人工確認與許榮洲的掌紋相符，因此不需要再作電腦比對，但在人工比對之後，想要嘗試看看電腦的比對正確率，才又進行電腦確認，不過比對的結果，電腦認爲並不相符**。

林姓鑑定人的上述證詞犯了邏輯的「假設」謬誤，他的假設是只有電腦比對的結果會有問題，人工確認的結果一定不會有問題，顯示林姓鑑定人雖長期從事指紋鑑定工作，但對於這個高度仰賴「人」的專業並不了解，不知道指紋和掌紋鑑定是多麼的容易出錯。鑑識人員若沒有這樣的認知，要如何期待他平時持續追求專業知能上的精進，鑑定時小心謹慎，並且慎防自己因爲心理因素而先入爲主呢？

對於電腦比對和人工比對不符的問題，林姓鑑定人另一段證詞的語意不清楚，原文如下：

這一方面也可以確認人工比對的結果是正確的，另一方面也可以確認，經過電腦比對，認爲沒有與其他人的掌紋相符。我們資料庫來講，掌紋資料不多，只有二十萬份，比對的結果電腦認爲不相符，電腦比對不相符有兩種可能，一種就是當時捺印的資料不是很清楚，一種可能就是他的掌紋我們根本沒有鍵入到電腦資料庫裡面。

當「捺印的資料不是很清楚」時，電腦比對不出來，是不是也意味著人工鑑定也很可能出錯？至於許榮洲的掌紋可能未鍵入電腦資料庫裡面，不知道台灣的指紋電腦資料庫的設計爲何，爲什麼不把它鍵入後再來用電腦比對一次？

對於律師的質疑，鄭姓鑑定人的回應如下：

電腦比對的主要好處是在快速，但是比對的詳細程度，還是人工比對更爲正確，因爲如果要輸入一個指紋進去電腦比對，它會很快篩選出例如十筆最相近的資料，我們就用人工去比對這十筆，看哪一筆是正確的，電腦是快，並不是準確，最後要以人工去篩選，如果檔案不多，它直接一比就可以比出來，但如果檔案很多，它可能就比出十筆的資料。本件來的時候有用電腦進去比對，由於案發現場木條上面的掌紋摺痕太多，電腦比不出來。足見電腦比對之目的著重於其快速性及篩選、排除功能，然若供比對之掌紋不清或有摺痕等不理想情形，加以電腦軟體研判之功能限制，以電腦比

> 對結果，即屬無法正確比對，於指掌紋紋線及特徵點之研判上，仍以人工比對爲優先，且較爲精確。

林姓鑑定人說電腦資料庫有二十萬份的掌紋資料。鄭姓鑑定人說電腦比對的目的是「篩選」和「排除」，能很快的篩選出十筆最相似的，然後再用人工去比對。按照他們兩位的說法，作業程序是先由電腦篩選出十筆（或更多或更少）的掌紋資料，再用人工去比對，但只比對被篩選出來的十筆。

辯護律師抗辯的理由是電腦至少要先把許榮洲的檔案篩選出來，才能進行人工比對，如果連電腦都篩選不出許榮洲的檔案，事前又不知道許榮洲可能涉案的話，難道兩位鑑定人員要從二十萬份的掌紋中，大海撈針嗎？好在台灣的電腦資料庫內只有二十萬份的掌紋檔案資料，如果是美國聯邦調查局的指紋檔案資料系統（ＩＡＦＩＳ：Integrated Automated Fingerprint Identification System），刑案的指紋檔案有七千萬個，民事的指紋檔案也有三千四百萬個，不知道兩位鑑定人要怎麼個撈法？

兩位鑑定人以人工取代電腦，且比對結果與電腦不符，有沒有「先射靶、後畫標」的問題？若對照南漢普敦大學教授德爾博士的實驗，有沒有人爲錯誤或疏失的可能？是故意不誠實？還是確實很誠實的在鑑定，但卻不小心、專業知能不足而導致錯誤？或是在破案壓力下，受到心理因素的影響而出錯？

台北地院的法官連美國早已廢棄十二點制鑑定法的知識都沒有，當然只能愣頭愣腦的繼續被兩名鑑定人唬弄，完全採信他們的證詞和鑑定結果，拒絕辯護律師委請第三公正鑑定機關進行掌紋比對的聲請。法官的理由如下：

> 本件既已有送鑑之三張指掌紋卡原本可供比對，直接以人工加以比對最爲直接正確，縱將待鑑掌紋以電腦比對結果，並未成功比對，亦可能係因電腦軟體無法研判、或檔存指掌紋欠清晰，或根本無檔存資料可供比對，自不能以電腦未能比對發現相符，即認人工比對之結論爲不可採。是辯護人前開所辯，亦難以採憑，其雖據此聲請將該木條上掌紋照片再送第三公正機構重新進行鑑定，然此部分掌紋鑑定比對之事證，已臻明確而堪以認定，自無必要再委請其他鑑定機關進行掌紋之比對調查。

法官說：「自不能以電腦未能比對發現相符，即認人工比對之結論爲不可採」，但是根據美國SWGFAST之潛伏性指紋鑑定人員使用之指紋鑑定方法的ACE-V程序，**即使是人工鑑定結果相符的結論都不可採，一定還要經過另一名鑑定人的複驗，而且也認定相符才可採用。林姓和鄭姓鑑定人分別負責指底區和拇指球區的鑑定工作，鑑定相符的結果都沒有經過另一名鑑定人的複驗，這樣的鑑定結果，明顯違反美國的ACE-V程序，法官卻認爲「已臻明確而堪以認定」**，和負責江國慶案的軍法官有什麼差別？有從江國慶案學到任何的教訓嗎？

一定要比到符合為止

林姓和鄭姓兩位鑑定人的掌紋鑑定結果，除了與電腦比對結果不符外，也與一九九六年案發當時的鑑定結果不符。

根據台北市刑大鑑識人員的證詞，他們在案發第二天便採得橫隔木條上的掌紋，軍方提供了兩百四十九份士官兵的指掌紋卡，但卻「未能發現相符者」。對於當時未能發現相符者，當年參與鑑定工作的鑑識人員證稱，**當時送來的指掌紋卡，部分捺印情形不好，有很多缺漏，有些是缺了手掌上半部，有些是捺印不清楚，但是不會要求重新捺印。爲什麼？因爲當時主要是「針對江國慶比對」，其他人都不是特定對象，所以不必重新捺印**。

根據上述證詞，在一九九六年軍事法院審理謝童命案時，**檢警辦案完全不遵守科學辦案原則，不是根據指紋鑑定去追緝眞兇，而是先鎖定眞兇，再來找科學證據，而鑑識人員也非常樂意配合這種違反科學辦案原則、先打靶再畫標的鑑識方式**。雖然沒有像軍褲上的血跡、精液一樣，僞造江國慶的掌紋鑑定結果，栽贓江國慶，但也沒過濾出可能涉案的許榮洲。

二〇一〇年，可能涉案的嫌犯變成了許榮洲，來看看檢察官和鑑識人員如何死咬許榮洲，一定要比對到十二點相符的鑑定結果爲止。

根據林姓鑑定人的證詞，刑事警察局自空軍總部帶回兩百四十九份指掌紋卡，裡面沒有許榮洲的掌紋卡，且有八張重複，所以實際只比對了兩百四十一張。如果他的證詞屬實，案發當時比對不出許榮洲之掌紋的理由，就不是因爲部分捺印情形不好，而是兩百四十九份指掌紋卡裡面，根本沒有許榮洲的掌紋卡。林鑑定人和當年參與鑑定的鑑識人員的證詞矛盾，兩個人之中一定有一個人作僞證。

林姓鑑定人在兩百四十九份指掌紋卡中比對不出相符者後，乃由台中地檢署的檢察官提供重要嫌疑犯的名單，名單上有許榮洲的大名。許榮洲因爲有兩次前科紀錄，刑事警察局的資料庫內有他的掌紋檔案，乃從資料庫中調出二張掌紋卡，分別是一九九七年和二〇〇三年捺印的，但是比對時只有「部分的特徵」與橫隔木條上的掌紋相符，也就是少於十二個相符的特徵點。根據美國SWGFAST制定的ACE-V程序，鑑定結果相符者一定要複驗，不符者就不必複驗了。

當年辦江國慶案時，若不是特定對象，掌紋卡的捺印情形不好或有缺漏都沒關係，不必重新捺印比對，就能以「未能發現相符者」結案。但是對於被鎖定的特定對象許榮洲，當然不能就此放過，非要比到相符爲止，於是請台中地檢署檢察官開鑑定許可書，重新捺印許榮洲的掌紋，用「三張」掌紋卡相互比對，才終於比對出十二個相同特徵點。

許榮洲掌紋的鑑定已是二〇一〇年的事了，但bad habit dies hard（壞習慣很難戒），掌紋鑑定還是先射靶、後畫標，如此重大的刑案，而且有江國慶的前車之鑑，**刑事警察局卻只要求重新捺印許榮洲的掌紋卡，並未要求空軍總部取來的兩百四十九份指掌紋卡，全部重新捺印比對，被問到原因爲何，林姓鑑定人大言不慚的證稱，已經比對出許榮洲了，所以不必再麻煩**了。

從許榮洲的掌紋鑑定可以看出美國爲什麼早在一九七三年便廢棄十二點制，因爲林姓鑑定人就是在十二點制的掩護下，針對特定對象鍥而不捨的一比再比，甚至以多張掌紋卡綜合比對，直到終於比對出十二個相同特徵點爲止。令人好奇如果三張掌紋卡不夠，還要不要再捺印第四張掌紋卡？第五張？

設計模擬實驗證明掌紋上沾附有血跡

除了在掌紋鑑定上鎖定許榮洲外，檢察官還想要證明木條上的掌紋沾附有肉眼看不見的血跡，藉以證明許榮洲犯案。但是江國慶案的檔案無從確認該掌紋上是否沾附有血跡，因此必須重新鑑驗。台灣的司法系統不重視證據，因此也不重視證物的保存，連建立證物保存和易手紀錄的概念都沒有，橫隔木條早已不知去向，無法再調取該木條進行掌紋的血跡鑑驗。

找不到橫隔木條怎麼辦？還記得蘇建和案中的垃圾科學、法醫研究所的「骨骸刀痕鑑定報告」嗎？該報告最後被高院法官根據美國一九二三年的*Frye*標準，因爲未被鑑識科學界普遍接受，認定爲非科學證據。然而雖然有前例可循，還是阻擋不了許榮洲案的檢察官依樣畫葫蘆，要自創鑑識科學界從未使用過的模擬實驗，來證明木條上的掌紋確實沾附血跡，於是找來台灣大學森林環境暨資源學系和法醫研究所共襄盛舉。

台灣的檢察官不懂*Frye*標準的「專業領域內之普遍接受性」，也不懂*Daubert*因素所追求的科學效度和信度，不知道自己的創舉是在製造垃圾科學，一點也不令人驚訝。法務部法醫研究所在蘇建和案中的「骨骸刀痕鑑定報告」，分別於二〇〇四年和二〇一〇年時，遭到國際鑑識專家魏區博士和李昌鈺博士的質疑，還是改變不了該研究所對「科學」的獨到見解。不過，如果連身爲台灣第一學府的台大森林系，都無視科學的效度和信度的要求，願意「共襄盛舉」，許榮洲落在這幫人手裡，又能怎麼辦呢？

檢察官找不到橫隔木條，於是找來橫隔木條的正反面照片，送請台大協助，台大根據照片判讀木條的材質，認爲該木條因年輪春、秋材區分明顯，可明確判定爲針葉樹，樹種推測爲杉木可能性較高。此外，木條因受環境產生劣化輕微，推估使用約一至兩年左右，木條之漆料由色澤及反光情形推測使用「白色油性漆料」可能性較高，但考量現場施工人員施作慣例，亦不排除使用「白色水泥漆」。

台大依自認的相同條件，以杉木仿製寬八公分，厚二公分，長一百公分之木條十組，其中五組施以「白色油性漆料」三面塗裝，另五組施以「白色水泥漆」三面塗裝，交予檢察官，再由檢察官將木條送請法務部法醫研究所，由該所進行模擬實驗。法醫研究所設計的模擬實驗，使用的藥劑是寧海德林試劑，該試劑與氨基酸反應會呈現出深紫色（Ruhemann's purple）。寧海德林試劑常被用來顯現潛伏性掌紋，理論就是掌紋上有汗液，汗液內有氨基酸，會與寧海德林試劑反應後呈現深紫色，肉眼就能看到反應後的紫色掌紋。

法醫研究所之模擬實驗的理論是汗液含的氨基酸量很少，血液含的氨基酸量很多，與寧海德林試劑反應後，二者會出現明顯的差異，在顏色上血液遠深於汗液，在時間上，血液顯現的時間遠比汗液快。

法醫研究所根據上述理論設計出的實驗步驟如下：分別將未稀釋、稀釋一百倍、稀釋一千倍和稀釋一萬倍之血液，以徒手壓印於白色油漆及水泥漆木條上，以寧海德林試劑顯現，並分別於顯現三十分鐘、一小時、兩小時、三小時、四小時、五小時及六小時後，以可見光檢視及拍照，復以四位不同男子分別以徒手將其汗液掌紋壓印於白色油漆及水泥漆木條上，以寧海德林試劑顯現，分別於顯現三十分鐘、一小時、兩小時、三小時、四小時、五小時及六小時後，以可見光檢視並拍照，且均置於室溫使其自然顯現，未施以任何加熱及加速反應之處理。

只有大膽假設，沒有小心求證

檢察官爲什麼沒有回到空軍作戰司令部案發現場的廁所，找相同的橫隔木條，判決書未曾交代，因此無從得知。至於台大「推測」樹種爲杉木的「可能性」較高，「推估」使用約一至兩年左右，「推測」使用白色油性漆料「可能性」較高……都是「可能性」的結論，就推測橫隔木條爲杉木而言，應該是森林專家有知識基礎的猜測（educated guess），但就油漆的部分，森林專家不是油漆專家，則只屬一般常人的猜測。

科學的原則是「大膽假設、小心求證」，台大森林系教授的「推測」、「可能性」、「推估」、「可能性」等，只符合前半段的「大膽假設」，但橫隔木條已經找不到了，根本無法「小心求證」推估的結果是否準確，因此是個不符合科學原則的實驗。此外，判決書內也沒有提供台大或是其他森林學專家過去推估的情形和準確率，不但不是專業領域裡普遍接受的方法，在效度和信度上也都有問題，因此法院沒有任何採信台大之推估結果的理由和證據，如果「選擇」相信，就是陷入「訴諸權威」（appeal to authority, argumentum ad verecundiam）的邏輯謬誤了。

專家的意見是否可信？美國聯邦最高法院一九九三年的*Daubert v. Merrell Dow Pharmaceuticals, Inc.*案，就是要解決此一問題，訂定出檢驗專家意見的*Daubert*因素：

一、能透過實驗或其他實證方法檢驗科學理論或技術是否是可偽造的、可被推翻的和／或可測試的。

二、是否經過同行評鑑和公開發表。

三、已知或潛在的錯誤率。

四、是否有控管操作方法、操作程序的標準。

五、普遍接受性。

台大「推測」橫隔木條是杉木的專家意見，無法通過*Daubert*因素中任何一項的檢驗。更值得注意的是，美國聯邦最高法院在*Daubert*案中還特別指出：

法庭和實驗室裡追求的眞實有不容忽視的差異。科學上的結論無法逃避不斷的修正。法律需要針對爭議作出快速的終局判決。科學研究廣泛的考慮各種假說，錯誤的假說注定會被發現，發現錯誤的假說便是一種進步。但是對於需要作出快速、終局且具法律強制力的判決，任何可能錯誤的猜測對司法而言毫無用處。

法官的重責大任之一，是把科學家未經實驗證明爲眞、可能錯誤的猜測摒除於法院之外，才能發現眞實。但是負責審理許榮洲案的台北地院法官，不但沒有這樣的知能，恐怕連起碼的概念都沒有，顯示蘇建和案根據美國*Frey*標準排除垃圾科學的裁判，只是輿論壓力下的個案正義。

循環推理的模擬實驗

法醫研究所模擬實驗的理論，應該是全世界鑑識科學界的首創之舉，當然不會是鑑識科學專業領域普遍接受的方法。此外，該模擬實驗並不是二選一（either or）的試驗，會造成掌紋呈現深紫色的氨基酸，並非「不是來自於血液」，就是「來自於汗液」，還有其他許多種可能，例如雞精、肉汁等等。因此，法醫研究所設計的模擬實驗，最多只能證明含氨基酸較多的液體與寧海德林試劑反應後，顯現的顏色較深，顯現顏色所需的時間較短，但是沒有辦法確切的指出顏色較深或顯現顏色時間較短，是因爲掌紋上沾附血液，而不是沾附雞精或肉汁。

因此，除非法醫研究所可以證明橫隔木條的掌紋上，只有汗液或血液，不可能有其他含大量氨基酸的物質，否則，模擬實驗的結果並不能推論出掌紋上沾附的是血液，而不是因爲掌紋的所有人上廁所前喝瓶雞精，用手擦嘴巴所以沾了一手雞精，導致掌紋的顏色特別的深。

果不其然，法醫研究所之模擬實驗的結果和結論如下：

- 經查寧海德林試驗法中寧海德林試劑係與氨基酸進行反應，若檢體中存在氨基酸則呈現紫色反應。汗液與血液之實驗結果可以發現二者有明顯差異，很可能原因係血液中含有大量氨基酸成分，而汗液掌紋中含有極少量氨基酸成分，以致以寧海德林試劑顯現後，二者出現明顯差異。血掌紋顯現所需時間較短，約三十分鐘後即顯現，且顯現型態顏色較深；而汗液掌紋顯現所需時間較長，即使六小時後，顯現顏色依然很淡。
- 一般命案現場中，最常發現含有大量氨基酸的跡證很可能爲血液，檢視來函附件二照片後，研判本案當事人以手掌接觸木板時，手掌上最有可能沾附血液或其他含有大量氨基酸之物質。

模擬實驗的結論只是「手掌上最有可能沾附血液或其他含有大量氨基酸之物質」，證明該實驗只是虛耗國家的鑑識資源，因爲只要看得懂寧海德林試劑與氨基酸反應的化學機轉，不必受過任何鑑識科學的特殊訓練，也不需要法醫研究所的模擬實驗，都可以從橫隔木條上很深的紫色掌紋，做出上述「手掌上最有可能沾附血液或其他含有大量氨基酸之物質」的推測。這個模擬實驗不過是個「因爲有這些可能，所以有這些可能」的循環推理（circular reasoning）罷了，什麼也沒有證明！

模擬實驗無法通過*Daubert*因素的檢驗

法醫研究所的模擬實驗要成爲科學證據，需要按照科學方法進行，若認爲以寧海德林試劑顯現掌紋時，在顏色和顯現時間上的差異，「很可能原因」是血液與汗液內的氨基酸含量上的差異，就要把該「很可能原因」轉化成「假說」（hypothesis）：「血液和汗液內氨基酸含量的差異，影響寧海德林試劑顯現後指紋顏色的深淺和顯現的時間」，然後設計一個實驗，檢驗該「假說」能否成立。

任何受過基礎科學訓練的高中生，都能夠判斷法醫研究所的假說有瑕疵，無法成立。但即便該「假說」可能成立，要進到法院裡成爲科學證據，還必須禁得起五個*Daubert*因素的嚴格檢驗。即使法醫研究所的假說有資格成爲法庭上的科學證據，還有定量問題。因爲指紋上無論有沒有沾附血液都會呈現紫色，只是深淺差異而已，不像石蕊試紙，由紅變藍或由藍變紅而酸鹼立判，要如何根據顏色的深淺判斷是血液？還是汗液？

法醫研究所作爲一個國家級的研究單位，在提出許榮洲案的模擬實驗時，應該思索的根本

問題是：爲什麼需要發展這樣的科技？發展出這樣的科技能解決鑑識科學上的哪些問題？對鑑識科學有何貢獻？還是只是一個非常具有針對性的實驗，針對許榮洲的特別精心設計，用完一次就丟，無須在意實驗的效度或信度？法醫研究所如此具針對性又違反科學原理的垃圾實驗，根本找不出眞兇，不但浪費公帑，還嚴重侵犯被告的人權，也危害被害人的人權。

科學辦案開始了嗎？

一九九六年台北市大安區空軍作戰司令部的謝童命案，經過法院的審理，結果是五歲的女童遇害了，江國慶冤死了，許榮洲遭違法羈押七百九十六天，眞兇仍逍遙法外。

我們看到的科學證據是一把沒有被害人血跡和被告指紋的兇刀、江國慶軍褲上芝麻粒大小的三點血跡、一小撮衛生紙上沒有精蟲但卻被認定爲精液的體液、四十六枚指掌紋中的半枚掌紋、直到比對出十二點相符爲止的掌紋鑑定報告、極具針對性且違反科學原理原則的模擬實驗，以及根據證據刑求逼供編出的自白。以江國慶爲被告的謝童命案，是一九九六年的舊案，軍事法院的判決書內充滿了錯誤。以許榮洲爲被告的謝童命案，是二〇一一年的新案，台北地院的判決書內還是充滿了錯誤。

國家重金送去美國訓練和培養的指紋鑑定人員，連美國指紋鑑定的規定都搞不清楚，指紋的鑑定是先射靶再畫標，對於非鎖定嫌犯的掌紋卡，隨便唬弄了事，對於鎖定嫌犯的掌紋卡，非要比對到十二點相符爲止。但是法官和檢察官作爲獨立運作的個體，毫無自學求證的能力，一騙就倒。至於國家級的法醫研究所，設計的模擬實驗是垃圾科學，什麼都不能證明，還違背高中生就該知道的科學原理與原則，高考及格的法官和檢察官卻完全無從判斷，也察覺不出個中之謬誤。

我爲了寫這本書，事前花了一些時間研讀美國普立茲獎的作品，看到許多從錯誤中學習教訓、改革的情形。《費城日報》的一篇調查性報導，揭露查緝毒品的警察與線民間的不法工作關係，引發聯邦調查局的深入追查和警政的改革。《西雅圖時報》的一篇深入報導，揭露華盛頓州政府以廉價但危險的藥品替代安全藥物，提供給沒有自保能力的病人，引起全州衛生系統的警戒和檢討。

謝童命案在台灣的司法史上，因爲江國慶的沉冤昭雪，絕對占有一席地位，但是法官對科學證據認識粗淺，鑑識界先射靶、後畫標的問題，卻非常可能船過水無痕，引不起司法界一絲絲的漣漪，更遑論檢討和改革了！

台灣社會到底要付出多大的代價，才能讓檢警走向科學辦案？讓法官根據證據認定事實？

14

自白強過科學證據
——IQ69的許榮洲打敗台大醫學院

台灣的法官以常情代替證據認定犯罪事實，台灣的鑑識人員鑑定時先射靶、後畫標，不時還會製造垃圾科學，台灣的檢警辦案時，把時間和精力花在警詢和偵訊上，而不是花在追查客觀的證據上。在台灣的司法系統裡，科學證據的可信度很低，地位也很差，台灣的司法離科學辦案十分的遙遠，所以才會出現邱和順案、蘇建和案和江國慶案。

二〇一一年九月十九日，軍事法院再審江國慶所涉的謝童命案，確認江國慶枉死的原因是刑求逼供、杜撰自白、精液和DNA的鑑定報告錯誤、兇刀和血跡鑑驗不實……都與違背科學辦案原則、偽造或變造科學證據有關。

不到三個月，二〇一一年十二月十二日，台北地方法院作出重審謝童命案的判決，有江國慶案的前車之鑑，再加上被告許榮洲的情況十分特殊，智商只有六十五至六十九分，且患有固著型戀童症，大家或許會認為台北地院在審理時，一定會力圖回歸科學辦案原則，訴諸科學與專業，讓證據說話，讓眞相水落石出。

然而，事實卻並非如此，許榮洲案讓人看到台灣的司法界完全沒有反省和從錯誤中學習的能力。

許榮洲怎麼會成了漏網之魚？

我們在第六章中曾討論過江國慶案，指出負責偵辦謝童命案的軍方專案小組，若遵守科學辦案的原則，辦案時訴諸客觀的證據，江國慶應該很早就被排除在嫌疑犯的名單之外。現在讓我們來看看，許榮洲如果確實是眞兇，他又怎麼會成了漏網之魚？

許榮洲於一九九六年三月五日入伍服義務役，同年五月二日分發至空軍防砲警衛司令部警衛第四營第二連，和江國慶一樣，派駐在台北市大安區空軍作戰司令部營區。一九九六年九月十二日，營區內爆發謝姓女童命案時，許榮洲和江國慶都在營區內服役，但軍方組成的專案小組並未將許榮洲列為重要的偵查對象。

許榮洲成為漏網之魚，導致江國慶枉死，迷信的人或許會說江國慶在劫難逃，其實是沒有科學辦案能力之共犯結構下所產生的悲劇。

軍方的專案小組第一次與許榮洲擦身而過，是**台北市刑大自廁所窗戶橫隔木條上採得的掌紋，如果該掌紋確實是許榮洲的，即使只有一個掌紋，未必足以證明他就是眞兇，但至少可以**

先把他列入可疑名單內，繼續追查更積極的證據。但是，檢察官、專案小組、鑑識人員在比對掌紋時，是「針對江國慶比對」。在國家機器集體「先射靶、後畫標」的辦案原則下，許榮洲才未能即時浮出檯面。

一九九七年五月四日，仍在服役的許榮洲休假外出，於台中市「大中保齡球館」廁所內性侵六歲孔姓女童，孔姓女童父母破門而入，當場查獲後報警處理，經移送台中憲兵隊偵訊後，收押於空軍防砲警衛司令部看守所。

許榮洲該次犯案的手法與謝童命案的手法類似，引起謝童命案之承辦人員的注意。一九九七年五月五日上午十時五十分，承辦謝童命案之軍事檢察官前往看守所訊問許榮洲，許榮洲坦承：一九九七年九月十二日上午是莒光日，當天值二十二時至二十四時東側哨兵，九月十三日值凌晨四時至六時東側哨兵，十二日上、下午均無值哨，莒光日課後和一些人至福利餐廳用餐，十二時二十分許與另一名陳姓士兵共同姦殺謝姓女童。

一九九七年五月五日下午，空軍總部軍法處檢察科科長約談許榮洲，並於隔日下午三時許，協同空軍作戰司令部軍法室主任，押解許榮洲前往台北空作部謝童命案現場進行模擬，並錄影存證。在過程中，許榮洲均稱與陳姓士兵一起犯案。一九九七年五月七日，陳姓士兵通過測謊，血液檢體鑑定也與鑑識人員在案發廁所採得之衛生紙上的跡證不符，專案小組乃排除陳姓士兵涉案的可能。

專案小組雖然排除陳姓士兵涉案的可能，但並未排除許榮洲涉案的可能，於一九九七年五月七日安排許榮洲到調查局進行測謊鑑定。負責偵辦謝童命案的專案小組，**在許榮洲犯下台中大中保齡球館孔姓女童案後，再次與許榮洲失之交臂，原因何在？因爲可能一案雙破，讓專案小組面子掛不住，甚至有人可能因此丟烏紗帽，烏紗帽當然比江國慶的命重要。**

調查局負責測謊的鑑識人員，於台北地院重審謝童命案時出庭作證，指出測謊當天上級告知謝童案可能一案雙破，所以需要測謊。但是，軍事檢察官只提供了一份簡單的筆錄，未依常例提供全卷資料給測謊人員了解案情，他詢問許榮洲案子是否是他做的，許榮洲說不是，之前會承認是因爲被打，還給測謊人員看他背上的人字型傷痕。負責測謊的鑑識人員似乎不滿軍方的辦案方式，懷疑許榮洲曾遭刑求，對許榮洲的自白能力存疑，因此許榮洲當日並未接受測謊，當時記錄下來的理由如下：

許榮洲不宜測試，會談要點如次：

（一）該員外觀無精神異常症候，能簡單敘述涉案辯解及書寫能力，反應較常人遲鈍。

（二）該員告知其係首次以手指猥褻女童，並遭辦案人員毆打。

（三）該員告知其未涉謝○○命案，係遭逼迫承認，其背部，瘢痕猶新。

（四）經虛構乙案令其承認，無須使力即可獲其自白，該員於威逼情境下，可輕易獲取其未曾涉入案件之自白。

一案雙破的後果嚴重，已經有一個鎖定的江國慶，許榮洲因此被輕輕放下，專案小組第二次與許榮洲失之交臂。如果許榮洲確實是眞兇，負責偵辦謝童命案的專案小組，兩次與許榮洲擦身而過，代價是江國慶的一條命。

台大醫學院的專業意見

一九九六年九月十二日謝姓女童遇害後，國防部軍法局國軍法醫中心於次日進行解剖鑑定，根據國軍法醫中心醫鑑字第八五—○四號鑑定書，謝童死因是生前悶塞鼻口窒息死亡，生前下體遭陽具或異物穿入而流血，死後並有刀刃鈍狀異物伸刺入腹腔並造成腸道位移，包括右側之升結腸向上位移二十五公分至橫結腸處，左側之乙狀結腸及降結腸向上位移二十公分至橫結腸及降結腸交接處。謝童會陰部受傷應在死亡前後爲陽具或異物所爲；腹腔之傷爲死亡後刀刃等二十五公分以上較鈍異物進入後，再遭傷害之死後傷。

二○一一年台北地院審理許榮洲案前，台大醫學院根據前述鑑定書，於二○一一年三月二十五日提出鑑定案件回覆書，其專業意見整理如下：

1. 陰道口有六×五公分的裂口，處女膜破裂，生殖中隔破裂且與肛門口相通，可能有鈍性物進入造成，但因鑑識人員和解剖醫師所取的陰道、肛門棉棒均呈陰性精斑測試，無法確認有無男性生殖器插入，可能性無法完全排除。

2. 肛門口與陰道內面相通之傷較不似以生殖器以外之異物插入所造成，但是否有男性生殖器的插入，則尚難認定。

3. 徒手插入陰道，可能造成陰道及會陰之撕裂傷，甚至陰道後穹窿裂傷導致可進入骨盆腔及腹腔，但是單純徒手進入陰道，難以造成本案柔軟的腸道破裂三處，形成糞便溢出於腹腔內的情形。

4. 無法確認是否有江國慶案認定之刀刃狀長形鋸齒狀異物進入體內，因為解剖報告中未詳細描述割裂傷，照片及錄影帶也沒有明顯顯示。

我們曾在第六章中討論江國慶案，指出被害人謝姓女童蒙受的傷害，並非一般的先姦後殺所造成的傷害，而是性變態、性虐待或特殊性癖好者異常犯案手法的結果。台北地院綜合國防部軍法局國軍法醫中心的解剖鑑定報告，以及台大醫學院的鑑定案件回覆書，法官應該可以作出相同的判斷，即使排除了江國慶案中所認定的犯案用鋸齒狀長形刀，除了肛門口與陰道內面相通的傷害，較接近一般姦殺案的傷害外，其餘都不是一般姦殺案常見的傷害形式。

未提供和分析許榮洲的性侵行為模式

刑事案件的犯罪構成要件，包括被告的行為、犯意、行為與犯意結合，以及被害行為與被害人傷害之間的因果關係，檢察官負有舉證的責任。謝童命案的歹徒未留下毛髮和精液，導致該案欠缺傳統的證據連結至被告。換言之，許榮洲若確實是該案的眞兇，但是沒有毛髮和精液可以證明他就是眞兇，要如何鎖定他？

若利用我們在第六章介紹的人格側寫技術追緝眞兇，根據國軍法醫中心和台大醫學院的鑑定報告，被害人蒙受的傷害既然是性變態、性虐待或特殊性癖好者異常犯案手法的結果，要確認許榮洲是不是眞兇，關鍵在於他是否發展出固定的犯罪行爲模式？特殊的犯案手法？其固定性和特殊性是否達到筆跡或簽名的程度？是否與謝童命案的犯案手法相符？

許榮洲身高一九〇公分，平均智商介於六十五分至六十九分之間，總智商爲六十三分。東華大學諮商與臨床心理學系教授，曾分別於二〇〇九年九月二十七日和二〇一一年三月十七日提出鑑定訪談報告書，鑑定許榮洲屬輕度智能障礙固著型戀童症者，衝動控制與壓力因應相對較弱，已有固定之性侵害行爲模式，所承認之五次性侵案件與謝童命案之犯案對象、手法與地緣均相似。

根據美國聯邦證據規則，原則上，檢察官不能使用許榮洲過去五次的性侵犯罪紀錄，證明他過去有性侵的不良紀錄，所以他就是謝童命案的眞兇，因爲法律只能懲罰人的行爲，不能懲罰人的個性或品格。然而這項規則有例外規定，就是當檢察官的舉證目的是證明許榮洲的動機、犯意、機會、確認謝童命案之被告的身分、該案件並非偶發事件等時，可以使用許榮洲過去五次的性侵犯罪紀錄。

在證據法的特許下，許榮洲既然已經被鑑定爲固著型戀童症者，而且承認曾經犯下五次性侵案件，只要找出他過去五次性侵案件的犯罪事實，就能判斷他的固定性侵模式和特殊的犯案手法為何，其固定性和特殊性是否都達到筆跡或簽名的程度，是否與謝童命案相符。若答案都是肯定的，即便沒有毛髮或精液，檢察官也能根據行為模式和犯案手法證明真兇就是許榮洲，他既有動機，又有犯意，滿足舉證的責任。

負責偵辦的台北地檢署的檢察官，顯然不認識罪犯人格側寫的辦案技術，也不懂得美國聯邦證據規則的例外規定，忙著用他的模擬實驗創舉，證明廁所窗台橫隔木條上的掌紋沾附有肉眼看不見的血跡，而不是調出許榮洲過去五次的犯案紀錄，分析研判許榮洲的性侵行為模式和特殊的犯案手法，是否足以確認許榮洲的被告身分、動機和犯意。因此，**在許榮洲案的判決書內，完全未提及那五次性侵案件的犯罪事實，更沒有加以分析，歸納整理出許榮洲的性侵行為模式，看看是否重複、一致到有固定的模式和特殊的犯案手法。**

許榮洲的辯護律師顯然有作功課，他提出抗辯，指許榮洲自承的五次性侵案件中，從未有一件對被害女童有暴力行為。但是法官並未考慮律師的抗辯，判決書內未提供五次性侵案件的犯罪事實，因此無從比對律師的抗辯是否為真。但是從判決書內唯一提供的「大中保齡球館」孔姓女童性侵案，兩案的犯罪手法不盡相同。

孔姓女童案發生於一九九七年五月四日，距謝童案不到一年，案發當天許榮洲見年僅六歲的孔姓女童在球館內遊玩，尾隨其進入球館女廁，強行將其抱入廁所內將門反鎖，用力壓制女童身體，強脫其底褲，女童驚叫呼救，許榮洲以右手摀住其嘴，並以手指及陰莖插入其陰道，未久即於廁所內遭孔姓女童父母查獲。許榮洲於軍事法院審理期間，僅承認以手指撫摸及插入女童下體，否認有以生殖器插入，指之前供稱有以生殖器插入是因爲遭警察毆打強迫。

許榮洲指控被打的部分未獲得證實，被害孔姓女童又明確指許榮洲有以生殖器插入，軍事法院未採許榮洲刑求之抗辯，以強姦婦女罪判他有期徒刑八年六個月。

比對孔姓女童和謝姓女童兩案，許榮洲的犯案對象類似，都是五、六歲的女童，但他只脫去孔姓女童的底褲，謝姓女童的屍體被發現時則是全身赤裸，衣物、鞋子都被脫掉。另根據國軍法醫中心和台大醫學院的專業報告，兇手性侵謝姓女童時有使用異物，但在孔姓女童案中並沒有使用異物的情形。

許榮洲具任意自白的能力

台北地院的檢察官和法官都沒有科學辦案和證據法的知識，無視謝姓女童不同於一般姦殺案的嚴重傷害，忽視固著型戀童症患者之被告許榮洲的性侵行爲模式，以至於欠缺判案所需的證據。判案沒有客觀證據怎麼辦？這對台灣法官而言一點也不困難，最容易的方式就是採信自白。

採信自白容易，但是要採信許榮洲的自白，有一點困難，因許榮洲的智商介於六十五分至六十九分之間，總智商只有六十三分。一九九七年五月七日許榮洲至調查局測謊時，鑑識人員認爲許榮洲不適合接受測謊的原因之一，就是「虛構乙案令其承認，無須使力即可獲其自白，該員於威逼情境下，可輕易獲取其未曾涉入案件之自白」。若是在美國，許榮洲幾乎不可能被認定具有任意自白的能力。台北地院的法官自知理虧，所以要想點辦法予以突破和克服。

踏破鐵鞋無覓處，把東華大學諮商及臨床心理系教授的鑑定訪談報告書拿出來，一切便迎刃而解。根據該報告書，許榮洲雖屬輕度智能障礙，仍具有適當的理解、自主應答的可能性，即使在未被引導及僅提供簡單線索下，對曾發生事件之「情節記憶」，即使追溯到國小時期，亦能清楚回答。因之推論無論被告涉案與否，其應可回憶十五年前，謝姓女童案案發前後之相關事宜，以被告的智力程度看來，僅能推論其即使承認虛構之犯罪事實，也不易對該事件所涉及之明確細節，有穩定且一致性之陳述。

另外，高雄市立凱旋醫院曾於二〇一〇年八月二十六日函送精神鑑定書，鑑定許榮洲之總智商爲六十三分，屬於邊緣智能不足，但指出輕度智能不足者對環境訊息與事件的長期記憶功能並未明顯受損，主要的記憶問題是整體回憶量較少，但回憶正確度與正常人無顯著差異，被告對環境訊息之關注與記憶表現，以及視知覺分析等能力均落在正常水準，顯示許榮洲在與生活經驗有關的認知功能上，可以有接近正常水準的表現。

智商六十五至六十九分之許榮洲的自白

在東華大學教授提供的專家意見下，法官理直氣壯的認定許榮洲具任意性自白的能力。許榮洲於一九九七年五月五日至五月七日向軍事檢察官所作的自白，在一九九七年時並未因此而成爲謝童命案鎖定的對象。十四年過去，二〇一一年十二月十二日，台北地院重審謝童命案時，許榮洲的自白居然成爲認定他犯案的重要證據。許榮洲六十三分的智商，想必也不會影響他的語文能力，應該會大嘆「今非昔比」！

許榮洲的自白反反覆覆，前後並不一致，東華大學諮商及臨床心理系教授的鑑定訪談報告書，指許榮洲具任意性自白能力，讓人很難不質疑該份報告書是一份垃圾科學。許榮洲自白的重點可以整理如下：1.常去福利餐廳吃飯，對當地環境熟悉；2.與陳姓士兵共同犯案或自己一人犯案，證詞不一；3.除了用手外，沒有使用其他工具插入謝童陰部；4.有看到謝童的腸子或沒有看到腸子，證詞不一；5.從窗戶將謝童屍體自廁所內丟到外面，或地板很滑才會碰到窗戶的橫隔木，證詞不一；6.謝童被丟到廁所外時，頭部撞到水管，導致水管破裂；7.謝童身穿涼鞋、黃色上衣、深藍色七分褲，或穿粉紅色內褲、黑色外褲、黃色上衣。

台北地院的法官沒有用常情防範垃圾科學，但是對於許榮洲不一致的自白，立刻搬出根據常情認定犯罪事實的判案神器，選擇性的採信自白，愛採信哪一段，那一段就不違常情，不願採信哪一段，那一段便有違常情，一點都不困難。

還記得前面討論過的邱和順所涉的柯洪玉蘭案嗎？柯洪玉蘭的內姪和堂兄在案發後四十天作證，證稱約在法院認定的案發時間下午四點多時，還親眼看見柯洪玉蘭，但法官不採信他們的證詞，理由是四十天距案發之日太久，智商正常的證人記憶有錯。舊貨商劉繼康於更七審時，改稱當初收購的機車車身爲藍色，法官不採信的理由是案發十五年後，智商正常的劉繼康記憶有錯。在陸正案中，被告之一的吳淑貞提出不在場證明，智力正常之證人陳竹成案發後一年半證稱：

「陸正案發當日下午一點多，其委請吳淑貞父親修車，迄三點多時吳淑貞下樓，並於四點多去外採甘蔗食用。」法官拒絕採信的理由是：

然其初作證時距陸正案至少已事隔一年半有餘，乃陳竹成就如此瑣碎小事之發生時間，記憶竟如此清晰明確，其證言亦有違事理。

然謝童命案案發十四年五個月後，智商只有六十五至六十九分的許榮洲，於二〇一一年一月二十八日在台灣地檢署接受偵訊，許榮洲的自白遠比陳竹成的證詞細瑣，記憶也更爲「清晰明確」，但被法官採信爲眞，其自白內容如下：

本案是我做的，當天我看到小女童在電視間看電視，我就用雙手環抱她，將她帶進有窗子廁所裡，門先關起來，脱她的衣褲，她都沒有掙扎讓我脱，我先脱她衣服再脱褲子，我用左手食指插入她的陰道，她就「啊」的大叫一聲，然後我用右手遮住她的嘴巴，沒有遮到鼻子，她有在掙扎，我把左手伸入陰道內，把手指抽出來的時候腸子就跑出來，我並沒有用其他器具伸入小女孩陰道，那時候她還稍微會動，後來我再把左手食指伸進去，血管破了，血就噴出來，但沒有噴到我，因爲我閃開了，小女童我是讓她躺著，頭朝著沒有放垃圾桶的對面，再過一會兒她就不動了，我看她不動了，手才放開，然後我從女童的腰部把她抱起來，頭先出去，然後就把她推出去，我有用雙手去外面的洗手台外面裝水進來，潑地面，門跟牆壁也有潑一些，然後我從大門出去，經過我的部隊，繞到廁所後方，看空地上有一塊木板，就蓋到女童身上，丟下女童有無撞到水管我不知道，我就回部隊睡覺等站哨，過程中因爲沒有噴到我的衣服，所以沒有去處理我的衣物，我不知道從氣窗丟出去時有無摸到木板，我手上的血跡去洗手台洗掉了，我老實說，這件案子並沒有其他共犯，（之前說有其他共犯？）陳姓士兵當兵時會欺負我，所以我想害他，（之前向台中地檢署檢察官所稱的陳姓士兵跟其他共犯？）沒有那些人。（補充？）當時我做錯了，可以給我一次機會嗎。

（你有拿刀子插入女童下體？）沒有，我都用手而已，我並沒有拿兇器。

（你現在的精神狀況、意識狀況清楚嗎？）我知道我自己在說什麼。

（爲何當初要犯此案？）我當時經人介紹認識一位女性朋友，我打電話給她，她都不理我，我看到小女孩，才想跟她玩一玩。

（爲何當時不承認案件是你做的？）因爲我害怕。

（你在廁所時有無用衛生紙？）沒有。

（你有拿小女孩的衣服來擦地板嗎？）沒有。我就後來把衣服都丟到垃圾桶。我知道我有錯應該要承擔。

如果東華大學的智商鑑定報告屬實，許榮洲的自白是二十一世紀的科學奇蹟！看到他的自白，讓我深深為自己的記憶力感到汗顏，下定決心從此再也不要再接受智力測驗，因為怕測出的結果可能四十分都不到，輸給許榮洲。

推翻台大醫學院的專業意見，採信IQ 69之許榮洲的自白

法官選擇性的採信許榮洲的自白後，產生一個問題，就是許榮洲的自白與台大醫學院的專業意見相衝突。

對於作案的手法，被告許榮洲自白除了用手犯案外，沒有使用任何其他工具插入被害女童的陰部。但是根據台大醫學院於二〇一一年三月二十五日提出的鑑定（諮詢）案件回覆書，被告「徒手插入陰道，可能造成陰道及會陰之撕裂傷，甚至陰道後穹窿裂傷導致可進入骨盆腔及腹腔，但是單純徒手進入陰道，難以造成如本案例所致柔軟的腸道破裂三處形成糞便溢出於腹腔內之解剖所見」。許榮洲的「徒手插入陰道」，明顯與台大醫學院的專業意見相衝突。

法官若懷疑台大醫學院的專家意見，可以另請夠資格的專家提供意見。但法官未尋求其他專家提供意見，反而採信智商只有六十五至六十九分、輕度智能障礙之被告許榮洲的自白，推翻台大醫學院的專家意見，其理由如下：

參以被告自白中多次供稱以手指插入女童下體後，「像腸子」般的物體或「一團腸子」跑出來，以被告身高達一九〇公分，身形魁梧，案發時係在服役中，年輕力壯，而被害女童身高僅九十七公分，是尚不足以排除被告以徒手多次插入進出女童陰道，而造成如相驗解剖鑑定所見傷勢之可能性。同理，被告是否有輔以何種手指以外之異物或器具插入女童陰道，亦屬不明，且被告始終供稱僅以手指犯之，復查無其他積極證據足以認定被告除徒手以外，尚有使用其他異物或器具，依罪疑唯有利於被告之原則，應認其係以右手中指或食指插入被害人之陰道而犯之。是公訴意旨認被告於被害女童死亡後，尚有以不詳之鈍狀異物多次插入女童陰道，尚非可採。

法官是未審先判，先認定許榮洲犯案、復認定他的自白爲眞，再根據自白認定犯罪事實。許榮洲雖然多次自白有「像腸子」般的物體或「一團腸子」跑出來，但是根據國軍法醫中心解剖鑑定，謝姓女童腸道移位的情形有二：右側之升結腸向上位移二十五公分至橫結腸處，左側之乙狀結腸及降結腸向上位移二十公分至橫結腸及降結腸交接處，並沒有腸子移位至體外的描述或記載，換言之，解剖鑑定報告的科學證據，並不支持許榮洲「像腸子」或「一團腸子」跑出來的自白，法官憑什麼根據自白認定許榮洲是「徒手插入陰道」？

《刑事訴訟法》第一五四條規定法官只能根據證據認定犯罪事實，有哪一條規定法官在

「認定事實」時要遵守「罪疑唯有利於被告之原則」？台北地院法官在既沒有相左的專業意見，解剖鑑定報告又不支持「像腸子」般的物體或「一團腸子跑出來」的自白，根據法官自己未受過醫學專業訓練的判斷，推翻台大醫學院的鑑定回覆書，認定許榮洲「徒手犯案」，未使用任何其他異物或器具。導致許榮洲案中法官認定的事實，是醫學專業界認爲難以發生的事，也是實際生活中不可能發生的事。這是二十一世紀台灣的司法，位於京畿之台北地院認定的犯罪事實。

到底還要有多少冤獄才夠？

江國慶案是台灣自二二八事件及白色恐怖時期之後，首宗確認的冤獄，因爲司法系統的運作無法有效過濾出杜撰的自白，因爲祭壇上需要一個人。

二〇一一年九月十日，軍事法院承認錯誤，還給江國慶清白，但眞相並未大白。三個月後，二〇一一年十二月十二日，台北地院作出許榮洲案的判決。**許榮洲，一位智商只有六十五至六十九分的輕度智能障礙固著型戀童症者，我們翻閱整個判決書，所有的科學證據都不是用來探討他的智商、疾病如何影響他的行爲，而是用來證明他和一般人一樣，具有任意自白的能力。江國慶因自白而枉死，十四年後，許榮洲被台北地院判處十八年有期徒刑，依賴的依然還是自白，而且還是一個低智商者回憶十五年前案發經過的自白。**

我們從許榮洲案中，看不到司法界一絲絲的反省和從錯誤中學習的跡象。**台北地院法官採**

信東華大學的垃圾科學，採信堪稱科學奇蹟的驚世自白；推翻台大醫學院的專家意見，所認定的事實是現實生活中不可能發生的科學笑話；法官所寫的判決書，拿掉所有國家和社會賦與的權威之後，僅只剩下一堆沒有任何參考價值的廢紙，凸顯的到底是什麼樣的司法問題？

到底要多少的冤案，台灣的司法界才願意反省？才能從錯誤中學習？

博雅文庫 239

法官說了算！缺席的證據與邏輯

作　　者　田蒙潔
發 行 人　楊榮川
總 經 理　楊士清
總 編 輯　楊秀麗
執行主編　劉靜芬
封面設計　王麗娟
出 版 者　五南圖書出版股份有限公司
地　　址　106台北市大安區和平東路二段339號4樓
電　　話　(02)2705-5066
傳　　真　(02)2706-6100
劃撥帳號　01068953
戶　　名　五南圖書出版股份有限公司
網　　址　https://www.wunan.com.tw
電子郵件　wunan@wunan.com.tw
法律顧問　林勝安律師事務所 林勝安律師
出版日期　2020年11月二版一刷
定　　價　新臺幣380元

國家圖書館出版品預行編目資料

法官說了算！缺席的證據與邏輯／田蒙潔著.
-- 二版. -- 臺北市 : 五南, 2020.11
面；　公分. --（博雅文庫；239）
ISBN 978-986-522-094-5（平裝）
1.法學教育 2.判決 3.文集
580.3　　109015925